Attische Nächte nannte Aulus Gellius, römischer Autor des zweiten Jahrhunderts n. Chr., sein buntgemischtes Sammelwerk in Erinnerung an das Jahr seines Studienaufenthalts in Athen. Was er an Notizen aus Lektüre, Diskussionen, Vorträgen jener anregenden Tage und zahlreichen durchwachten Nächte nach Hause mitbrachte, wurde der Grundstock für seine reiche Sammlung thematisch vielfältiger kleiner Texte. Diese Geschichten, Anekdoten und Dialoge sind unterhaltend und erstaunlich lebendig. Ob sie nun philosophische Grundfragen, Lehren aus der Geschichte oder den Sinn einer Wissenschaft streng erörtern oder ob ein Rechtsstreit, der Preis einer Dirne, ein überzeugender Schauspieler, das Stillen der Säuglinge oder Astrologisches den Gesprächsstoff bilden, der Autor nimmt väterlich-belehrend oder voller Eifer Stellung und ermöglicht seinem Leser Einblicke in antike Denk- und Lebensweisen. Den literarhistorischen Wert der *Noctes atticae* machen vor allem die in den Text verflochtenen Auszüge aus den Werken älterer Dichter, Redner und Philosophen aus, von denen viele uns einzig an dieser Stelle überliefert sind. Diese Auswahlausgabe ist die erste umfassende deutsche Gelliusübersetzung seit über hundert Jahren.

insel taschenbuch 1079

Aulus Gellius

Attische Nächte

AULUS GELLIUS

ATTISCHE NÄCHTE

Aus einem Lesebuch der Zeit des Kaisers Marc Aurel

Herausgegeben und aus dem Lateinischen übertragen von Heinz Berthold

Mit Erläuterungen und einem Nachwort

INSEL VERLAG

insel taschenbuch 1079
Erste Auflage 1988
Insel Verlag Frankfurt am Main

Hinweise zu dieser Ausgabe am Schluß des Bandes
Vertrieb durch den Suhrkamp Taschenbuch Verlag
Umschlag nach Entwürfen von Willy Fleckhaus
Satz: Fotosatz Otto Gutfreund, Darmstadt
Druck: Nomos Verlagsgesellschaft, Baden-Baden
Printed in Germany

1 2 3 4 5 6 – 93 92 91 90 89 88

ATTISCHE NÄCHTE

DES AULUS GELLIUS VORREDE ZU DEN ›ATTISCHEN NÄCHTEN‹

Schwerlich wird man angenehmere Lektüre finden können, wenn es darum gehen sollte, auch meinen Kindern Entspannung zu schaffen, wann immer sich ihr Geist in einer Arbeitspause würde ausspannen und auflockern können.

Dieselbe zufällige Reihenfolge, die ich zunächst beim Abschreiben walten ließ, habe ich dann auch beibehalten. So wie ich ein griechisches oder lateinisches Buch in die Hände bekam oder etwas Wissenswertes hörte, machte ich mir meine Notizen: ein ungeordnetes Durcheinander, ganz wie's mir beliebte, und unbekümmert um die Art der Gegenstände. So legte ich mir gewissermaßen als Gedächtnisstütze einen gewissen Wissensvorrat an, um notwendiges Sach- und Wortwissen jederzeit auffindbar zu haben, wenn ich's einmal vergessen haben sollte und die Bücher, aus denen ich's wußte, nicht zur Hand waren. So herrscht denn auch in diesen ›Skizzen‹ ein den ursprünglichen Niederschriften vergleichbarer Abwechslungsreichtum; hatte ich sie doch knapp, ungeordnet und kunstlos zusammengestellt, so unterschiedlich, wie ich eben etwas hörte oder las. Da ich aber – wie ich schon erwähnte – diese skizzenartigen Ausarbeitungen in Winternächten auf dem Attischen Land zu meiner Entspannung zusammenzustellen begonnen hatte, gab ich ihnen den Titel ›Attische Nächte‹. Hochtrabende Überschriften, wie sie die meisten anderen lateinischen und griechischen Verfasser ihren ähnlich angelegten

Werken gegeben haben, wollte ich nicht nachäffen. Da der von ihnen zusammengesuchte Wissensstoff eine abwechslungsreiche, bunte, ja gleichsam wirre Mischung darstellte, wählten sie auch dazu passende, recht anspruchsvolle Titel. So wählten die einen die Überschrift *Musen,* andere *Wälder,* einer *Ausgangsmantel,* der *Füllhorn der Amaltheia,* wieder ein anderer *Honigwaben,* zuweilen auch *Wiesen,* einer *Selbstgelesenes,* ein anderer *Alte Ausdrücke,* dann wieder einer *Blüten* und ein weiterer *Funde.* Es gibt auch Leute, die als Überschrift *Nachtfackeln* wählten, dann auch *Teppiche, Umfassende Sammlungen, Saitenspiel, Knobelfragen* oder *Handbüchlein* und *Dolche*! Einer fand den Titel *Denkschrift, Nebensächlichkeiten, Wissenswertes;* einer *Naturgeschichte,* ein anderer *Vielgestaltige Geschichte;* dann noch *Wiesen* oder *Tuttifrutti* und *Beweismaterial.* Viele wiederum schrieben *Notizbücher,* und es gibt sogar welche, die ihren Büchern die Überschrift *Moralische Briefe* gaben oder *Briefliche Untersuchungen* oder *Zerstreutes* und was der ausgeklügelten Buchtitel mehr sind, die ja geradezu nach Künstelei riechen. Ich hingegen wählte den Titel meines Buches meinen Fähigkeiten entsprechend, sorglos, in keiner Weise ausgetüftelt, sogar etwas ungelenk, nach Ort und Zeit der schlaflosen Winternächte: *Attische Nächte!* Allen übrigen gestehe ich auch in der Titelwahl den Ruhm zu, Sorgfalt und Geschmack in Stilfragen sowieso!

Doch habe ich beim Auswählen und Anmerken mit den meisten dieser Autoren nicht einmal die Zielstellung gemeinsam. Haben sie doch alle, und die Griechen besonders, je nachdem, womit sie gerade beschäftigt waren, vielerlei unterschiedliches Zeug gelesen, wie man sagt ›mit nicht wahrnehmbarer Schnur‹, also unterschiedslos allein auf die Stoffmenge geachtet und zusammengerafft. Wenn man das liest, wird ja der Geist vor Ärger und Überdruß müde, ehe er das eine oder andere Stück findet, das zu lesen Spaß macht, das gelesen zu haben Bildung, daran sich zu erinnern Nutzen verspricht. Ich freilich hatte immer das Wort des hochedlen Ephesiers Heraklit im Sinn, das in der Tat so lautet: ›Vielwisserei lehrt nicht Verstand haben‹. Wenigstens habe ich mich in allen ›Dienst‹pausen, wo ich mir ein wenig innere Ruhe stehlen konnte, beim Wälzen wie beim Liegenlassen der vielen, vielen Bände abgekämpft und abgeschlafft. Doch habe ich nur Angemessenes und vor allem nur das übernommen, was entweder aufgeschlossene, unabhängige Geister leicht und schnell auf gehörige Bildung begierig und mit nützlichen Kenntnissen vertraut machen oder zumindest Menschen, die das Leben vor andere Aufgaben stellt, vor dem gewiß argen Schimpf bäurischer Unerfahrenheit in Sachkunde und Wortwissen bewahren könnte.

Wenn sich in den vorliegenden ›Skizzen‹ auch einmal Anstößiges und Befremdliches – sei es aus dem Gebiet der Grammatik, der Dialektik, oder auch der Geometrie – und gleicherweise auch, wenn sich ein wenig Abseitiges über das Auguren- und das Priesterrecht vorfindet, so muß man dem nicht ausweichen, als sei es unnütz kennenzulernen oder schwierig zu begreifen. Habe ich doch gerade in diesen Fächern keine allzu hohen und verwickelt-dunklen Fragestellungen aufgegriffen, sondern nur gewisse Anfangsgründe und gewissermaßen die Lockspeise der höheren Bildung angeboten.

Für einen ordentlich Gebildeten wäre dieses Wissen recht nützlich, zumindest aber wäre es ungehörig, von derlei Dingen weder gehört zu haben noch je mit ihnen in Berührung gekommen zu sein. Wenn Leser ein wenig Zeit haben und Vergnügen daran finden, meine bescheidenen ›Nachtgedanken‹ näher kennenzulernen, so wünsche ich mir, ja fordere inständig, daß sie beim Lesen das, was sie bereits wissen, trotzdem nicht verschmähen wie Bekanntes und allerorts Verbreitetes. Gibt es denn in der Wissenschaft überhaupt so Entlegenes, daß es nicht doch einigen immer schon bekannt ist? So mag als Empfehlung genügen, daß sich hier nichts findet, was im Schulbetrieb abgeleiert und in den Kommentaren breitgetreten wurde. Wer aber nun andererseits das Neuartige und Unbekannte anstößig findet, der sollte billig ohne nichtige Widerrede bedenken, ob nicht meine wenigen bescheidenen Mahnungen vielleicht doch zu dürftig sind, um Studienstoff zu vermitteln, oder zu fad, um das Gemüt zu ergötzen und anzufeuern, sondern ob sie nicht von ihrer Anlage her so beschaffen sind, daß sie uns helfen, den menschlichen Geist kräftig gedeihen zu lassen, das Gedächtnis zu festigen, die Rede gepflegter, den stilistischen Ausdruck sauberer und das Vergnügen an Freizeit und Schule gefälliger zu gestalten. Alles aber, was nicht recht verständlich oder nicht recht gelungen und geordnet scheint, sollen sich die Leser bitteschön nicht so sehr als um der Belehrung als um der Ermahnung willen geschrieben denken, und wenn sie mögen, können sie sich mit dem Spurennachweis begnügen und eine Sache später weiterverfolgen, sei's, daß sie auf Bücher stoßen oder Lehrer finden. Was sie aber glauben tadeln zu müssen, sollen sie, wenn sie den Mut haben, mit denen ausmachen, von denen ich's selbst entlehnt habe. Denn wenn man etwas bei anderen anders liest, soll man nicht gleich Kritik anmelden, sondern die Sachgründe und das persönliche Ansehen der Quellen genau prüfen, denen jene folgten und denen ich gefolgt bin.

Ansonsten wird es freilich das allerbeste sein, diese ›Nächte‹ zu meiden und sich andere Vergnügungen zu suchen, wenn man voller Unruhe, Hast und Geschäftigkeit steckt und überhaupt niemals so recht Freude verspürte beim Lesen, Forschen, Schreiben, Erklären, sich nie richtig anstrengen mochte, niemals die Freude durchstudierter Nächte kennenlernte, nie mit gleichgesinnten Musensöhnen in Streit und Auseinandersetzung geriet.

Ein altes Sprichwort sagt: ›Was soll die Krähe mit dem Saitenspiel, das Schwein mit der Pomade?‹ Und um nun die Verworfenheit und Mißgunst gewisser ungebildeter Zeitgenossen noch mehr anzureizen, will ich mir einige Anapäste aus einem Chorgesang des Aristophanes ausborgen und die Bedingung, die dieser geistsprühende Dichter für das Anschauen seines Bühnenstückes stellte, auch für die Lektüre dieser meiner ›Skizzen‹ gelten lassen. Nicht antasten und nicht nähertreten soll das Alltagsvolk, die heillose Menge, denen musisches Spiel etwas Fremdes ist! Und so lauten diese Gesetzes-Zeilen:

Andächtig schweige und halte sich fern
  von unsern geheiligten Chören,
wem fremd ein solches Geheimnis ist,
  wer ungeläuterten Sinnes,
  wer nie die Orgien der Musen gesehn,
  noch mitgetanzt ihre Reigen.
Euch allen sag ich's zum ersten Mal,
  zum zweiten und dritten Mal sag ich's,

hebt all euch hinweg vor dem mystischen Chor!
Ihr andern beginnt die Gesänge,
beginnt die heilige Feier der Nacht,
geziemend dem Fest der Geweihten!

Bis zum heutigen Tag liegen bereits zwanzig Bücher meiner ›Skizzen‹ vor. Der Rest der mir von den Göttern noch vergönnten Lebenszeit, die nicht durch die Sorge um Familie und Erziehung meiner Kinder in Anspruch genommen wird – diese gewissermaßen gestohlenen und eingesparten Minuten –, will ich darauf verwenden, weiter so köstliche kleine Erinnerungsstücke der vorliegenden Art zusammenzutragen. Möge also mit Götterhilfe die Zahl der Bücher mit der meiner Lebensjahre, auch wenn's vielleicht nur noch wenige sind, weiter anwachsen. Ich will ja auch gar nicht länger leben, als ich weiter auf diese Weise schreiben und erläutern kann.

FALSCHE UND ECHTE PHILOSOPHEN

Gespräche im Landschloß

Herodes Atticus, ganz ein Mann griechischer Sprachkultur, von konsularischem Rang dazu, ließ uns, wenn wir uns bei unseren Lehrern in Athen aufhielten, des öfteren in seine stadtnahen Landhäuser holen: mich, den hochangesehenen Servilianus und eine Anzahl weiterer Landsleute, die sich von Rom nach Griechenland begeben hatten, ihrem Geist die richtige Pflege angedeihen zu lassen. In der heißesten Jahreszeit wie auch bei sehr warmem Herbstwetter waren wir in der Villa Cephisia seine Gäste. Im Schatten weiter Wälder, auf ausgedehnten und angenehmen Spazierwegen, in den erholsamen Gebäudeanlagen, in schmucken, sprudelnden und strahlendhellen Bädern und überhaupt in dem ganzen, durch seinen Liebreiz gewinnenden, von Vogelgesang und lieblich plätschernden Gewässern durchtönten Landhausbereich fanden wir vor der lästigen Hitze Schutz.

Zusammen mit uns hielt sich dort ein philosophiebeflissener junger Mann auf, Stoiker, wie er selbst betonte, nur ungemein redselig und recht aufdringlich. Ungeschickt und einfältig wie er war, pflegte er meist bei den Nachtischgesprächen des Gastmahls viel ungereimtes Zeug zu schwätzen, sämtliche attischen Literaturgrößen, alle Römer dazu und überhaupt die gesamte Reichsbevölkerung als roh und ungebildet anzuprangern; sich selbst nahm er natürlich aus. Indessen warf er mit fast unbekannten Ausdrücken um sich, tönte laut mit seinen ausgeklügelten Fangfragen herum, behauptete, niemand außer ihm könne die sogenannten ›Hauptfragen‹, die ›langsamen‹ und die ›Kettenschlüsse‹ sowie andere Rätselfragen dieser Art auflösen.

Und was erst Fragen der praktischen Lebensführung, die Natur des Menschengeistes, die Ursprünge der Tugenden, die aus ihnen ableitbaren Pflichten und ähnliches oder anderseits das Mißliche an Krankheiten und Lastern, an geistiger Unzulänglichkeit und Seuchen betrifft, all das habe keiner besser in Erfahrung gebracht und durchdacht als er allein! Im Stande eines glücklichen Lebens, den er glaubte erreicht zu haben, könne er weder durch Martern noch durch körperliche Schmerzen und todbringende Gefahren verletzt noch beeinträchtigt werden, ja keinerlei Art von Unwohlsein könne die heitere Miene und die munteren Blicke eines Stoikers umwölken. Während jener sich mit derartigen Lobhudeleien brüstete und alle, angeekelt und erschöpft durch seine Redereien, schon das Ende herbeisehnten, schaltete sich Herodes Atticus mit einer in seiner gewohnten Manier griechischen Rede ein: »Mit Verlaub, Philosophen-Fürst, da wir, die du ja selbst Laien nennst, dir nicht Rede stehen können, gestatte wenigstens, daß aus einem Buchexemplar vorgetragen wird, was Epiktet, der wohl bedeutendste unter den Stoikern, über eure derartige Großsprecherei gedacht und schriftlich formuliert hat.«

Und so ließ er das erste Buch der von Arrian herausgegebenen Vorträge Epiktets herbeischaffen, in dem dieser bewundernswerte Greis junge Leute, die sich als Stoiker bezeichneten, aber nichts taugten und nichts leisteten, sondern nur läppische Erörterungen und Ausführungen zu kindgemäßen Anfängererklärungen herunterplapperten, hart aber gerecht tadelte.

Also wird aus dem herbeigeschafften Buch vorgelesen, was ich hier als Beilage anfüge. Ernstgestimmt, doch wiederum auch witzig-charmant sondert und trennt Epiktet den echten und ehrlichen Stoiker, der ja ganz zweifellos ›unerschrocken‹, ›standhaft‹, ›unbefangen‹, ›frei‹, ›unabhängig‹ und ›wahrhaft glücklich‹ ist, von jenem anderen Gauklervolk, das Stoiker zu sein beansprucht, mit Dunstwolken von Worten und sogenannten Beweisen seinen Hörern die Sehkraft raubt und die Zugehörigkeit zu dieser hochehrwürdigen Schule nur erheuchelt:

Sprich mir vom Guten und vom Schlechten! – So höre: ›Trug mich der Wind von Ilion fort zum Land der Kikonen.‹ Alle Dinge dieser Welt sind entweder gut oder schlecht oder gleichgültige Mitteldinge. Gut sind nun die Tugenden und alles, was an ihnen teilhat, schlecht die Lasterhaftigkeit und alles, was Anteil an ihr hat, nicht festgelegt, gleichgültig, aber ist alles Dazwischenliegende wie Reichtum, Gesundheit, Leben, Tod, Lust, Mühe. – Woher willst du das wissen? – Hellanikos sagt's in seinen ›Ägyptischen Geschichten‹. – Was nutzt aber diese Bemerkung, meinetwegen sagt das ja auch Diogenes in seiner Sittenlehre oder Chrysipp oder Kleanthes? Du aber hast das ja gewissenhaft geprüft und dir eine eigene Meinung gebildet? Laß sehen, wie du dich in einem Schiff bei Sturm verhalten magst: Denkst du noch an diese Unterschiede, wenn der Mastbaum bricht und du zu jammern beginnst? Wie, wenn da so ein Nichtsnutz neben dir steht und meint: »Sag mir, bei deinen Göttern, was du da neulich behauptetest, Schiffbruch erleiden sei nichts Schlechtes, nichts, was mit Schlechtigkeit zu tun hat?« Wirst du ihn nicht gleich mit einem Knüppel bearbeiten?: »Was habe ich mit dir zu schaffen, Mensch? Wir gehen zugrunde, und du kommst daher und treibst Scherze?« Oder wenn dich nun der Kaiser holen ließe...

Als er das alles mit angehört hatte, verstummte der überhebliche Knabe, als ob dies alles nicht im Epiktet gegen irgendwelche anderen Personen gesagt worden wäre, sondern vom Herodes gegen ihn höchstpersönlich.

Fragwürdiger Philosoph

Ich war mit anwesend, als sich eines Tages eine Gestalt im Philosophenmantel, mit einer Riesenmähne und einem Bart, der fast noch die Scham bedeckte, an Herodes Atticus heranmachte, der ein Mann von konsularischem Rang war, ein Schöngeist dazu und auf dem Felde griechischer Beredsamkeit eine Berühmtheit, und Geld für sich verlangt: ›zum Broteinkauf‹. Da fragt ihn der Herodes, was er denn überhaupt für einer sei.

Behauptet jener mit vorwurfsvoller Miene und Stimme, er sei ein Philosoph; fügt noch hinzu, er müsse sich aber doch sehr wundern, daß er, Herodes, nach etwas fragen zu müssen glaube, was er ihm doch hätte ansehen müssen. Erwidert Herodes: »Bart und Mantel sehe ich wohl, vom Philosophen aber sehe ich noch nichts. Drum muß ich dich schon sehr bitten, mir gütigst mitzuteilen, an welche Kennzeichen wir uns deiner Meinung nach halten können, um dich mit Sicherheit als Philosophen zu erkennen.«

Einige aus dem Gefolge des Herodes erläuterten in der Zwischenzeit: Ein Herumtreiber und Nichtsnutz sei das, dazu Stammkunde in schmutzigen Kneipen, und bekäme er nicht, was er verlangt, warte er gewöhnlich mit niederträchtigen Beschimpfungen auf. Da meinte Herodes: »Ohne Rücksicht darauf, wer er nun wirklich ist, geben wir ihm ruhig ein wenig Geld; aber tun wir's als Menschen gegenüber einem, der eigentlich gar kein Mensch ist!« – und ließ ihm Geld für eine Dreißig-Tage-Ration Brot geben. Dann schaute er auf uns, seine Begleiter, und erklärte: »Musonius ließ einmal einem Bettler dieser Sorte, der sich als Philosoph aufspielte, tausend Münzen aushändigen, und auf den allgemeinen Einwand, das sei doch ein übler, boshafter Nichtsnutz und überhaupt keiner Wohltat wert, soll er damals lächelnd geantwortet haben: ›Dann ist er das elende Geld ja wert!‹ Viel mehr schmerzt es mich aber und macht mich richtig krank, daß unflätige und schandbare Lebewesen dieser Art einen so heiligen Namen beanspruchen und sich Philosophen nennen lassen. Meine athenischen Vorfahren jedenfalls sanktionierten durch Volksbeschluß, daß Sklaven niemals die Bürger-Namen der mutigen Jünglinge Harmodius und Aristogeiton – um die Freiheit wiederzugewinnen, hatten sie es unternommen, den Tyrannen Hippias umzubringen – tragen durften, eben weil sie es für Frevel hielten, daß der Freiheit des Vaterlandes heilige Namen im Zusammenhang mit Sklaverei entweiht würden. Warum lassen wir dann zu, daß der so angesehene Name der Philosophie durch die Nähe von solchem verworfenen Menschengesindel besudelt wird?«

Vergleichbar ist nun noch ein Gegenbeispiel: Die alten Römer, höre ich, hätten festgelegt, daß die Vornamen gewisser Adliger, die sich am Staat vergangen hatten und deshalb mit dem Tode bestraft worden waren, nie mehr einem anderen Mitglied derselben Adelsfamilie beigelegt werden durften. So sollten mit ihnen zusammen auch ihre Namen geächtet und getilgt erscheinen.

Worte und Taten

Hörte ich doch einmal, wie Favorin sagte, der Philosoph Epiktet sei es gewesen, der da behauptet habe: Die Mehrzahl jener Leute, die sich offensichtlich mit der Philosophie beschäftigen, seien Philosophen der Art ›unfähig zum Handeln, groß nur im Reden‹, das meint ›ohne Taten, nur mit Worten‹. Noch durchschlagender aber ist doch wohl diejenige Äußerung, die uns Arrian in den von ihm zusammengestellten Büchern über dessen ›Vorträge‹ als oft wiederholten Ausspruch Epiktets überliefert hat. Als dieser nämlich, so berichtet Arrian, einmal auf einen Menschen aufmerksam geworden war, der jegliches Schamgefühl vermissen ließ, bei sittlicher Verkommenheit rücksichtslosen Tatendrang bewies, dabei unverschämt war und dreist im Reden und auf alles Mögliche bedacht, nur nicht auf geistige Werte; als er einen solchen Menschen auch die philosophische Wissenschaft und deren Einzelfächer behandeln sah, und wie er sich an physikalische Probleme heranwagte, dialektische Gedankengänge erwog und mancherlei Fragen ähnlicher Art anpackte und erforschen wollte, da rief er Götter und Menschen an, und zwischendurch fuhr er ihn folgendermaßen an: »Mensch, wohin tust du's? Du mußt achtgeben, daß das Gefäß sauber ist. Bist du beim Eingießen sorglos, schon ist's geschehen. In Gärung übergegangen, möchte es Urin oder Essig werden oder noch Schlechteres!«

In der Tat gibt's nichts Gewichtigeres, nichts Wahrhaftigeres als diesen Ausspruch, mit dem dieser bedeutendste aller Philosophen klarlegte, daß philosophische Lehre und Kenntnisse verdreht, verändert, verfälscht werden, wenn sie an einen ungeeigneten und abwegig veranlagten Menschen geraten, gleichsam eingegossen in ein schmutziges und besudeltes Gefäß. Er selbst drückte es noch drastischer aus: Die Lehren würden zu Pisse oder zu noch Ekligerem als Pisse. Wie wir übrigens von ebendem Favorin erfuhren, pflegte derselbe Epiktet zu sagen, zwei Laster seien die unerträglichsten und häßlichsten: Unduldsamkeit und Unbeherrschtheit, wo wir dann entweder Unrecht, was eben getragen werden muß, nicht aushalten und dulden, noch uns gewisser Dinge und Freuden enthalten, auf die wir verzichten müßten. Liegen nun jemandem folgende zwei Worte am Herzen, meinte er, bemüht er sich um Selbstbeherrschung und Selbstkontrolle, wird er weithin fehlerfrei sein und ein möglichst ausgeglichenes Leben führen können. Diese beiden Worte meinte er: ›Ertrage und entsage!‹

Mit seiner Aussage über die Herkunft und den Erwerb von Weltklugheit hat der Dichter Afranius völlig recht, nannte er sie doch eine Tochter der täglichen Erfahrung und der Erinnerung. Durch diese Erklärung stellt er nämlich klar: Wer im menschlichen Leben als erfahren gelten will, kommt nicht mit Büchern allein aus, und er braucht auch nicht nur Übung in den Fächern Rhetorik und Dialektik. Er muß sich auch selbst umtun und daran gewöhnen können, die Welt näher kennenzulernen und Erfahrungen zu sammeln. Dann muß er all diese Ereignisse samt ihren Folgen fest im Gedächtnis bewahren und seine Entscheidungen nach denjenigen Einsichten treffen, die er in den Anfechtungen des Lebens selbst gewonnen hat, sich aber keinesfalls nach dem richten, was Bücher und Schulmeister mit leeren Worten und Vorspiegelungen, wie sie in einem Possenspiel oder einem Traum begegnen mögen, zusammenfaseln.

Die entsprechenden Verse stehen im Römerdrama des Afranius mit dem Titel ›Der Sessel‹:

> Mein Ursprung war Erfahrung mit der Welt,
> doch dauernd' Leben gab Erinnrung mir.
> Die Griechen nennen's Weisheit
> und Weltklugheit – – ihr!

Auch gibt es einen Vers des Pacuvius mit etwa gleichem Inhalt, von dem der Philosoph Macedo, ein tüchtiger, mir persönlich vertrauter Mann, meinte, er müsse eigentlich über allen Tempeltoren angebracht werden:

Lahm beim Handeln, klug beim Schwätzen,
solches Volk ist mir verhaßt!

Denn was, so sagte er, könne einem Nichtswürdigeres und Unerträglicheres begegnen, als daß elende Müßiggänger, die da mit Vollbart und im Philosophenmantel daherkommen, die Errungenschaften einer philosophisch begründeten Lebensführung zu Zungenfertigkeit und Wortgeplänkel herabwürdigen, fremde Laster mit größter Beredsamkeit anprangern, während sie selbst innerlich vor Lasterhaftigkeit strotzen.

Falstaff als Platoschüler

Bezeichnete sich doch so ein Allerweltsmensch von der Insel Kreta, der seine Zeit in Athen verlebte, allen Ernstes als Philosoph aus Platos Schule – und legte großen Wert darauf, als solcher angesehen zu werden. In Wirklichkeit war er ein Nichtsnutz und Possenreißer, der mit dem Ruhm griechischer Beredsamkeit großtat; außerdem war er rauschselig bis zur Lächerlichkeit. Bei den Studententreffen, die an jedem siebten Tage eines Monats festlich auszugestalten uns in Athen eine liebe Gewohnheit geworden war, geschah es nun genau zu dem Zeitpunkt, als die Schmauserei zu Ende war und man begonnen hatte, nützliche und ergötzliche Gespräche zu führen, daß ebendieser Mensch die Aufmerksamkeit der Zuhörer für sich forderte und zu einer Rede ansetzte. Mit einem derart billigen und wirren Wortschwall versuchte er nun alle zum Trinken anzureizen. Er selbst, so verkündete er ruhmselig, handele dabei nach platonischen Grundsätzen. Als ob Plato in seinen Büchern ›Über die Gesetze‹ ein vollmundiges Lob der Trunkenheit niedergeschrieben und der Meinung Ausdruck verliehen hätte, redlichen und wackeren Männern sei Trunkenheit als etwas durchaus Zuträgliches anzuraten. So schwadronierte er drauflos, ertränkte dabei immer wieder mit Riesenhumpen seinen ganzen Verstand und verstieg sich noch zu folgender Behauptung: Wenn des Menschen Sinn und Leib vom Weine glühe, so sei dies gewissermaßen Zunder und Funken für Geist und Kraft!

Plato hat aber doch im ersten und zweiten Buch ›Über die Gesetze‹ nicht, wie dieser Nichtsnutz meinte, jener unwürdigen Trunkenheit das Wort geredet, die gewöhnlich menschliche Gemüter schwanken macht und schwächt; er hat lediglich eine großzügigere, um ein weniges angenehmere Verlockung des Weines nicht mißbilligt, wie sie unter der Obhut und Anleitung erfahrener Zecher statthat. War er doch der Meinung, daß sich bei maßvoller und ehrbarer Entspannung die Geisteskräfte erholen und wiederherstellen lassen, um dann wieder Pflichten erfüllen zu können, die nüchterne Geisteswachheit erfordern, daß sie nach und nach wieder frohen Mut gewinnen und in der Lage sind, einen neuen Ansatz zu finden. Und selbst wenn sich hier die Irrwege der Begierden und Triebe öffnen, die sonst die ehrfürchtige Scheu verborgen hält, so werde das alles durch die Freiheit des Weines ohne große Gefahr aufgedeckt und dadurch reif zu Besserung und Heilung.

Am gleichen Ort sagt Plato auch noch folgendes: Übungen dieser Art dienten der Abwehr der dem Weine innewohnenden Wirkung. Man sollte ihnen nicht ausweichen, sie nicht verächtlich machen. Und noch nie habe sich ein beherrschter und zurückhaltender Mensch jemals als hinreichend widerstandsfähig erwiesen, es sei denn, seine Lebensführung und Lebensweise sei durch gefahrvolle Irrungen und inmitten verlockender Vergnügungen erprobt worden. Wenn nämlich ein Mensch, der die ganze Freiheit und Gelöstheit solcher Gastmähler nicht kennt und davon nicht die Spur einer Ahnung hat, nun wirklich einmal die Absicht hat, an solchen Feiern teilzunehmen – oder es verleitet ihn ein Zufall oder es zwingt ihn eine gesellschaftliche Verpflichtung zur Teilnahme, unterliegt er meistenteils, und weder Herz noch Kopf haben Widerstandskraft; wie von einem unvermuteten Schlag getroffen, geraten sie ins Wanken. Folgerichtig meinte er, man müsse halt den Kampf aufnehmen und vor Ort, gewissermaßen in vorderster Schlachtreihe, die Entscheidung gegen die Vergnügungsspender und die Weinseligkeit suchen. Nützt uns doch gegen diese Gefährdungen weder die Flucht noch zufällige Abwesenheit, sondern allein Geisteskraft und Geistesgegenwart. Maßvoller Gebrauch sichere uns innere Ausgeglichenheit und Selbstbeherrschung, und hätten frostige Beklommenheit und lähmende Angst Macht über unseren Geist gewonnen, dann sollten wir ihn eben erwärmen und beleben und einfach alles hinunterspülen!

Der Wahrheit liebster Freund, unser Plato, in seinem Drang, allen Wahrheitsfreunden mitzuteilen, was man nur immer gegen jenes stumpfe, nichtsnutzige Volk vorbringen kann, das den Namen der Philosophie nur vortäuscht, um auf verworrenen Lebenswegen eitlem Müßiggang und nebelhaftem Geschwätz nachzugehen, bedient sich als Sprachrohr einer gewiß nicht allzu bedeutenden und dafür geeigneten Person, drückt sich aber doch aufrichtig und ehrlich aus. Denn, wenngleich auch der Kallikles, sein der wahren Philosophie unkundiger Wortführer, Schimpfliches und Unwürdiges gegen die Philosophen vorbringt, muß man doch das Gesagte geradeso annehmen. Gilt es doch, Schritt für Schritt zu begreifen, daß es hier um eine an uns gerichtete Mahnung geht: Wir sollten dereinst nicht auch einmal derartige Vorwürfe verdienen und bei trägem, nichtigem Müßiggang eine auf wissenschaftlicher Beschäftigung beruhende philosophische Bildung nur vortäuschen. Ich habe den diesbezüglichen Wortlaut aus Platos ›Gorgias‹ überschriebenem Dialog in griechischer Sprache aufgeschrieben. Zu einer Übersetzung konnte ich mich nicht entschließen, weil die eigentümlichen Reize des Originals einer lateinischen Redefassung unerreichbar sind, meiner eigenen freilich am allerwenigsten!

»Die Philosophie, mein lieber Sokrates, in jungen Jahren maßvoll betrieben, mag ja ganz nett sein. Vertieft man sich aber weiter als unbedingt nötig, wird sie den Menschen zum Verderben. Ist einer nämlich gut veranlagt und treibt Philosophie noch über die entsprechende Altersgrenze hinaus, dann muß ihm ja zwangsläufig alles unbekannt bleiben, was er in seinem weiteren Leben als tüchtiger und angesehener Bürger kennen muß. Die gesamten Staatsverhältnisse, die Redemittel für den offiziellen und den privaten Umgang mit Menschen, menschliche Freuden und Leidenschaften und überhaupt die ganze Denk- und Lebensweise der Menschen, all das bleibt diesen Leuten nämlich unbekannt. Und wenn sie dann einmal in eigener Sache oder für das Gemeinwesen politisch handeln sollen, werden sie zur lächerlichen Figur, wie andererseits sich natürlich auch die Staatsmänner lächerlich machen, wenn sie sich auf Gespräche und Untersuchungen eurer Art einlassen.«

Und wenig später fährt er noch fort:

»Das beste aber wird wohl sein, an beiden Anteil zu haben. Schön, sich in der Philosophie soweit auszukennen als für die Allgemeinbildung nötig. Und einem jungen Menschen steht das Philosophieren ja auch gut zu Gesicht. Ist man aber schon älter und philosophiert immer noch, dann, Sokrates, wird die Sache lächerlich. Mir nun geht es im Umgang mit Philosophiebeflissenen ähnlich wie mit Stotterern und Possenreißern. Sehe ich ein Kind, für das sich diese Art, stammelnd und scherzhaft zu reden, noch eben schickt, nun gut, das gefällt mir und ich finde es nett und altersgemäß. Höre ich aber ein Kind sich sicher und gewandt unterhalten, dann scheint mir an der Sache etwas faul zu sein, es ist mir lästig, es mit anzuhören, und erscheint mir als etwas sklavisch Erzwungenes. Hört man aber gar einen erwachsenen Mann so stammeln oder sieht ihn seine Possen treiben, dann erscheint das als in höchstem Maße lächerlich und unmännlich, einer Tracht Prügel wert! Gerade das empfinde ich nun auch gegenüber den Philosophiebeflissenen: Bei einem jungen heranwachsenden Menschen sehe ich's gerne, wenn er Philosophie treibt, finde es durchaus passend und rechne ihn unter die Gebildeten. Andererseits halte ich den, der gar keine Philosophie betreibt, für einen Menschen von knechtischer Gesinnung, der sich niemals hohe und würdige Aufgaben stellen wird. Wenn ich aber sehe, wie sich ein älterer Mensch noch mit Philosophie abgibt, ja sich von ihr gar nicht losmachen kann, dann scheint mir, mein Sokrates, einen solchen Menschen müßte man noch ausprügeln. Ich sagte es ja schon, auch wenn er gut veranlagt ist, dieser Mensch muß unmännlich werden, weil er den Stadtzentren und Märkten, wo, wie der Dichter sagt, Männer zu Männern werden, aus dem Weg geht und für den Rest des Lebens mit Knäblein zusammenkriecht; unter dreien oder vieren wispert er im Versteck, aber offen, laut und sachkundig eine Ansprache zu halten, das gelingt ihm nimmermehr.«

Dies alles läßt Plato – wie ich schon bemerkte – durch eine nicht eben sachkundige Person vortragen, die aber dennoch mit der Verläßlichkeit gesunden Mutterwitzes und Menschenverstandes und dem Anspruch ungeheuchelter Wahrheitsliebe zu uns spricht. Es geht dabei freilich nicht um die Philosophie als die Grundlehre aller Tugenden, die im privaten wie im öffentlichen Bereich den ersten Rang behauptet, die Städte und Staaten – wenn nichts im Wege steht – ausdauernd, tüchtig und mit Sachkunde verwaltet, vielmehr um jenes läppische und kindische Haschen nach spitzfindigen Beweisen, die weder zur Bewahrung noch zur Ordnung unseres Lebens etwas beitragen, um jene Philosophie also, in der gewisse Müßiggänger alt und grau werden, die von der

Menge für Philosophen gehalten werden und die der Kallikles, aus dessen Munde die hier wiedergegebenen Worte stammen, für Philosophen hielt.

Alte Schule

Galt es Schüler anzunehmen und zu unterrichten, soll – so ist es überliefert – beim Pythagoras und dann auch in seiner Schulgemeinschaft und in seiner Nachfolge eine grundvernünftige Regelung folgender Art gegolten haben:

Junge Leute, die sich zu seinem Unterricht drängten, pflegte er zuerst einmal ›physiognomisch‹ einzuschätzen. Dieser Ausdruck meint: Sittliche und natürliche Anlagen eines Menschen werden aus dem geistigen Ausdruck von Gesicht und Miene wie auch aus der körperlichen Gestalt und Haltung erkannt. Wer nach persönlicher Begutachtung für geeignet befunden wurde, den ließ er sofort in die Schulgemeinschaft aufnehmen und verpflichtete ihn für eine bestimmte Zeit zum Stillschweigen. Nicht etwa nun für alle die gleiche Zeit, sondern für jeden einzelnen eine unterschiedlich bemessene Zeit; das richtete sich nach der Einschätzung der vorhandenen Auffassungs- und Erfindungsgabe.

Ein solcher Schweiger durfte nun freilich mit anhören, was von den anderen besprochen wurde, doch galt für ihn die heilige Pflicht, weder Fragen zu stellen, wenn er etwas nicht richtig verstanden hatte, noch Bemerkungen über das Gehörte zu machen. Für keinen betrug die Schweigezeit weniger als zwei Jahre. Während dieser Zeit des Schweigens und Zuhörens wurden sie alle geradezu ἀκουστικοί, das heißt ›die Zuhörer‹, genannt. Sobald sie nun aber das Schwierigste von allem gelernt, das Schweigen und das Zuhören, auch schon durch ihr Stillschweigen – ›Mundhalten‹ nannte man das! – die ersten Bildungsgrundlagen erlangt hatten, dann erst erhielten sie die Möglichkeit zu reden und zu fragen, auch niederzuschreiben, was sie gehört hatten, und ihre eigene Meinung zum Ausdruck zu bringen. Während dieser Zeit wurden sie μαθηματικοί, das heißt ›die Kenntnisse und Wissen Erwerbenden‹ genannt, nach den Wissenschaften, deren Studium und Einübung sie eben begonnen hatten: Die alten Griechen bezeichneten nämlich die Geometrie, die Zeitmeßkunst, die Musik und ebenso die übrigen höheren Kenntnisse als ›Wissenschaften‹. Das gewöhnliche Volk jedoch nennt ›Mathematiker‹ diejenigen, die man mit ihrem Volksnamen ›Chaldäer‹ nennen sollte. Ausgerüstet mit wissenschaftlichen Kenntnissen dieser Art gingen sie nun daran, der Welt einzelne Bestandteile und die Grundlagen der Naturentwicklung zu erforschen und dann, zuallerletzt, wurden sie φυσικοί, das heißt ›die Naturforscher‹, benannt.

Als uns Taurus, unser Meister, diese Tatsachen über den Pythagoras vermittelt hatte, fuhr er wörtlich fort:

»Heutzutage dagegen wollen die Leute, die sich unvermittelt, gewissermaßen ›mit ungewaschenen Füßen‹ an die Philosophen heranmachen – nicht genug, daß sie völlig ohne Ausbildung in Wissenschaft, Kunst, Geometrie sind – die Methoden vorschreiben, nach denen sie Philosophie betreiben wollen. Einer sagt da: ›Lehre mich zuerst einmal dies!‹, ein anderer wieder: ›Dies will ich lernen, nicht das andere!‹ Will der eine die Lektüre mit dem ›Gastmahl‹ des Plato beginnen lassen, weil dort das

Gelage des Alkibiades beschrieben wird, so ein anderer mit dem ›Phädrus‹, wegen der Lysiasrede. Es gibt, beim Jupiter, sogar manch einen, der nicht, um seine Lebensführung zu bessern, nach Platolektüre verlangt, sondern um sich einen gepflegten sprachlichen Ausdruck anzueignen. Nicht um Besonnenheit ist es ihm zu tun, unterhaltsam möchte er sein!« So pflegte Taurus zu reden, wenn er Neulinge, wie sie heutzutage den Philosophen nachlaufen, mit den alten Pythagoras-Jüngern verglich.

Doch darf auch dies nicht übergangen werden: Alle, die von Pythagoras in seine Schulgemeinschaft aufgenommen wurden, gaben sogleich mit dem Eintritt alles, was ein jeder an Familiengut und eigenen Geldmitteln besaß, an die Gemeinschaft ab. So entstand ein unauflösliches Bündnis, vergleichbar jener alten, nach römischem Recht und mit römischer Bezeichnung ›ungeteiltes Erbgut‹ benannten Gütergemeinschaft.

Standfester Philosoph

Den freiwillig übernommenen Arbeiten und Übungen, die seinen Körper gegen Wechselfälle des Zufalls abhärten und stärken sollten, rechnet man auch folgende Gewohnheit des Sokrates zu: Es wurde ihm nachgesagt, er sei es gewohnt gewesen, Tag und Nacht hindurch im Stehen auszuharren, vom ersten Lichtstrahl bis zum nächsten Sonnenaufgang, ohne die Lider zu senken, unbeweglich in Nachdenken versunken, und immer am gleichen Ort, Augen und Gesicht in die gleiche Richtung gewandt, so, als hätten sich Geist und Sinn aus seinem Körper zurückgezogen.

Als Favorin, wie es oft geschah, sich über die Tüchtigkeit dieses Mannes ausließ und dabei auf diese Angewohnheit zu sprechen kam, bemerkte er wörtlich: »Oft stand er wie angewurzelt vom einen Aufgang der Sonne zum anderen, unerschütterlicher als die Eichenstümpfe.« So ausgeglichen war nach herkömmlicher Ansicht seine Gemütsverfassung, daß er beinahe sein ganzes Leben mit unangefochtener Gesundheit durchstand. Selbst in den Wirren der berüchtigten Epidemie, einer mörderischen Krankheit, die während des Ersten Peloponnesischen Krieges Athen entvölkerte, soll er durch vernunftgemäßes Einschränken und Maßhalten nicht nur die Folgen kräftezehrender Lustbarkeiten vermieden, sondern auch sein körperliches Wohlbefinden erhalten haben. So war er nie in Gefahr, in den Strudel des allgemeinen Untergangs hineingezogen zu werden.

Gefährliche Wissenschaft

Der Philosoph Taurus, ein – wie ich mich gut erinnere – gefeierter Vertreter platonischer Schule, pflegte zur Beschäftigung mit der Philosophie durch gute und hilfreiche Beispiele Mut zu machen. Jugendliche Geister stachelte er aber gewöhnlich besonders durch eine Darstellung aus dem Leben des Sokratesschülers Euclides an.

»Durch ein eigenes Dekret – so erklärte er – hatten die Athener verfügt, daß jeder Bürger von Megara, den man beim Betreten athenischen Landes ertappen würde, einen Prozeß auf Tod und Leben zu erwarten hätte. So tief brannte in den Athenern der Haß auf ihre Nachbarn aus Megara. Euclides nun, ebenfalls aus Megara, hatte sich vor Erlaß dieser Verfügung oft in Athen aufgehalten und zählte zu den Hörern des Sokrates. Jetzt, nach Inkrafttreten dieser Verfügung, hatte er sich angewöhnt, vor Einbruch der Nacht, wenn es eben zu dämmern begonnen hatte, angetan mit einem langen Frauenhemd und einem bunten Überwurf, den Kopf eingehüllt in ein wollenes Tuch, aus seinem Haus in Megara nach Athen zu Sokrates hinüberzuwechseln, um wenigstens nachts eine Zeitlang an dessen Reden und Ratschlägen teilhaben zu können. Vor Tagesanbruch kehrte er dann die mehr als zwanzigtausend Schritt in der gleichen Verkleidung zurück.«

»Heutzutage aber – sagte Taurus – muß man mit ansehen, wie sich Philosophen aus eigenem Antrieb zu den Häusern ihrer reichen jungen Schüler aufmachen, um ihre Lehrvorträge anzubieten, ja, wie sie sich dort hinhocken und bis zur Mittagszeit warten, daß die Herren Schüler ihren nächtlichen Rausch ausgeschlafen haben.«

Nichts mehr sehen . . .!

In griechischen Geschichtsurkunden kann man nachlesen, daß der Philosoph Demokrit, ein Mann, verehrenswert vor anderen und von alters her in hohem Ansehen stehend, sich aus keinem anderen Grunde freiwillig seines Augenlichts beraubt habe, als weil er überzeugt war, seine Gedanken und Überlegungen zu vernunftgemäßer Naturbetrachtung würden an Kraft und Genauigkeit gewinnen können, wenn er sie nur vor den Verlockungen des Gesichtssinnes und den dabei hinderlichen Augen befreite. Diese Tat des Demokrit, ja den Vorgang selbst, wie er sich durch scharfsinniges Tüfteln zur ersehnten Blindheit verhalf, hat uns der Dichter Laberius in seinem Mimus ›Restio‹ oder ›Der Seiler‹ in recht artigen und anschaulichen Versen beschrieben. Freilich hat er sich eine andere Begründung der freiwilligen Blindheit ausgedacht und damit nicht ungeschickt zu einem Stoff in Beziehung gesetzt, den er gerade behandelte. Die Rolle, der bei Laberius die entsprechenden Worte zukommen, ist die eines knausrigen reichen Geizhalses, der sich jammernd über die ungehemmte Verschwendungssucht und die liederliche Lebensführung eines jungen Mannes – seines Sohnes – beklagt. Des Laberius Verse lauten wie folgt:

Demokrit, der Abderite, ein Erforscher der Natur,
richtet gegen Sonnenaufgang seinen Erzschild.
Dessen Glanz
sollte seine Augen blenden, daß der Sonne
Widerstrahl
ihm die Sehkraft möchte brechen. Denn nur so
könnt es geschehn,
daß das Los erspart ihm bliebe, anzuschaun der
Bösen Glück.
Also wünscht ich, daß des Geldes glitzerndheller
Strahlenglanz
mich erblinden machen möchte für die letzte
Lebenszeit.
Brauchte dann im Glück nicht sehen meinen Sohn,
den Liederjan.

PHILOSOPHIE-PROBLEME

›Schau nicht in die Sterne . . .‹

Eine Vorlesungsnachschrift

In Rom war's, wo ich einmal einen griechischen Vortrag des Philosophen Favorin mit anhörte, der sich gegen jene Leute richtete, die sich selbst Chaldäer oder Sterndeuter nennen und sich anheischig machen, aus der Bewegung und aus der Stellung der Gestirne am Tag der Geburt Aussagen über zukünftiges Geschick zu machen. Eine so außergewöhnliche wie glänzende Rede war das damals, von der ich freilich nicht mit Sicherheit sagen kann, ob er sie nur hielt, um sich zu üben und seine Redegewandtheit zu zeigen, oder ob er's damit wirklich entschieden ernst meinte. Seine wichtigsten Sätze und Beweisstellen schrieb ich mir gleich nach dem Vortrag auf, soweit ich sie noch erinnern konnte. Sinngemäß lauteten sie etwa so:

Das berüchtigte Lehrgebäude der Chaldäer sei ja gar nicht so alt, wie sie selbst glauben machen wollen, auch seien sie selbst nicht dessen Begründer und Verfechter, als die sie sich hinzustellen belieben. Diese Art Gaukelei und Blendwerk sei vielmehr von diesem Bettelvolk erfunden, das aus Lügnereien seinen Unterhalt und sein Einkommen beziehe. Aus der Beobachtung, daß gewisse irdisch-menschliche Dinge durch Vorgänge am Himmel fühl- und erkennbar beeinflußt werden – wie zum Beispiel der Ozean im Zusammenhang mit den Mondphasen zurückweicht und wieder ansteigt –, hätten sie sich offenbar einen Beweisgang zusammengebastelt, der uns glauben machen will, alle menschlichen Dinge, die kleinen wie die ganz großen, seien gleichsam an Sterne und Sternbilder geknüpft, würden von daher gelenkt und geleitet. Mehr als albern und abgeschmackt sei denn nun wohl auch die Annahme, irgendeines Menschen Rechtsstreit, den er gerade gegen Mitnutzer über die Wasserzuleitung oder gegen einen Nachbarn über die Grenzmauer gerichtlich anstrengt, würde wie mit einem Zaumwerk vom Himmel aus gelenkt. Was freilich gleichsam durch göttliche Einflußnahme und Machtentscheidung Wirklichkeit werden kann, das könne – so meinte er – gleichwohl nicht in so knapp bemessener Zeit eines Menschenlebens mit menschlicher Geisteskraft, sei sie auch noch so groß, erfaßt und begriffen werden. Vielmehr würden allenfalls einige Mutmaßungen möglich sein, die (um mich seines griechischen Ausdrucks zu bedienen) ›ganz grobmaschig‹, wie sie sind, keinerlei wissenschaftliche Grundlage haben, sondern schwankend, unbestimmt und willkürlich sind; so wie die Sehkraft der Augen über lange Entfernungen hinweg abnimmt. Würden nämlich auch die Menschen alles Zukünftige vorherwissen können, dann wäre dadurch der Unterschied zwischen Göttern und Menschen aufgehoben. Schließlich vermittle – wie er annahm – auch die Beobachtung von Sternbildern und Gestirnen, die sie als die Quelle ihrer Wissenschaft anpreisen, keineswegs zuverlässige Ergebnisse.

»Unter den Bedingungen der ersten Chaldäer, die weite Ebenen bewohnten und von dort aus bei der Betrachtung der Bewegungen und Bahnen, des Auseinanderrückens und des Wiederzusammenfindens der Sterne auch deren Wirkung feststellen konnten, mochte diese Wissenschaft immerhin von einigem Wert sein. Das gilt aber eben nur für den Himmelsstrich, unter dem die Chaldäer damals lebten. – Die Beobachtungsmethode der Chaldäer konnte nämlich unter verschiedenen Himmelsgegenden nicht die gleiche bleiben und in gleicher Weise anwendbar sein. – Denn die gewaltige, durch Neigung und Wölbungen des Alls bedingte Unterschiedlichkeit der einzelnen Himmelszonen und -bahnen sieht doch ein jeder! Wie sollten nun dieselben Gestirne, die nach ihrer Behauptung ja alle göttlichen und himmlischen Geschehnisse bestimmen, so wie sie nicht überall Frost und Hitze hervorrufen, sondern Veränderung und Abwechselung bringen und zu gleicher Zeit hier ruhige, dort stürmische Witterung bewirken, nicht auch einen ganz unterschiedlichen Ausgang von Handlungen und Unternehmungen zur Folge haben, wenn sie bei Chaldäern oder bei Gätulern, an der Donau oder am Nil, stattfinden? – Welche Folgewidrigkeit, anzunehmen, daß Bestand und Verhalten so unermeßlicher Luftschichten unter je anderen Krümmungen des Himmelsgewölbes nicht die gleichen bleiben können, dagegen dieselben Sterne in menschlichen Angelegenheiten immer Gleiches ankündigen sollen, gleichgültig, von welchem Erdenwinkel aus man sie beobachtet.«

Dann gab er noch sein Erstaunen darüber zu erkennen, wie es denn nicht für jedermann offenkundig wäre, daß es nicht noch mehr jener Sterne, die von Chaldäern und Babyloniern, auch von Ägyptern beobachtet worden sein sollen, gibt als gemeinhin angenommen wird: Viele nennen sie ›die Umherirrer, die Irrsterne‹, Nigidius Figulus spricht von ›Planeten‹, ›Vagabunden‹. Hielt dieser Mann doch die Existenz weiterer Planeten von gleicher Wirkungskraft durchaus für möglich, meinte sogar, daß eine ordentliche und ununterbrochene Beobachtung ohne deren Berücksichtigung gar nicht durchführbar sei. Freilich entzögen sich diese Sterne dem menschlichen Sehvermögen teils wegen übergroßer Helligkeit, teils wegen allzu großer Entfernung.

»Gibt es doch weiterhin noch einige Sternbilder, die nur von gewissen Gegenden aus sichtbar und dementsprechend nur den Bewohnern eben jener Gegenden bekannt sind. Die gleichen Gestirne sind aber von der ganzen übrigen Erde aus nicht zu sehen und allen anderen Menschen völlig unbekannt! – Aber geben wir ruhig einmal zu, daß nur *diese* Sterne allein und nur von einem einzigen Erdenpunkte aus beobachtet werden müßten, wo wäre dann der Schlußpunkt dieser Beobachtung anzusetzen und welche Zeiträume dürften als ausreichend gelten, um aus den Aussagen der Sternbegegnungen, Sternumläufe und Sternveränderungen die gewünschten Ergebnisse zu erzielen? Ist man nämlich bei der Himmelsbeobachtung von Anfang an so vorgegangen, daß man genauestens festhielt, in welcher Lage, welchem Bild und welcher Stellung sich die Sterne bei der Geburt eines N. N. befanden, hätte man ferner von Lebensbeginn an achtgegeben auf dessen Schicksal, Lebensführung, Veranlagung, die Art seiner Handlungen und Unternehmungen und zuallerletzt auch auf sein Lebensende, und hätte man dies alles so, wie man's in Erfahrung gebracht, schriftlich festgehalten, dann könnte man lange Zeit später bei gleichem Standort und gleicher Beschaffenheit der Sterne allen zu diesem späteren Zeitpunkt Geborenen auch die gleichen Schicksale voraussagen. – Hat man den Beobachtungsablauf dergestalt angesetzt und daraus ein gewisses System gemacht, kommt man nämlich auf keine Weise zu irgendeinem Abschluß. Dann möchte man sich – bitte schön – auch festlegen, nach wieviel Jahren oder besser nach wieviel Jahrhunderten ein solcher Beobachtungsgang abgeschlossen sein könnte!«

Favorin meinte, unter den Sterngelehrten gälte es als ausgemacht, daß die offenbar für den Ablauf des Weltgeschehens verantwortlichen Sterne, die sie als die ›Irrsterne‹ bezeichnen, nach Ablauf nahezu unendlich vieler und unzählbarer Jahre alle in gleicher Beschaffenheit wiederum an ihren Ausgangsort zurückkehren. Die Folge wäre, daß über einen so großen Zeitraum hinweg weder durchgängige Beobachtung noch Erinnerung noch irgendeine Art schriftlicher Aufzeichnungen Bestand haben könnten. – Seiner Meinung nach müsse man aber zusätzlich in Erwägung ziehen, daß der Stand der Sterne zur Zeit der Empfängnis eines Menschen im Mutterschoß ja ein anderer sei als zu der späteren Zeit, wenn er nach Ablauf der folgenden zehn Monate das Licht der Welt erblicke. So fragte er folgerichtig weiter, wie denn in gleicher Sache eine unterschiedliche Darlegung möglich sei, wenn nämlich nach Meinung der Chaldäer ein veränderter Sternenstand und -lauf auf jeweils andere Schicksale hinwiese. – Aber auch zum Zeitpunkt einer ehelichen Verbindung, aus der Kinder entstehen sollen, und besonders während des Beilagers von Mann und Frau müsse bereits durch eine bestimmte und zwangsläufige Stellung der Sterne deutlich werden, meinte er, was für Menschen entstehen würden und welches Geschick sie erwarte – und auch um vieles früher, noch vor der Geburt von Vater und Mutter, bei deren Zeugung hätte schon vorhergesehen werden müssen, welcher Art einst die von ihnen Gezeugten sein würden, und so immer weiter und weiter zurück bis ins Unendliche, so daß, wenn diese Kunst auch nur irgendwie wirklich auf Wahrheit fußt, bis um hundert Jahrhunderte von hier aus zurückgerechnet oder noch weiter, vom Urbeginn des Himmels und der Welt an und von da an weiter mit ständiger Anzeige, sooft eine neue Menschengeneration entsteht, jene Sterne vorhersagen müßten, wie geartet und mit welchem Schicksal behaftet jeder heutigentags Geborene sein wird.

»Darf man denn da überhaupt annehmen, daß Schicksal und Glück jedes Einzelnen von uns durch Sternbild und Sternstellung genauestens vorausbestimmt sein könne und daß eben diese Sternbild-Stellung sich erst nach Ablauf lang-langer Jahrhunderte wiederherstelle, während alles, was uns so kurz hintereinander – in den einzelnen Vorvätergenerationen ebenso wie in der unbegrenzten Kette der Nachfolgegenerationen – die Wechselfälle eines Menschenlebens so oft und so vielfältig und doch immer gleichartig anzeigt, nicht auch durch eine entsprechend gleichartige Sternenstellung erkennbar würde? Kann dies nun aber überhaupt geschehen und wird diese Unterschiedlichkeit und Verschiedenartigkeit in allen vergangenen Zeitabständen bei der Kennzeichnung der Ausgangslage aller später Geborenen zugestanden, dann muß diese Ungleichheit den Beobachtungsablauf verwirren, ja, das ganze diesbezügliche Lehrsystem entstellen.«

Am allerunerträglichsten aber sei seiner Meinung nach ihre – der Chaldäer – Annahme, daß nicht nur die äußerlichen Zufälle und Ereignisse hoch vom Himmel herab bewegt und angetrieben würden, sondern auch die Entschlüsse und Meinungen der Menschen, ihre unterschiedlichen Willensregungen, Vorlieben und Abneigungen und ihr bei lächerlichen Kleinigkeiten ganz willkürliches und plötzliches Hin und Wider, so als ob der plötzliche Entschluß, ein Bad aufzusuchen, dann dessen Rücknahme und der erneute Entschluß, weniger einem sprunghaft-launischen geistigen Antrieb als einer unausweichlichen Umkehrbewegung der Wandelsterne zu danken sei. Rundheraus gesagt, wäre dann nämlich die Folge, daß die Menschen, wenn sie nichts aus eigenem Antrieb, nichts nach ihrem eigenen Ermessen zuwege bringen, sondern nur unter Anleitung und gewissermaßen am Gängelband der Sterne, nicht wie immer behauptet ›vernunftbegabte Lebewesen‹, sondern nur lächerliche Schauspielerpuppen zu sein scheinen.

»Sie versichern uns, man hätte den Sieg des Königs Pyrrhus oder des Manius Curius voraussagen können. Nun gut, warum trauen sie sich dann nicht auch beim Glücks-, Brett- und Würfelspiel die Voraussage zu, welcher Spieler gewinnt? Oder ist ihnen nur das große Weltgeschick bewußt, nicht der Kleinkram? Ist das Kleine etwa unbegreiflicher als das Große? – Erklären sie sich also nur in bedeutenden Angelegenheiten für zuständig, mit der Behauptung, diese seien durchsichtiger und leichter handhabbar, dann möchte ich allerdings die Frage beantwortet wissen, was sie bei der Betrachtung des Weltganzen, angesichts wirklich großartiger Naturschöpfungen, unter so geringfügigem und vergänglichem Menschenwerk und Menschengeschick noch für bedeutend halten mögen? – Darauf möchte ich schon eine Antwort: Ist die Zeitspanne, in der einem Menschen bei der Geburt sein Schicksal zuteil wird, so klein und flüchtig, daß nicht mehrere Menschen in ein und demselben Augenblick unter dem gleichen Himmelsstrich und gleichen Bedingungen zur Welt kommen können, und können darum selbst Zwillinge – weil sie eben nicht zum genau gleichen Zeitpunkt geboren sind – kein gemeinsames Lebenslos haben, so möchten sie doch, bitte schön, Auskunft geben, wie sie es anstellen können, den kaum in Gedankenschnelle erfaßbaren flüchtigen Ablauf der Zeit zu erfassen, selbst wahrzunehmen und festzuhalten, da doch nach ihrer eigenen Behauptung beim rasend schnellen Umlauf von Tag und Nacht die kleinsten Zeitabschnitte ungeheuere Wandlungen bewirken müssen.«

Schließlich wollte er aber auch noch hören, was man dagegen einzuwenden hätte, daß Menschen beiderlei Geschlechts, aller Altersstufen, unter verschiedenen Sternenständen und in weit voneinander entfernten Ländern zur Welt gekommen, trotzdem alle zusammen etwa bei einem Erdbeben, dem Einsturz eines Hauses, der Eroberung einer Stadt oder bei einem Schiffsuntergang zum gleichen Zeitpunkt durch die gleiche Todesart gleichzeitig zugrunde gingen.

»Dies hätte doch niemals geschehen können, wenn die den einzelnen Menschen zugeteilten Geburtsumstände je ihrem eigenen Gesetz unterstünden. – Und wenn sie nun einfach behaupten, auch im Leben wie im Tod von Menschen mit unterschiedlichen Geburtsterminen könnten durch gewisse später sich ereignende gleiche Sternstellungen durchaus einige Gleichheiten und Ähnlichkeiten auftreten, warum sollte sich dann nicht auch einmal eine allgemeine Gleichheit herstellen, dergestalt, daß durch Zusammentreffen und Annäherungen von Sternen eine Vielzahl von Männern wie Sokrates, Antisthenes und Plato entstünden, einander völlig gleichgeartet an Herkunft, Gestalt, Veranlagung, Verhaltensweisen, überhaupt im ganzen Lebensablauf und auch im Tode? – »Das ist ja«, so Favorin, »geradezu unmöglich! Eine stichhaltige Erklärung der gleichen Todesarten bei ungleicher Geburt können sie daraus jedenfalls nicht ableiten.«

Einmal zugestanden, daß Leben und Tod der Menschen sowie Zeitpunkt, Ablauf und Ursache alles menschlichen Geschehens am Himmel, in den Sternen stünden, wolle er ihnen indessen gern die weitere Frage ersparen, was sie dann zu den Fliegen, Würmern, Igeln und den vielen anderen Kleinstlebewesen im Wasser und auf dem Lande zu sagen hätten? Ob diese denn nun auch unter den gleichen Bedingungen wie die Menschen zur Welt kämen und ebenso sterben würden? Folglich müßte doch entweder auch den Fröschlein und den Schnaken ihr Geburtsschicksal vom Lauf himmlischer Gestirne zugeteilt werden, oder – wenn sie das ablehnen – es gäbe keine einleuchtende Begründung, warum dieselbe Sternenkraft auf Menschen wirke, bei allen übrigen Lebewesen aber versage!

All das habe ich nur eben angerührt und in meiner körnigen, kunstlosen, nahezu nüchternen Redeweise wiedergegeben, Favorin behandelte alles ausführlicher, anmutiger, prächtiger und flüssiger, wie es seiner hohen Begabung und der Fülle und dem Liebreiz griechischer Beredsamkeit entsprach. Dazu ermahnte er uns wiederholt, ja vorsichtig zu sein, damit jene Betrüger sich nicht bei uns einschleichen könnten und Vertrauen fänden, weil es ja gelegentlich den Anschein hat, als ob sie auch Wahres ausplaudern und verbreiten. – So sagte er: »Diese Leute drücken sich doch weder verständlich noch klar und deutlich aus. Mit ihren ungesicherten, mehrdeutigen Mutmaßungen pirschen sie sich vorsichtig, wie durch dichten Nebel, zwischen Falschem und Wahrem hindurch, und so stoßen sie wohl nach vielerlei Versuchen auch einmal unversehens auf die Wahrheit, oder sie lassen sich, durchtrieben wie sie sind, von der Mitteilsamkeit ihrer Fragesteller zum Richtigen hinführen. Darum ist es ja offenbar so, daß sie bei Auskünften über Vergangenes der Wahrheit näherkommen als bei Aussagen über Zukünftiges. Gleichwohl macht das, was sie durch Zufall oder in ihrer Verschlagenheit an Wahrem aussagen, verglichen mit dem, was sie an Lügen verbreiten, nicht einmal den tausendsten Teil aus.«

Neben dem, was ich den Favorin habe sagen hören, erinnere ich auch noch viele Zeugnisse der alten Dichter, die gegen derlei tückische Zweideutigkeiten ankämpfen. Darunter findet sich dieser Ausspruch vom Pacuvius:

> Könnt einer wissen, was da kommen wird,
> der käme wohl dem höchsten Gotte gleich!

Desgleichen der vom Accius:

> Ich traue nicht der Vogeldeutekunst.
> Wohl füllt sie wortreich jedes fremde Ohr,
> doch nur um Gold ins eigne Haus zu ziehn!

Derselbe Favorin, der die heranwachsende Jugend von diesen Sterndeutern und gewissen anderen desselben Schlages, die mit wunderlichen Künsten alles Zukünftige vorauszusagen versprechen, abschrecken und abhalten wollte, zog daraus den Schluß, daß man sich auf keinen Fall an diese Leute wenden und sie um Rat fragen dürfe. Seine Worte: »Entweder sagen sie künftiges Unglück voraus oder künftiges Glück. Sind ihre Glücksversprechungen trügerisch, macht dich vergebliches Hoffen, trügen ihre Unheilsvoraussagen, macht dich sinnlose Furcht unglücklich. Treffen sie aber wirklich einmal die Wahrheit und ist sie unerfreulich, dann zerbrichst du von Stund an in dir selbst, noch ehe dich der Schicksalsschlag wirklich trifft. Versprechen sie Erfreuliches, und es stellt sich auch ein, dann wirst du gewiß doppeltes Ungemach leiden: In deiner Ungewißheit wird dich hoffnungsvolle Erwartung zermürben, andererseits wird dir das Hoffen im voraus den Genuß künftiger Freude rauben. Also darf man sich mit Zukunftsdeutern dieses Schlages unter keinen Umständen einlassen.«

Streit am Meeresstrand

Zu Favorins römischem Freundeskreis gehörten zwei recht angesehene Philosophen. Einer von ihnen zählte sich zur peripatetischen, der andere zur stoischen Schule. Bei einem Zusammensein mit Favorin in Ostia war ich unter den Anwesenden, als diese zwei einmal in ein mit scharfsinnigem Eifer geführtes Streitgespräch über ihre Lehrsätze gerieten. Wir spazierten gerade die Uferpromenade entlang, es war ein Frühlingstag, und der Abend kündigte sich schon an. Da gab der Stoiker sein Grundsatzurteil ab: Vollendetes Glück im Menschenleben könne allein durch innere Vortrefflichkeit, höchstes Elend allein durch Schlechtigkeit bewirkt werden. Das gelte auch für den Fall, daß es der Tugend aller übrigen Güter, die man gewöhnlich als die körperlichen und die äußeren bezeichnet, ermangelte, die Schlechtigkeit hingegen über sie verfügte. Dagegen räumte der Peripatetiker zwar ein, daß das Elend im Leben allein von der Seelenverderbnis und Schlechtigkeit herrühre, doch sei für vollkommenes Lebensglück die Tugend allein keinesfalls ausreichend. Denn Unversehrtheit und Gesundheit des Körpers, ein wohlgelittenes Äußeres, ausreichend eigenes Vermögen, Unbescholtenheit und alle sonstigen Güter, die ein gesunder Körper und Glücksumstände vermitteln, müßten für ein vollendetes Lebensglück als notwendig gelten.

Hier erhob der Stoiker Einspruch, drückte seine Verwunderung über die von seinem Gegner eingeführten Unterscheidungen aus; und daß dieser, wenn Schlechtigkeit und Tugend und gleichermaßen auch elendes und glückliches Leben schon zwei Gegensatzpaare bildeten, gleichwohl für beide Wirkung und Wesen eines Gegensatzes nicht beibehalten hätte. Für das Elend des Lebens hielte er Schlechtigkeit allein für ausreichend, aber zur Gewährleistung des Lebensglücks sollte die Tugend allein nicht ausreichen. Denn seiner Meinung nach sei es doch höchst widersprüchlich und unpassend, daß derjenige, der angibt, ohne Tugend könne es nie und nimmer wahres Lebensglück geben, andererseits die allein durch Tugend gewährleistete Möglichkeit eines solchen Glücks verneint. Und die Ehre, die er der abwesenden

Tugend gönne und zugestehe, entzöge er ihr, wenn sie sich einstellt und gegenwärtig ist.

Erwidert darauf der Peripatetiker wirklich recht schlagfertig: »Mit gütigem Verlaub beantworte mir bitte die Frage, ob du als einen Krug Wein anerkennst, wenn ihm ein Maß fehlt?«

Antwortet der Stoiker: »Einen Krug Wein, dem ein Maß fehlt, darf man keineswegs als solchen bezeichnen!«

Der Peripatetiker nahm das zur Kenntnis, folgert aber nun: »Man wird also behaupten dürfen, ein Maß mache einen Krug aus; denn fehlt das eine Maß, gibt es keinen vollen Krug Wein, ist es zugegossen, dann ist der Krug voll. Ist es also abwegig zu behaupten, allein dieses eine Maß mache den ganzen Krug aus, so ist die Behauptung, allein in der Tugend bestünde das Glück des Lebens, ebenso abwegig, da es ja ohne Tugend niemals ein vollkommenes Lebensglück geben kann.«

Da sieht Favorin den Peripatetiker an und meint: »Das läppische Argument vom Maß Wein, das du eben anführtest, steht freilich in den Lehrbüchern. Doch muß es – und das weißt du ganz genau – wohl mehr als nette Fangfrage denn als ordentlicher, sachgemäßer Beweis gelten. Ein Maß – wenn es fehlt – bewirkt zwar die unvollständige Füllung des Kruges. Dieses eine Maß – wenn es dazukommt, also zugegossen wird – macht doch aber nicht den ganzen Inhalt des Kruges aus, es füllt ihn nur auf. Die Tugend ist aber doch nun nach Aussage der Stoiker kein Zusatz und keine bloße Auffüllung, vielmehr ist sie allein gleichbedeutend mit dem Glück des Lebens, und darum bewirkt auch sie allein durch ihre Anwesenheit vollkommenes Lebensglück.«

Solcherlei Probleme und noch mancherlei anderes, mehr Nebensächliches und Verwickeltes, trugen die beiden jeweils in ihrer Fassung dem Favorin wie einem Schiedsrichter vor. Als nun aber schon die erste Nachtfackel aufleuchtete und sich ringsum tiefes Dunkel ausgebreitet hatte, gaben wir dem Favorin das Geleit bis zu seinem Quartier. Danach gingen wir auseinander.

Vorsehung und Schuld

Alle, denen nicht einleuchtet, daß diese Welt für Gott und Menschen eingerichtet ist und der menschliche Bereich durch das Walten der Vorsehung gelenkt wird, glauben sich eines gewichtigen Beweises zu bedienen, wenn sie sich so ausdrücken: ›Gäbe es eine Vorsehung, dann gäbe es keine Übel.‹ Denn nichts, so meinen sie, stimme weniger mit dem Walten einer Vorsehung zusammen als die Tatsache, daß in dieser angeblich für die Menschen geschaffenen Welt Mühsal und Übel so große Macht hätten. Dagegen nimmt Chrysipp Stellung, wenn er im vierten Buch ›Von der Vorsehung‹ darlegt: ›Überhaupt ist nichts törichter als jene, die meinen, es könne Gutes geben, wenn es nicht gleichermaßen auch Übel gäbe. Denn wenn Gutes und Übles Gegensätze sind, müssen beide notwendigerweise als Gegensatzpaar und gewissermaßen in Kampfstellung sich wechselseitig ihrer Existenz versichern. Es gibt eben keinen Gegensatz ohne ein Gegenstück! Wie zum Beispiel könnte es ohne widerrechtliche Handlungen überhaupt ein Gerechtigkeitsempfinden geben? Oder was ist denn Gerechtigkeit anderes als Abwesenheit von Ungerechtigkeit? Ebenso, was könnte als Tapferkeit begriffen werden ohne Vergleich mit der Feigheit, was als Selbstbeherrschung ohne Vergleich mit der Maßlosigkeit? Was endlich wäre Klugheit, gäbe es auf der Gegenseite keine Dummheit?

Warum‹, meint Chrysipp, ›wünscht sich dann das törichte Menschenvolk nicht auch gleichermaßen, daß es ausschließlich Wahrheit gäbe und keine Lüge? Gutes und Übles, so Glück und Unglück, Schmerz und Vergnügen, sind aber doch aneinander gebunden.

Wie Plato erklärt, ist nämlich das eine durch gegensätzliche wechselseitige Verhaftungen fest an das andere gebunden. Entfernst du eines, hebst du beides auf!‹

In den Ausführungen und Betrachtungen des gleichen Buches hält es derselbe Chrysipp des Nachforschens für wert, ›ob die Leiden der Menschen natürlichen Ursprungs sind‹, das heißt, ob die Weltnatur oder Vorsehung, die das gesamte Weltgefüge und das ganze Menschengeschlecht schuf, auch Krankheiten, Schwächezustände, Unannehmlichkeiten, unter denen die Menschen leiden, geschaffen hat. Seiner Einschätzung nach gehörte es jedoch nicht zum ursprünglichen Plan der Natur, Menschen zu schaffen, die den Krankheiten unterworfen sind; das passe ja auch gar nicht zur Natur als der Schöpferin und Mutter aller guten Dinge. ›Da sie aber nun‹ – betont er – ›so vieles und Großartiges hervorgebracht und Funktionstüchtiges wie Verwendungsfähiges geschaffen hat, ist zugleich auch anderes, mit ihren Schöpfungen verwandtes Widerliches dazu entstanden‹. Dies sei, sagt er, nicht durch Natur, sondern durch gewisse notwendige Folgeerscheinungen geschehen; er selbst nennt es griechisch ›nach Folgeerscheinung‹. Wie bei der Erschaffung der Menschenkörper durch die Natur – so seine Worte – der ausgefeilte Grundgedanke und der eigentliche Verwendungszweck es erforderten, daß sie das Haupt mit sehr empfindlichem, feingliedrigem Knochenbau zusammenfügte. Doch folgte diesem hochbedeutsamen Verwendungszweck sogleich eine andere äußere Unannehmlichkeit: Das Haupt blieb nur schwach geschützt und war auch durch kleine Schläge und Angriffe verletzbar. So entstanden eben zugleich mit der Gesundheit gleichermaßen auch Krankheiten und Schwächezustände. Wahrhaftig, so wie nach dem Ratschluß der Natur den Menschen Tugend zugeordnet wird, entstehen gleichermaßen, sagt Chrysipp, eben durch Verwandtschaft der Gegensätze, auch die Fehler.

Schicksal und Tat

Das Fatum – Griechen sprechen von Heimarmene, dem ›Zugeteilten‹ – umschreibt der führende Kopf der stoischen Philosophie, Chrysipp, sinngemäß etwa so: ›Schicksal – Fatum‹, sagt er, ›ist so ein immerwährender und unabänderlicher Geschehensablauf und ein sich abrollendes und in seinen Bindegliedern in ewiger geregelter Abfolge umwindendes Kettenrad.‹ Chrysipps eigene Worte jedoch habe ich – soweit mir erinnerlich – beigeschrieben. So kann sich an dessen eigene Worte halten, wem immer mein Übersetzungsversuch zu unklar sein möchte. Im vierten Buch seiner Abhandlung ›Über die Vorsehung‹ erklärt er: Schicksal, das sei eine natürliche Ordnung alles von Ewigkeit her aufeinander Abfolgendem und miteinander in unausweichlicher Verkettung Verflochtenem.

Doch sträuben sich Denker anderer Auffassung und Schulrichtung folgendermaßen gegen diese Formulierung: ›Wenn‹, so sagen sie, ›Chrysipp annimmt, alles werde vom Schicksal bewegt und gelenkt, des Schicksals offene Angriffe wie seine versteckten Winkelzüge könnten weder abgelenkt noch überwunden werden, dann könnten auch der Menschen Verfehlungen und Vergehen nicht verurteilt und nicht ihrem eigenen Willen angelastet werden, sondern einer gewissen Notwendigkeit und Folgerichtigkeit, die sich aus dem Schicksal herleitet.‹ Diese sei Herrin und Richterin allen Geschehens, sie gelte als Urheberin alles Zukünftigen, und auch die gesetzlich verordneten Strafen seien demnach ungerecht, wenn nämlich die Voraussetzung gilt, daß die Menschen nicht aus eigenem Antrieb zu ihren Übeltaten kommen, vielmehr vom Schicksal dazu getrieben werden.

Chrysipp führt nun, so scharfsinnig wie einleuchtend, recht viel dagegen ins Feld. So ist der Grundgedanke von allem, was er über diese Angelegenheit geschrieben hat, ungefähr der: ›So sei es doch nun einmal. Alles ist vom Schicksal durch eine zwingende und übergeordnete Sinnhaftigkeit verfügt und verbunden. Trotzdem sind unsere führenden Geisteskräfte dergestalt dem Schicksal unterworfen, daß ihre Eigenart zugleich eine Wirkungskraft darstellt. Denn sind sie von Natur aus von Anfang an gesund und einsatzkräftig geschaffen, so überstehen sie alle äußeren Angriffe des Schicksals, ja sie werden durch sie noch unangreifbarer und einsatzbereiter. Sind sie aber ungefüge, unausgebildet, roh und ganz ohne helfende Unterstützung der höheren Wissenschaften, so stürzen sie sich, auch ohne oder durch nur leichte Bedrängnis eines schicksalhaften Anstoßes, vermittels ihrer eigenen Schlechtigkeit und durch ihr freiwilliges Nachgeben wiederholt in Vergehen und Irrtümer. Und daß dies vernunftgemäß eintritt, bewirkt eben jene naturnotwendige Folgerichtigkeit, die man Schicksal nennt. Ist es doch im allgemeinen gleichsam schicksalhaft folgerichtig, daß minderwertige Geister nun einmal nicht ohne Fehltritte und Irrtümer auskommen.‹

Anschließend führt er in dieser Sache ganz allgemein ein – beim Hercules – gar nicht so entlegenes und unpassendes Beispiel an: ›Wenn du einen walzenförmigen Stein auf abschüssiges und unebenes Gelände schiebst, bist du zwar zur Ursache und zum Anlaß seiner Abwärtsbewegung geworden, dieser wälzt sich aber trotzdem weiter abwärts, nun aber nicht, weil du's bewirkst, sondern weil die Beschaffenheit und die Gleitfähigkeit seiner Form es so mit sich bringen. Genauso setzen Regel, Sinn und Zwang des Schicksals Bewegungen überhaupt in Gang, leiten sie ein. Jedoch auf die Ausführung unserer Pläne und Gedanken und auf unsere Handlungsweisen selbst wirken der Eigenwille eines jeden und seine geistigen Antriebskräfte bestimmend mit ein.‹ Dann führt er folgende griechischen Worte an, die sich mit meinem Bericht decken: ›Darum wird ja auch von den Pythagoräern gesagt:

Wirst bald erkennen, daß der Menschen Schar
an selbstgewählten Leiden ständig krankt!

Wie ja den einzelnen aller Schaden durch sie selbst erwächst, sie sich aus eigenem Antrieb verfehlen und schädigen, nach eigener Einsicht und eigenem Vorsatz.‹ Aus diesem Grund erklärt er es ja für unerträglich und unanhörbar, daß Nichtsnutze, Faulpelze, Verbrecher und Draufgänger, in Schuld und Untat verstrickt, sich in die Unvermeidbarkeit ihres Schicksals flüchten, gleichsam in ein heiliges Asyl, und ihre Fehlhandlungen nicht ihrer Unbesonnenheit, sondern dem Schicksal zuschreiben.

Als erster hat dies aber der weiseste Ur-Vater der Dichter, Homer, in folgenden Versen ausgedrückt:

> Seltsam, wie Sterbliche stets sich über die Götter beklagen!
> Übles stamme von uns, so meinen sie. Eigene Frevel
> sind es, an denen sie leiden, und wider das Schicksal verfügte!

So erklärt Marcus Cicero, als er in seinem Buch ›Über das Schicksal‹ auf diese dunkle und verzwickte Frage zu sprechen kommt, auch der Philosoph Chrysipp gestände ja ein, in dieser Frage nicht klarzukommen. Seine Worte lauten: ›Chrysipp, der sich aufbringt und abmüht, wie er es wohl erklären könnte, daß einerseits alles vom Schicksal verfügt werde, andererseits aber auch einiges bei uns selbst liege, verstrickt sich in Widersprüche!‹

Redner und Denker

Mit harten und leidenschaftlichen Tadelsworten wies Taurus, der Philosoph, einen jungen Mann zurecht, der von den Rhetoren und dem Studium der Beredsamkeit zu den philosophischen Fächern übergewechselt war.

Diesen Übertritt bezeichnete er sogar als etwas Unehrenhaftes, ja Verwerfliches. Der Betroffene wollte nun keinesfalls zugestehen, Unrechtes getan zu haben, sondern machte geltend, dies sei allgemein üblich, und rechtfertigte sein schimpfliches Versagen mit Hinweisen auf geübten Brauch und entschuldbare Gewohnheit. Eben diese Art der Verteidigung reizte aber nun den Taurus noch mehr: Dummkopf und Taugenichts, der du bist, wenn dich schon Grundsätze und Würde der Philosophie nicht vor schlechten Beispielen bewahren, warum ist dir nicht wenigstens die Bemerkung eures großen Demosthenes eingefallen, der sich mit seinen gefälligen, lieblichen Wortfügungen wie ein Rhetoren-Singsang deinem Gedächtnis leicht hätte einprägen können? Gelesen hab ich's zwar in meinen ersten Kinderjahren, aber wenn ich mich nicht täusche, lauten die Worte des Demosthenes gegen einen, der, genau wie du jetzt, seine eigenen Verfehlungen mit denen anderer tilgen und ausgleichen zu können glaubte: ›Berufe du dich doch nicht darauf, daß solches des öfteren vorgekommen, sondern weise nach, daß es so, wie's geschieht, auch rechtens sei! So ist es doch eben nicht, daß du bei ungesetzlichem Tun als bloßer Nachläufer gerechtfertigt davonkommst; im Gegenteil, um so mehr hängst du drin! Denn so, wie du dies nicht eingebracht hättest, wäre vor dir einer daran gescheitert, so wird in Zukunft kein anderer wieder einen solchen Antrag einbringen, wenn du jetzt dafür bestraft wirst.‹

So wie in diesem Falle ließ Taurus keine Möglichkeit ungenutzt, seine Anhänger zu überreden und zu ermahnen und ihnen die Grundzüge einer vorbildlichen und untadeligen Lebensart zu vermitteln.

Gelesen wurde Platos ›Gastmahl‹ beim Philosophen Taurus. In den Beitrag eines der Teilnehmer an diesem Gastmahl, die Worte des Pausanias, einen Lobgesang auf die Liebe – in diese Worte verliebten wir uns geradezu. So bemühten wir uns, sie im Gedächtnis zu behalten. Hier, soweit ich mich erinnere, der genaue griechische Wortlaut:

›So steht es nun wohl mit einer jeden Tätigkeit: Als Handlung an sich ist sie weder schön noch schändlich. Was wir jetzt hier zum Beispiel tun, trinken, singen, uns unterhalten: Nichts davon ist an sich schön, vielmehr erhält es seinen besonderen Wert erst durch die Handlung selbst, in ihrem Vollzug. Schön und ordnungsgemäß getan ist es eben schön, wider die Ordnung vollzogen ist's eine Schande. Und so ist es auch beim Lieben: Auch der Eros ist nicht in jedem Fall schön und lobenswert, sondern nur der uns anspornt, schön zu lieben.‹

Diese Worte waren kaum verklungen, als mich Taurus daraufhin ansprach: »Aufgepaßt, Rednerlehrling – so nannte er mich anfangs als den Neuling in seiner Schülerschar, glaubte er doch, ich sei einzig nach Athen gekommen, um Rhetorikübungen zu betreiben –, bemerkst du ihn nicht, diesen voll ausgebildeten, verwirrend-schimmernden, in sich geschlossenen ›Vernunftsschluß‹ mit seinen knappen, abgerundeten Takten, wie er überall so ganz gleichartig gefügt ist? Ob du mir aus den Schriften eurer Rhetoren eine Rede nennen kannst, die so geschickt und so harmonisch zusammengefügt ist? Trotzdem aber solltest du, mein ich, die sprachliche Gliederung nur als Beiwerk betrachten. Gilt es doch, in

Platos Allerheiligstes vorzudringen, zu dessen wahrem Gehalt und seiner wahren Würde, und nicht nur darum, beim Wohllaut seines Ausdrucks und dem Reiz seiner Worte zu verweilen.«

Diese Erinnerung des Taurus an die Feingliederung Platonischer Redeweise entmutigte mich nun aber keineswegs, spornte mich vielmehr stärker an, die geschmackvolle Feinheit griechischer Redeweise in lateinischer Übersetzung zu erreichen. Und genau wie kleine, herzlich unbedeutende Lebewesen alles eifrig nachahmen wollen, was sie hören oder sehen, so faßte ich den Mut, dem an Platos Rede Bewunderten zwar nicht gleichkommen zu wollen, aber doch gewissermaßen dessen Umrisse und Schatten nachzuzeichnen. So mag als Beispiel gelten, was ich seinen herrlichen Worten nachgebildet...

Gespräche beim Wein

Dies ein in Athen im engeren Kreis um den Philosophen Taurus geübter Brauch: Lud er uns zu sich in sein Haus, so verabredeten wir, zu dem bescheidenen Abendessen nicht irgendwelche Leckereien mitzubringen, sondern scharfsinnigen Gesprächsstoff; wollten wir doch nicht, wie man sagt, mit leeren Händen und ganz ohne Mitbringsel erscheinen. Jeder von uns war also auf eine ausgetüftelte Frage vorbereitet, die er stellen konnte. Ein solches Gespräch begann nach der Mahlzeit. Freilich waren es nun durchaus keine gewichtigen und bedeutenden Gegenstände, die da behandelt wurden, sondern mehr auflockernde, nicht allzu schwerwiegende Gedankensplitter, gewissermaßen zur Anregung der vom Wein beschwingten Gemüter. Zum Beispiel etwa folgende amüsante Spitzfindigkeit, von der ich einmal berichten sollte.

Eine Frage war, wann denn nun bei einem Sterbenden der Tod einträte: wenn er den Todeskampf schon hinter sich hat oder auch dann schon, wenn er noch mit dem Tode ringt? Und: wann denn nun einer aufsteht: wenn er schon aufrecht dasteht oder auch schon, wenn er noch eben sitzt? Und: bei einem Jünger der Kunst, ab wann gilt er als ein Künstler: erst wenn er schon voll ausgebildet ist oder auch vorher schon während der Ausbildung? Wie immer du dich hier festlegen magst, deine Aussage wird zum lächerlichen Unsinn. Der allergrößte Unsinn aber wäre deine Behauptung, einer sei beides zugleich oder keines von beiden! Als nun aber einige dies alles zu albernen und wertlosen Fangfragen erklären wollten, griff Taurus ein: »Verachtet mir diese Fragestellungen ja nicht als Spielerei um Nichtigkeiten. Gerade hier haben die bedeutendsten Philosophen ernsthaft mit ihrem Fragen angesetzt. Und zwar nahmen die einen an, daß Begriff und Zeitpunkt des Sterbens sich sehr wohl anwenden und festlegen ließen, wenn noch Anzeichen von Leben vorhanden sind. Andere wiederum vermochten in diesem Zeitabschnitt keine Spur von Leben mehr zu entdecken und überließen den gesamten Zeitraum, den man ›das Sterben‹ nennt, dem Tode. Auch bei den übrigen Beispielen sind sie hinsichtlich der Zeiten und Begriffe verschiedener Meinung. Unser Plato jedoch«, so fuhr Taurus fort, »rechnete diesen Zeitraum weder dem Leben noch dem Tode zu, und ebenso verfuhr er bei jeder Auseinandersetzung über vergleichbare Fälle. Er bemerkte allerdings deutlich die Unstimmigkeit zwischen beiden Voraussetzungen, auch daß im Falle vollkommener Gegensätzlichkeit nicht das eine als sicher angenommen werden darf, solange das andere noch fortbesteht, und daß schließlich diese Frage zurückgeht auf die Überschneidungen in den unterschiedlichen Begriffsabgrenzungen des Todes und des Lebens. Dies veranlaßte ihn nun auch, einen neuen Begriff für diese ›Zwischenzeit‹ anzusetzen. Er verwendete dafür den selbstgeprägten und eigenständigen Ausdruck ›die Eigenart des Unvermuteten‹, und genauso wie ich es hier sage, könnt Ihr das in seinem ›Parmenides‹ benannten Dialog nachlesen.«

So etwas galt bei Taurus als Mitbringsel, und so sah das als Nachtisch servierte, von ihm griechisch als ›Naschwerk‹ Bezeichnete aus.

Ums Wissensprivileg

Wie berichtet wird, pflegte König Alexanders Lehrmeister, der Philosoph Aristoteles, zwei Formen der Vermittlung von Kenntnissen und Fertigkeiten an Lernende. Während er die einen als ›die Schauvorlesungen‹ bezeichnete, sprach er von den anderen als denen ›für den Hörerkreis‹. Die Form nun, die zu Fertigkeiten im Reden, zu scharfsinnigem Argumentieren und zu politischen Kenntnissen verhalf, nannte man ›die Schauvorlesungen‹. Handelte es sich dagegen um entlegene, auf Naturbetrachtung und grundsätzliche erkenntnistheoretische Fragen bezogene philosophische Detailuntersuchungen, so sprach man von denen ›für den Hörerkreis‹.

Erwähnter ›Ohrenübung‹ räumte er im Lykeion als Übungszeit den Vormittag ein. Hier ließ er nicht einfach jeden Beliebigen zu, sondern ausschließlich junge Leute, deren geistige Veranlagungen, Bildungsvoraussetzungen, Ausdauer und Lerneifer er vorher selbst genau geprüft hatte. Am gleichen Ort, jedoch in den Abendstunden, pflegte er die sogenannten ›Schauvorlesungen‹ und das Redetraining durchzuführen. Diese hielt er in aller Öffentlichkeit vor einer jungen, nicht besonders ausgewählten Hörerschaft. Diese Lehrveranstaltung pflegte er den ›abendlichen Rundgang‹ zu nennen, jene andere, oben erwähnte, den ›Morgenspaziergang‹; denn er war gewohnt, zu beiden Zeiten im Auf- und Abgehen vorzutragen.

König Alexander, der von der Veröffentlichung der ›Morgenvorlesungen‹ (das sind die ›für den Hörerkreis‹) erfahren hatte, schickte trotz seiner übermäßigen Inanspruchnahme – er hielt zu dieser Zeit sein gesamtes Heer in Asien unter Waffen, bedrängte Großkönig Darius in mehreren siegreichen Schlachten – einen Beschwerdebrief an Aristoteles, des Inhalts: Er, Aristoteles, habe nicht recht gehandelt, die ›Morgenvorlesungen‹, in denen er, der König, von ihm selbst unterwiesen worden, in einer öffentlichen Publikation unters Volk zu bringen. ›Denn wie soll ich‹ – so gebe er zu bedenken – ›vor anderen glänzen können, wenn das, was man bei dir lernen konnte, geradezu zum Allgemeingut wird? Mehr noch als durch Macht und Reichtum möchte ich nämlich in wissenschaftlicher Bildung der führende Mann sein.‹ Schreibt ihm Aristoteles etwa folgendermaßen zurück: ›Die Morgenvorlesungen betreffend, die ich, wie du klagst, herausgegeben, also nicht geheimgehalten habe, sollst du wissen: Diese haben weder als veröffentlicht noch als nicht veröffentlicht zu gelten, da sie allein meinen Hörern verständlich sein können.‹

Beide Briefe habe ich aus dem Buch des Philosophen Andronicus ausgewählt und als Beispiele angefügt. In beiden Briefen mag man gewiß den galanten Stil schicklichster Kürze... bewundern.

Alexander wünscht dem Aristoteles Wohlergehen!

Du hast nicht recht gehandelt, als du deine ›Morgenvorlesungen‹ der Öffentlichkeit preisgabst. Worin soll ich mich denn von den anderen unterscheiden, wenn der Wissensstoff, in dem ich von dir unterrichtet wurde, zum Allgemeingut wird? Ich möchte mich doch viel lieber in den angesehensten Wissenschaften von anderen unterscheiden als durch reinen Machtbesitz. Leb wohl!

Aristoteles wünscht dem König Alexander Wohlergehen!

Du schriebst mir bezüglich der ›Morgenvorlesungen‹, hältst es für notwendig, daß diese geheimgehalten werden. Du darfst aber wissen: Sie sind weder veröffentlicht noch sind sie es nicht. Sind sie doch nur denen verständlich, die bei mir gehört haben. Leb wohl, König Alexander!

Bestrebt, diese Worte ›sind sie doch verständlich‹ mit *einem* Wort wiederzugeben, fand ich als Beispiel nur das von Marcus Cato im sechsten Buch der ›Ursprünge‹ verwendete: ›Darum halte ich's‹ – so seine Worte – ›für verständlichere Kunde.‹

Annaeus Seneca wird von einigen als durchaus unnützer Schriftsteller angesehen, dessen Bücher zu lesen nichts einbringe. Seine Redeweise bediene sich gewöhnlicher Alltagssprache, Inhalt und Gedanken zeigten läppischleeren Schwung oder nichtssagenden Witz, seine Bildung schließlich sei gemein und gewissermaßen von der Straße und habe so gar nichts von der Anmut und Würde der Väterliteratur. Andere wiederum streiten zwar eine gewisse Nachlässigkeit im Wortgebrauch nicht ab, sprechen ihm aber Sachkenntnisse und wissenschaftliche Gründlichkeit ebensowenig ab wie Strenge und anmutige Würde beim Tadel von Lastern. Ich meinerseits muß hier keine wertende Beurteilung seiner geistigen Fähigkeiten und seiner gesamten Schriftstellerei abgeben. Wie es sich jedoch mit seinen Aussagen über den Marcus Cicero, Quintus Ennius und den Publius Vergilius verhält, das will ich einfach einmal zu bedenken geben.

Im zweiundzwanzigsten Buch seiner an Lucilius gerichteten ›Moralischen Briefe‹ behauptet Seneca nämlich, Quintus Ennius habe auf den altehrwürdigen Cetegus folgende höchst lächerliche Verse gedichtet:

> . . . Hieß er doch einst seinen Mannen,
> die jene Zeit mit ihm lebten und ihre Tage verbrachten,
> ›Kostbare Blüte des Volks‹ und ›Inneres Mark der Beredtheit‹.

Anschließend bemerkt er zu diesen Versen: ›Ich kann mich nur wundern, daß Ennius-Verehrer, Männer von durchschlagender Beredsamkeit, lächerliches Zeug als höchst vorzüglich angepriesen haben. Cicero zählt diese Verse zweifellos zu seinen gelungenen.‹ Und so urteilt er denn auch über Cicero: ›Es wundert mich nicht, daß einer diese Verse schrieb, fand sich doch auch einer, der sie lobt. Vielleicht aber bemühte sich der große Redner Cicero in eigener Sache, als er diese Verse als mustergültig angesehen wissen wollte.‹ Später fügt er auch noch geschmacklos hinzu: ›Selbst beim Cicero kann man auch in seiner Prosa Stellen finden, die zeigen, daß er nicht vergeblich seinen Ennius gelesen hatte.‹ Dann bringt er Beispiele, die er bei Cicero als ›ennianisch‹ kritisiert. So habe er sich in seinen Büchern ›Vom Staat‹ so ausgedrückt: ›Menelaos, dem Lakedaimonier, eignete eine gewisse süßredende Anmut‹ und andernorts: ›Um Redekürze soll er sich bemühen‹. Und dann glaubt dieser Possenreißer auch noch Ciceros Verirrungen mit seiner Bemerkung entschuldigen zu müssen, dies sei ein Modeirrtum seiner Zeit gewesen, keine Fehlleistung Ciceros; er mußte sich halt den Lesern zuliebe so ausdrücken. Er schreibt dann noch weiter, Cicero habe dergleichen ja nur mit aufgenommen, weil er dem Vorwurf einer allzu überladenen und aufgeputzten Redeweise entgehen wollte.

Auch über Vergil läßt er sich am gleichen Ort wie folgt vernehmen: ›Selbst unser Vergil schaltete gelegentlich ein paar harte, regelwidrige und weitschweifige Verse ein, nur damit die Ennius-Anhänger in seinem modernen Gedicht auch einen Hauch Altertum empfinden könnten.‹

Zwar hab ich's schon satt, Seneca zu zitieren, trotzdem will ich vermeintliche Scherze dieses taktlosen Einfaltspinsels nicht auslassen. Er meinte: ›Einiges vom Ennius ist so überzeugend sinnvoll, daß es, wenngleich nach Ziegenstall riechend, auch vor wohlduftendem Publikum bestehen kann.‹ Und beim Tadeln der oben angeführten Verse vom Cetegus: ›Wer an solchen Versen Gefallen findet, ist sicher auch ein Bewunderer der Urväterbetten des Sotericus.‹

Und da sollte Seneca es wirklich wert sein, von jungen Menschen gelesen und studiert zu werden, wo er Würde und Bildhaftigkeit altertümlicher Ausdrucksweise mit den Bettgestellen eines Sotericus verglichen hat, die doch überhaupt keinen Anklang mehr finden, ja die man links liegen läßt und geringschätzt. – Immerhin sollte man doch auch einiges Treffliche von ebendiesem Seneca in Erinnerung rufen und vortragen lassen, zum Beispiel, was er über einen auf Geld versessenen Geizhals sagt: ›Was macht's denn aus, wieviel du besitzt? Was du nicht dein eigen nennen kannst, ist ja doch immer noch viel mehr!‹ Gut gesagt? Gewiß! Doch treffliche Aussprüche fördern die Anlagen junger Menschen nicht in dem Maße, wie mißliche sie vergiften, zumal diese schlechteren in der Überzahl sind und sich darunter einige befinden, die nun nicht zum Nachweis einer unbedeutenden Kleinigkeit dienen sollen, vielmehr als ernsthafter Ratschlag in einer kritischen Situation.

Die Wahrheit eine Tochter der Zeit

Während unseres Aufenthaltes in Athen sahen wir auch einen Philosophen namens Peregrinus, der Fremdling (später erhielt er den Beinamen Proteus, der Verwandlungskünstler), einen gar gestrengen und standhaften

Mann, der in einer Laube außerhalb der Stadt wohnte. Da wir ihn öfter aufzusuchen pflegten, hatten wir Gelegenheit, manche seiner Aussprüche zu hören, die sich – beim Hercules – recht hübsch und nützlich anhörten; darunter folgenden, den wir als besonders anhörenswert in Erinnerung haben:

Ein wahrhaft Weiser, so sagte er, werde niemals eine Straftat begehen, selbst wenn Götter und Menschen von seiner Verfehlung nichts wissen könnten. Seiner Meinung nach dürfe man eine Missetat nicht darum unterlassen, weil man Strafe oder üble Nachrede fürchtet, sondern allein der Pflichteifer um Recht und Ehre dürfe Beweggrund sein. Die aber nicht so veranlagt und geübt sind, freiwillig und ohne große Mühe Verfehlungen zu meiden, diese alle würden nach seinem Urteil dann zu Straftaten neigen, wenn sie begründete Hoffnung haben können, daß ihr Vergehen verborgen bleibt und eben diese Verborgenheit Straflosigkeit verspricht. Wörtlich sagte er: »Ach, wenn sich die Menschen doch bewußt wären, daß nichts in der Welt auf Dauer verheimlicht werden kann, dann würde man viel zaghafter und schamhafter sündigen.« Darum solle man nur immer die Verse des hochweisen Dichters Sophokles im Munde führen:

> Darum verbirg nur nichts, denn die auf alles sieht,
> auch alles hört, die Zeit, sie deckt auch alles auf!

Ein anderer unter den alten Dichtern, dessen Name mir jetzt nicht einfällt, hat die Wahrheit eine Tochter der Zeit genannt.

Unnütze Wissenschaft

Sagte mir einer meiner Bekannten, der lange Zeit seines Lebens über Büchern verbracht hatte und in Fragen der Wissenschaft als keineswegs unzuständig gelten durfte: »Ich wünschte, deine ›Nächte‹ würden sich noch bereichern lassen und sich in einem geschliffenen Stil vorstellen.« Dabei drückt er mir einen dicken Wälzer in die Hand, der, nach seinen eigenen Worten, ›vor Belehrung aller Art nur so strotzte‹. In diesem Band habe er eine Vielzahl abwechslungsreicher und entlegener Lesefrüchte zusammengetragen; ich könne Wissenswertes aus ihm entnehmen, soviel ich nur immer wolle. Bereitwillig, ja begierig nehme ich dieses Angebot an, so als besäße ich nun das ›große Füllhorn‹, ziehe mich in einen stillen Winkel zurück, um mit der Lektüre zu beginnen, ohne mich dabei von sogenannten Kennern stören zu lassen. Aber was stand da zu lesen? Beim Jupiter, die reinsten Wundergeschichten! Wie der hieß, der als erster den Beinamen ›Der Grammatiker‹ erhielt. Und wie viele Berühmtheiten es mit dem Namen des Pythagoras und des Hippokrates gegeben habe. Und was das denn eigentlich war, was nach Homers Erzählung im Hause des Odysseus ›Straße‹ genannt wird. Und warum Telemach den neben ihm liegenden Peisistratus nicht mit der Hand angestoßen, sondern mit einem Fußtritt aufgejagt habe. Und was das für ein Riegel war, mit dem Eurykleia den Telemach einschloß. Und weshalb derselbe Dichter, der doch das Rosenöl kannte, von der Rose selbst nichts weiß. Und selbst das war aufgezeichnet: welche Namen die von der Skylla geraubten und zerfleischten Gefährten des Odysseus trugen; ob Odysseus im ›inneren Meer‹ –

nach Aristarch – oder im ›äußeren Meer‹ – nach Krates – herumirrte. Ebenfalls stand dort auch vermerkt: welche Verse beim Homer genau gleich lang sind; und welche Worte dort mit ihren Anfangsbuchstaben ein neues Wort bilden; und welcher Vers sich dort findet, der von Wort zu Wort jeweils um eine Silbe wächst. Dann war dort auch noch der Grund angegeben, warum einzelne Tierarten in einzelnen Jahren dreimal Junge werfen; und ob diejenige der fünf Schichten im Schild des Achilleus, die aus purem Gold besteht, an der Oberfläche oder in der Mitte läge. Und dazu noch: welche Städte und welche Landschaften ihre Bezeichnungen schon einmal geändert haben; daß man Böothien früher einmal Aonien nannte, Ägypten Aërien (daß Kreta aber ebenfalls den gleichen Namen Aërien trug), Attika Akte, Korinth Ephyre, Makedonien Emathien, Thessalien Hämonien, Tyros Sarra, Thrakien früher einmal Sithonien, Pästum Poseidonium.

Das also und vieles andere der Art stand in diesem Buch, das ich aber sogleich eilfertig zurückgab. »Hochgelehrter Mann«, bemerkte ich dazu, »an dieser Vielwisserei magst du selbst Genuß haben, und das so vollgestopfte Buch nimm nur zurück. Es enthält überhaupt nichts, was zu meiner bescheidenen Art von Wissenschaft paßt. Meine ›Nächte‹, um deren Anlage und Ausführung du dich so besorgt zeigst, richten sich vornehmlich nach jenem Vers des Homer, von dem Sokrates immer behauptete, er läge ihm ganz besonders am Herzen:

Was dir im eigenen Haus an Schlechtem und Gutem bereitsteht!«

Als Gaius Fannius Strabo und Marcus Valerius Messala Konsuln waren, wurde folgender Senatsbeschluß über Philosophen und Rhetoren gefaßt:

›Antrag des Prätors Marcus Pomponius an den Senat.

Nach einer Debatte über das Treiben der Philosophen und Rhetoren ist in dieser Angelegenheit so entschieden worden: Marcus Pomponius soll als Prätor nach gewissenhaftem eigenem Urteil und mit Rücksicht auf das öffentliche Interesse entscheiden und dafür verantwortlich sein, daß sich diese Leute nicht in der Stadt Rom aufhalten.‹

Einige Jahre nach diesem Senatsbeschluß trafen die Zensoren Gnaeus Domitius Ahenobarbus und Lucius Licinius Crassus folgende Bestimmung gegen das Treiben der ›Lateinischen Redelehrer‹: ›Uns ist über Leute berichtet worden, die sich als Lateinische Redelehrer bezeichnen, die ein neues Schulfach eingeführt haben, deren Unterricht die Jugend in Scharen zuläuft und bei denen die jungen Leute tagelang müßig herumsitzen. Unsere Vorfahren waren gewohnt, selbst festzulegen, was ihre Kinder lernen und welche Schule sie besuchen sollten. Was sich nun hier gegen Brauch und Sitte der Vorfahren an Neuerungen hervorwagt, das findet bei uns keinen Anklang und scheint uns nicht rechtens zu sein. Darum schien es uns dringlich geboten, den Schuleignern und denen, die bereits Gefallen am Besuch solcher Schulen gefunden haben, unseren Standpunkt, das heißt unser entschiedenes Mißfallen, deutlich zu machen.‹

Doch wurden nun nicht nur in jenen noch allzu rohen und von griechischer Bildung unberührten Zeiten Philosophen aus Rom vertrieben, auch noch zur Zeit Kaiser Domitians erging ein Senatsbeschluß, der sie austrieb und ihnen den Aufenthalt in der Stadt Rom und in ganz Italien versagte. Wegen dieses Senatsbeschlusses verließ zu jener Frist auch der Philosoph Epiktet die Stadt Rom und wanderte nach Nikopolis aus.

ÜBERZEUGENDE BEWEISE

Matt oder patt?

Unter den Fehlern bei der Beweisführung scheint mir der von den Griechen als der ›gegenläufige‹ oder ›Umkehrschluß‹ bezeichnete der bei weitem schwerwiegendste zu sein. Gar nicht so abwegig wählten die Unsrigen dafür die Bezeichnung ›rückwirkender‹ Schluß. Zu diesem Kurzschluß kommt es immer dann, wenn ein vorgelegter Beweissatz gewissermaßen umgekehrt und gegen den verwandt werden kann, der ihn ins Spiel brachte. Und – selbstverständlich – ist er gleichermaßen auch im entgegengesetzten Sinn anwendbar. Wie zum Beispiel der weltbekannte Schluß, den der überscharfsinnige Sophist Protagoras gegen seinen Schüler Euathlus ins Feld geführt haben soll. Diese beiden waren nämlich über eine ausgehandelte Belohnung in folgenden, hin- und herwogenden Streit geraten: Euathlus, ein wohlhabender junger Mann, wollte unbedingt die Kunst erlernen, wie man vor Gericht redet und auftritt. Also ließ er sich in die Schule des Protagoras aufnehmen und versprach eine ansehnliche Belohnung – in der Höhe, die Protagoras gefordert hatte – in bar zu zahlen. Die Hälfte davon bezahlte er, noch ehe er mit dem Unterricht begonnen hatte, die restliche Hälfte – so handelte er es mit Protagoras aus – würde er an dem Tag bezahlen, an dem er seinen ersten Prozeß gewonnen haben würde. Als er später lange genug Hörer und Gefolgsmann des Protagoras gewesen war und wohl auch in der Kunst der Beredsamkeit reichlich Fortschritte gemacht hatte, jedoch keine Gerichtsfälle übernahm, als auch bereits hinreichend Zeit verstrichen und daraufhin die Meinung entstanden war, er täte das, um nicht den Restlohn zahlen zu müssen, da faßt Protagoras einen Entschluß, den er zu diesem Zeitpunkt für ausgemacht schlau hielt. Er entschließt sich, auf Zahlung des vereinbarten Lohns zu drängen, eröffnet einen Rechtsstreit mit Euathlus.

Als sie nun beide vor die Richter getreten waren, um ihre Sache auszufechten, begann Protagoras folgendermaßen: »Du wirst einsehen müssen, törichter Knabe, daß du meine Forderung auf jeden Fall auszahlen mußt, gleichgültig ob man gegen oder für dich entscheidet. Wird der Streit nämlich gegen dich entschieden, kommt ja laut Gerichtsentscheid der Lohn mir zu, eben weil ich der Sieger bin; fällt die Entscheidung dagegen zu deinen Gunsten, kommt mir der Lohn laut Abmachung zu, eben weil du der Sieger warst.« Euathlus wandte nun dagegen ein: »Deiner so listigen Falle hätte ich dadurch entschlüpfen können, daß ich nicht in eigener Person das Wort ergriffen, sondern mir einfach einen anderen als Anwalt genommen hätte. Doch wird es mir bei meinem Sieg ein besonderes Vergnügen sein, dich nicht nur im Rechtsstreit, sondern auch in der Beweistechnik zu besiegen. Auch du wirst nämlich nun einsehen müssen, weiser Meister, daß ich deine Forderung in keinem Fall werde begleichen müssen, gleichgültig ob für oder gegen mich entschieden wird. Entscheiden sich die Richter für meine Begründung, dann steht dir laut Entscheid nichts zu, weil ich ja der Sieger bin; entscheidet man sich gegen mich, dann schulde ich dir – nach unserer Vereinbahrung – ebenfalls nichts, denn dann habe ich ja nicht gesiegt.«

Nun ließen die Richter diesen durch die beiderseitigen Aussagen undurchsichtigen und unauflösbaren Fall unentschieden und vertagten seine Entscheidung auf den Sankt-Nimmerleins-Tag, weil sie fürchteten, daß sich die Entscheidung selbst aufhöbe, zu wessen Gunsten sie auch ausgesprochen würde. So wurde ein hochberühmter Redelehrer von seinem jugendlichen Schüler durch seine eigene Beweisführung zum Besten gehalten und durch eine raffiniert ausgeklügelte Fangfrage matt gesetzt.

›Die Anmut macht unwiderstehlich‹

Auch die folgende Antwort des hochweisen und angesehenen Bias zählen einige zu der gleichen Art, und in der Tat handelt es sich ja auch hier um einen protagoreischen ›Umkehrschluß‹ der eben vorgeführten Art.

Als nämlich Bias von jemandem gefragt wurde, ob man sich ein Weib nehmen oder unverheiratet bleiben solle, gab dieser zur Antwort: »Du kannst da an eine Schöne geraten oder an eine Häßliche. Die Schöne hast du mit anderen gemein, die Häßliche aber dir zur Pein. Beides ist nicht empfehlenswert, also besser nicht heiraten!« Man kann das aber auch entgegengesetzt auffassen: ›Nehme ich mir eine Schöne, leide ich keine Pein; nehme ich mir eine Häßliche, muß ich sie nicht mit anderen teilen. Also – soll man heiraten!‹ Dies aber scheint mir am allerwenigsten ein echter ›Umkehrschluß‹ zu sein, da ja die Umkehrlösung bedeutend frostiger und weniger überzeugend ist. War doch Bias von der Voraussetzung ausgegangen, man solle deswegen nicht heiraten, weil das in beiden Fällen mit einem Nachteil verbunden ist, also notwendigermaßen jeden Eheschließenden betreffen wird. Wer das umkehrt, weicht damit ja keinem vorhandenen Fehler aus, sondern behauptet nur das Nichtvorhandensein eines Fehlers, der für ihn gar nicht existiert. Um den Sinn des Bias-Spruchs zu retten, genügt die Feststellung: Wer ein Weib nimmt, muß notwendig eine von zwei Unannehmlichkeiten in Kauf nehmen: entweder er hat sie ›gemein‹ oder ›zur Pein‹.

Als zufällig einmal die Rede auf diesen Syllogismus des Bias kam, meinte nun unser Favorin, der Vordersatz laute: ›Du heiratest entweder eine Schöne oder eine Häßliche‹; das sei nun aber doch kein vernünftiges, gerechtfertigtes Unterscheidungsmerkmal. Es braucht ja nicht notwendig eine von beiden Unterscheidungen auch zuzutreffen, was bei einem Vordersatz im Beweisverfahren logisch notwendig ist. Gewiß erscheinen uns die Häßlichen und die Schönen mit besonders in die Augen fallenden Gestaltsmerkmalen. Es gibt doch aber auch eine dritte Möglichkeit neben diesen beiden Unterscheidungen, an die Bias offenbar nicht gedacht, die er nicht vor Augen hatte. Neben der allerschönsten und der allerhäßlichsten Maid gibt es ja eine ›mittlere Schönheit‹, die nicht die Gefahr allzu berückender Schönheit teilt, aber auch der Abneigung entgeht, die äußerste Häßlichkeit zu treffen pflegt.

Eine solche wird von Quintus Ennius in seinem Drama Melanippe mit dem sehr aparten Wort ›gesetzt‹ bezeichnet; also keine, die künftig ›gemein‹ oder ›eine Pein‹ sein wird. Diese wohlproportionierte und maßvolle

Schönheit nannte nun Favorin wirklich nicht ungeschickt ›ehetauglich‹. Ennius aber erwähnte in der genannten Tragödie als Frauenzimmer von unangezweifelter Sittsamkeit diejenigen, die jene ›gesetzte Figur‹ besaßen.

Vom betrogenen Betrüger

Saturnalienfest in Athen. Wir feierten fröhlich, aber durchaus maßvoll, bemühten uns nicht (wie man sich ausdrückt), unseren Geist zu ent-spannen – denn wie sagte doch Musonius: Den Geist entspannen, heißt ihn ausspannen! –, vielmehr ihn ein wenig zu besänftigen und durch angenehme und zugleich schickliche Gesprächsanreize aufzulockern. Mehrere von uns nach Griechenland gereisten Römern, die wir die gleichen Vorlesungen hörten und den gleichen Lehrern huldigten, waren zu einem gemeinsamen Mahl zusammengekommen. Da setzte der Gastgeber unseres bescheidenen Festbanketts als Belohnung für eine zu beantwortende Frage jeweils das Buch eines bewährten alten Schriftstellers, eines Griechen oder eines Lateiners, und einen geflochtenen Lorbeerkranz aus. Dabei waren soviel Sachfragen vorgesehen, wie Gäste anwesend waren. Zunächst trug er sie alle vor; Zuteilung und Reihenfolge der Fragen bestimmte das Los. Der Lösung einer jeden Rätselfrage folgte die Belohnung durch Kranz und Buchprämie. Wußte einmal einer keine Antwort, ging die Frage durch Los zum nächsten über. Diese Regelung wurde reihum gleichmäßig eingehalten. Fand überhaupt keiner die Lösung, weihte man den Kranz für die Frage der Gottheit des jeweiligen Festtages. Es wurden also Aufgaben etwa folgender Art gestellt:

– der Ausspruch eines alten Dichters, in geistvolles, jedoch aufhellbares Halbdunkel gehüllt,
– eine Sachfrage aus dem Gebiet der alten Geschichte,
– die Rechtfertigung irgendeines falsch verstandenen philosophischen Lehrsatzes,
– die Auflösung eines sophistischen Trugschlusses,
– das Aufspüren eines fragwürdigen, recht seltenen Wortes,
– eine völlig unklare Zeitform bei einem ansonsten gebräuchlichen Wort.

So erinnere ich mich an neulich gestellte Fragen, sieben an der Zahl. Deren erste betraf die Erklärung folgender Verse, die sich in den Satiren des Quintus Ennius finden, wo ein und dasselbe Wort in mehrfacher Bedeutung immer wieder geschickt eingebunden wird. Hier das Beispiel dafür:

Vom betrogenen Betrüger

Wer die Absicht hat, den lieben Nachbarn
zu *betrügen,* launisch-froh gestimmt,
wird vergeblich für *betrogen* halten
den er zu *betrügen* unternimmt,
wenn der so *Betrog'ne* den *Betrug*
spürt – doch nicht durchschaut wird vom *Betrüger* –,
dann verkehrt sich nämlich *der Betrug*
und ... der fast *Betrogene* bleibt Sieger!

Zweite Frage: Wie man verstehen und auffassen müsse, was Plato in seinem ›Bücherstaat‹ verfügt: die Frauen sollten allen ›gemeinsam‹ sein, und wie er das mit den

Knaben- und Mädchenküssen als Belohnung für tapfere Männer und hervorragende Krieger gemeint hat.

Als drittes wurde gefragt: In welchem Worte der berühmten Trugschlüsse nun eigentlich der Betrug stecke und wie man die richtige Unterscheidung treffen und eine Lösung finden könne: ›Was du nicht verloren hast, besitzt du. Hörner hast du nicht verloren; also: hast du Hörner!‹ Ebenso die andere Frage: Was ich bin, kannst du nicht auch sein. Ich bin ein Mensch. Also: bist du kein Mensch! Ebenso die Frage nach der Auflösung folgenden Trugschlusses: Wenn ich lüge, aber zugleich offen zugebe, es zu tun, lüge ich dann oder sage ich die Wahrheit?

Dann folgte diese Frage, woher der Brauch stamme, daß sich an den Megalensischen Festtagen die Patrizier, an den Cerealischen aber die Plebejer untereinander einladen? Danach wurde gefragt, welcher der alten Dichter das Wort ›verant‹, was soviel bedeutet wie ›sie sprechen die Wahrheit‹, gebraucht habe. Die sechste Frage: Was für ein Kraut war der Asphodill, den Hesiod in dem berühmten Vers erwähnt: ›Toren! Sie wissen ja nicht, wie Halbes mehr als ein Ganzes gilt und wie groß die Erquikkung an Lilienknollen und Malven‹, und was überhaupt Hesiod damit sagen will, wenn er die Hälfte für mehr erklärt als das Ganze. Und dies war die letzte aller Fragen: Welche Zeitstufen bezeichnen die Formen scripserim, venerim, legerim? Vergangenheit, Zukunft oder beide zugleich?

Als man all dies in besagter Reihenfolge vorgebracht und von einzelnen nach dem Los bestimmten Teilnehmern hatte erörtern und erklären lassen, wurden wir alle mit Büchern und Kränzen beschenkt, außer für die eine

Frage, der nach dem Wort ›verant‹. Denn hier konnte sich derzeit keiner erinnern, daß dieses Wort von Quintus Ennius im folgenden Vers des dreizehnten Buches seiner Jahrbücher steht:

Künden uns Seher die Wahrheit,
wenn sie die Lebenszeit nennen?

So wurde der Kranz für diese Frage dem Gotte dieses Festtages, dem Saturnus, geweiht.

Saturnalien-Quiz

Während der Saturnalienfeiern pflegten wir uns in Athen einem der Feststimmung angemessenen recht beliebten Würfelspiel folgender Art zu widmen: Hatten sich ein paar Leute gleicher Studienrichtung zur Badezeit zusammengefunden, dachten wir uns Fangfragen, Sophismata genannt, aus und warfen sie uns wie Würfel oder Spielmarken zu, jeder wie er an der Reihe war. Wurde eine Frage gelöst oder erwies sie sich als ungenügend durchdacht, war eine Strafe in Höhe eines Sesterzen fällig. Aus dieser Kasse, die gewissermaßen unser Handgeld war, wurde für alle am Spiel Beteiligten ein kleines Mahl besorgt.

Die Fangfragen waren nun etwa nach diesem Muster (vorgetragen wurden sie freilich in ungenügend ausgearbeiteter lateinischer Rede, manchmal sogar recht geschmacklos):

Eine Schneeflocke ist kein Hagelkorn. Schnee sieht weiß aus, Hagel also – nicht. Auch ein weiteres ist dem nicht unähnlich. Ein Mensch ist kein Pferd. Der Mensch ist ein Lebewesen; folglich gehört ein Pferd nicht zu den Lebewesen. Wer nun durch Würfelentscheidung zur Auflösung oder Zurückweisung eines solchen Sophismas bestimmt war, mußte darlegen, worin genau, in welchem Wort, das listige Angebot lag, das man nicht annehmen durfte. Traf man's nicht, zahlte man zur Strafe eine Münze. Dieses Strafgeld verhalf uns dann zur Mahlzeit.

Ich möchte aber doch noch schildern, wie scharfsinnig sich Diogenes für ein Sophisma der oben besprochenen Art bedankte, das ihm von einem Dialektiker Platonischer Schule in kränkender Absicht vorgelegt wurde. Denn als der Dialektiker seine Frage so formuliert hatte »Was ich bin, das bist du doch nicht?« und als Diogenes dem zugestimmt und dieser dann zugefügt hatte: »Nun bin ich ein Mensch« – hätte er nun auch das zugestanden, hätte der Dialektiker gefolgert: »Also bist du kein Mensch!« – da wandte Diogenes ein: »Hier liegt der Fehler. Willst du's richtigstellen, mußt du mit mir anfangen!«

Wenn zwei dasselbe tun . . .

Aischines, der wohl angriffslustigste und klügste unter den glänzenden Rednern Athens, erwähnt in jener rücksichtslos harten, mit Vorwürfen gespickten, galligen Rede, mit der er den Timarchos wegen seiner Zuchtlosigkeit so schroff wie wirkungsvoll angriff, jenen wertvollen und berühmt gewordenen Ratschlag, den einstmals den Lakedaimoniern einer ihrer führenden Männer gegeben hatte, der in ebendieser Stadt durch seine Tüchtigkeit und sein hohes Alter Ansehen besaß.

Er sagte: »Die Bürgerschaft Lakedaimons beratschlagte einmal über Nutzen und Ehrenhaftigkeit einer hochwichtigen Staatsangelegenheit. Da erhob sich, um einen Vorschlag einzubringen, ein Bürger, der durch seine liederliche Lebensführung in schlechten Ruf geraten war, andererseits aber durch seine Sprach- und Redegewandtheit gar sehr hervorstach. Seinen einleuchtenden Ratschlag über das, was in dieser Lage zu tun war, machten sich alle zu eigen, und ein Volksbeschluß auf der Grundlage des Vorschlags dieses Mannes stand unmittelbar bevor. Da sprang, erregt und gereizt wie er war, einer der Männer aus ihrer führenden Schicht dazwischen – die Lakedaimonier erkennen Männer, die sich durch Alter und Würde Ansehen erwarben, im öffentlichen Leben gleichsam als Schiedsrichter und Lehrmeister an. Er sprach: ›Lakedaimonier, wie könnt ihr es für ausgemacht oder auch nur für aussichtsreich halten, daß diese Stadt und dieser Staat künftig sicheren Bestand haben und unbezwingbar sein können, wenn wir uns von Menschen mit einer solchen Vergangenheit beraten lassen? Ich beschwöre euch: Gerade, weil der eingebrachte Vorschlag so nützlich und achtbar ist, dürfen wir nicht zulassen, daß er durch die Verbindung zu einem so verrufenen Urheber entweiht wird.‹ Nach diesen Worten bestimmte er einen Mann, der sich vor anderen durch seine Tapferkeit und seinen Gerechtigkeitssinn auszeichnete, dem aber Wortgewandtheit und Rednertalent völlig abgingen. Diesem gab er – nach aller Zustimmung und Wunsch – den Auftrag, den Vorschlag jenes Redekünstlers möglichst wortgetreu zu wiederholen. So sollte die Erwähnung des Vorgängers vermieden und Verordnung wie Beschluß der Bürgerschaft nur ausschließlich unter dem Namen desjenigen gültig werden, der ihn zum zweiten Mal eingebracht hatte. Genauso, wie es der kluge Greis empfohlen hatte, geschah es dann auch. Auf diese Weise setzte sich der brauchbare Vorschlag durch, den verrufenen Urheber hingegen tauschte man einfach aus.«

Weinprobe der Geister

Kurz vor Vollendung seines zweiundsechzigsten Lebensjahres war der Philosoph Aristoteles von so schwankender und angegriffener Gesundheit, daß er nur noch schwache Lebenshoffnung hegen durfte. Zu diesem Zeitpunkt nun trat seine gesamte Schülerschar mit Bitten und Beschwörungen an ihn heran: Er möchte seinen Nachfolger in der Schulleitung und im Lehramt doch noch selbst bestimmen. Nach seinem Ableben wollten sie sich an diesen Mann wie an ihn selbst halten und so ihre wissenschaftliche Ausbildung, zu der er sie hingeführt hatte, ergänzen und vervollkommnen.

Zwar gab es damals in seiner Schule viele vortreffliche Männer, doch waren Theophrast und Eudemos die zwei bedeutendsten; an Geisteskraft und wissenschaftlicher Leistungsfähigkeit überragten sie alle übrigen. Der erstere stammte von der Insel Lesbos, Eudemos von der Insel Rhodos. Aristoteles sagte zu, er wolle ihrem Wunsche entsprechen, sobald ihm der rechte Zeitpunkt gekommen zu sein schiene.

Kurze Zeit später, als die gleichen Leute, die um einen

Nachfolger im Lehramt gebeten hatten, wieder einmal beisammen waren, meinte Aristoteles, der ihm hier vorgesetzte Wein sei nichts für seinen Zustand. Ungesund sei er und herb, darum müsse er schon um einen ausländischen bitten, einen Rhodier oder einen Lesbier. Er bat sie also, beide Weinsorten zu besorgen! Dann – so sagte er – wolle er den trinken, der ihm besser bekäme. Sie brechen also auf, machen sich auf die Suche, finden das Gesuchte, schaffen es herbei. Darauf nun verlangt Aristoteles den Rhodier, kostet ihn, sagt: »Wirklich, ein kräftiger Wein, angenehm zu trinken!« Gleich darauf verlangt er den Lesbier, spricht, als er auch diesen gekostet: »Beides wirklich vortreffliche Weine, nur: Lieblicher ist der Lesbier!« Nach diesen Worten zweifelte keiner mehr, daß er sich mit diesem Ausspruch so geistreich wie taktvoll weniger für eine Weinsorte als vielmehr für seinen Nachfolger entschieden hatte. Das war Theophrast von Lesbos, ein Mann, gleichermaßen angenehm in Lehre und Leben. Als Aristoteles kurz darauf aus dem Leben geschieden war, schlossen sich dann auch alle dem Theophrast an.

Ein Philosoph wird entdeckt

Protagoras, ein hervorragender Wissenschaftler, dessen Namen Plato als Titel eines seiner berühmten Dialoge wählte, soll, um sich seinen Lebensunterhalt zu verdienen, als junger Mann Arbeiten für Tagelohn verrichtet und Lastentransporte übernommen haben. Leute dieser Art nennen die Griechen ἀχθοφόϱοι ›Lastenträger‹, lateinisch gebraucht man den Ausdruck ›baiuli‹.

Einst trug dieser Protagoras eine gehörige Anzahl durch ein kurzes Zwischenseil verbundener Holzkloben aus der ländlichen Umgebung nach seiner Heimatstadt Abdera. Nun wollte es der Zufall, daß ein durch Charakter und philosophische Bildung vor anderen verehrungswürdiger Bürger dieser Stadt, Demokrit, ihn bei einem Spaziergang vor der Stadt erblickt, wie er mit seiner so schwierigen und unhandlichen Last mühelos leicht und wie unbeschwert daherkommt. Da geht er näher heran, betrachtet die überaus geschickte und ausgeklügelt verteilte Bindung und Ordnung der Kloben und bittet Protagoras, ein wenig auszuruhen. Als dieser die Bitte erfüllt, bemerkt Demokrit seinerseits, daß der Holzstoß, eine gewissermaßen kreisförmige, kurz verbundene Vielzahl einzelner Klötze, recht eigentlich nach den Regeln der Geometrie im Gleichgewicht erhalten und verbunden wurde. Er erkundigt sich, wer denn das Holz in dieser Weise angeordnet habe, und als der andere antwortet, das sei von ihm selbst so geordnet, bittet er inständig, er solle doch die Bindungen noch einmal lösen und auf gleiche Weise wieder zusammenfügen. Als Protagoras alles entflochten und alles ganz ähnlich wieder zusammengefügt, verwunderte sich Demokrit sehr über diese Geistesschärfe und Geschicklichkeit eines noch unausgebildeten Menschen. »Lieber junger Mann«, sagt er, »du hast natürliche Begabung, schwierige Aufgaben zu lösen; also gibt es Größeres und Besseres, das du zusammen mit mir in Angriff nehmen könntest!« Und auf der Stelle nahm er ihn zu seinem ständigen Begleiter, sorgte für seinen Unterhalt, unterrichtete ihn in den philosophischen Fächern und machte ihn zu dem, was er später darstellte.

Dieser Protagoras war aber trotzdem als Philosoph unaufrichtig, freilich galt er mit Recht als der scharfsinnigste aller Sophisten. Für ein ungeheueres Jahresentgelt, das er sich von seinen Schülern zahlen ließ, versprach er ihnen beizubringen, wie man sich durch eine gewisse Wortgewandtheit auch in einer unklaren Rechtslage siegreich behaupten könne. Griechisch drückte er das so aus: ›Die schwächere Sache zur stärkeren Sache machen!‹

Maß-stäblich

In der Schrift, die Plutarch über die geistigen und körperlichen Veranlagungen und Vorzüge des Hercules als Erdenbürger verfaßt hat, erwähnt er, wie genau und gewissenhaft der Philosoph Pythagoras bei der Feststellung und Berechnung von dessen überragender Größe und Gestalt vorgegangen sei. Weil aber nun unbestritten feststand, daß Hercules es war, der die Wettlaufstrecke beim Olympischen Zeus in Pisa mit seinem Schrittmaß ausgemessen – was sechshundert Fuß ausmachte –, und weil auch die übrigen, später von anderen eingerichteten Wettkampfbahnen in Griechenland zwar das gleiche Maß von sechshundert Fuß hatten, trotzdem aber insgesamt ein wenig kürzer waren, leitete er durch maßstäbliches Vergleichen mühelos ab: Fußmaß und Fußumfang des Hercules müssen um so viel größer als die anderen gewesen sein, wie die Wettkampfbahn von Olympia länger gewesen sei gegenüber den übrigen. Nach Feststellung der Maße eines Herculesfußes ermittelte er dann nach den natürlichen Entsprechungen aller Körperteile auch die Gesamtmaße. So gelangte er folgerichtig zum Schluß, Hercules müsse die anderen Vermesser an Körpergröße um so viel übertroffen haben wie die Wettkampfbahn von Olympia die übrigen mit der gleichen Schrittzahl ausgemessenen Wettkampfbahnen.

UM GEFÜHLE

Des Übels Wurzeln

Den Herodes Atticus, einen Mann von konsularischem Rang, habe ich einmal in Athen eine Rede halten hören, auf griechisch. In dieser Sprache übertraf er an Ausstrahlungskraft, Fülle und Geschmeidigkeit nahezu alle Leute, an die ich mich erinnern kann. Damals wandte er sich gegen die ἀπάθεια, die ›Leidenschaftslosigkeit‹ der Stoiker. Dazu hatte ihn ein Stoiker mit der Behauptung herausgefordert, er trüge den Schmerz über den Tod seines über alles geliebten Sohnes so ganz unmännlich und keineswegs wie es sich für einen Weisen gehört. Der Sinn dieser Auseinandersetzung war, wenn mich mein Gedächtnis nicht trügt, folgender:

Kein natürlich fühlender, empfindsamer Mensch könne je ganz frei und ledig sein von inneren Regungen, die er als die Anfechtungen des Krankseins, des Verlangens, der Angst, des Zorns, der Lust beschrieb. Versuchte er's trotzdem, von allen diesen frei zu sein, sei er damit auch nicht besser dran, denn dann sei er's um den Preis eines trägen und abgestumpften Geistes, müsse auf die den meisten so notwendigen wie hilfreichen Anregungen verzichten. Denn – so sagte er – jene geistigen Empfindungen und Regungen können sich zwar, wenn sie überhandnehmen, zu Lastern auswachsen, sie seien aber eng verknüpft mit einer gewissen geistigen Regsamkeit und Frische. Darum bestünde ja eben auch die Gefahr, daß wir mit dem Versuch, diese Regungen unverständigerweise zu unterdrücken, auch die guten und förderlichen Begabungen mit preisgeben. Diese Leidenschaften soll man also mäßigen, überlegt und bedacht läutern, meinte er. So könne man das, was unserer Natur fremd, ja zuwider ist und sie ins Verderben reißt, beiseite drängen und das vermeiden, was – wie man erzählt – einmal einem dummen, ungebildeten Thraker mit seinem zu Erwerbszwecken gekauften Acker passiert ist:

›Ein Thraker aus fernstem Barbarenland, ohne Erfahrung im Ackerbau, aber voller Drang nach einem menschenwürdigen Leben, erwarb sich, in kultivierte Gegenden übergesiedelt, ein für Ölbäume und Weinstöcke angelegtes Grundstück. Dieser Mensch nun, der von der Pflege von Rebstöcken und Bäumen überhaupt nichts verstand, sieht zufällig, wie sein Nachbar in die Höhe und Breite gewachsenes Brombeergesträuch beseitigt, Eschen fast bis zur Krone hinauf beschneidet, aus den Wurzeln getriebene Rebenschößlinge, die sich am Boden breitgemacht hatten, austilgt, die an den Obst- und den Ölbäumen in die Höhe und Breite geschossenen Schmarotzertriebe ausschneidet. Tritt er näher und fragt ihn, warum er mit Holz und Laub derart umgehe. Antwortet ihm der Nachbar, damit der Acker schmuck und sauber werden und sich der Ertrag von Rebstock und Baum steigern könne. Verabschiedet sich der Thraker vom Nachbarn, bedankt sich noch vielmals, hocherfreut wie einer, der nun voll in die Landwirtschaftslehre eingeweiht ist. Sogleich greift er zu Sichel und Beil. Und was tut dieser Unglücksmensch ohne jede Erfahrung? Er verstümmelt alle seine Rebstöcke und Ölbäume, das üppigste Laubwerk der Bäume, die trächtigsten Rebzweige schneidet er einfach ab; alle Büsche und Sträucher, reich an Früchten und Beeren, reißt er samt den Dornsträuchern und Brombeerhecken aus, nur um einen sauberen Acker zu haben. Der schlechte Ertrag machte ihn klug, und die falsch verstandene Nachahmung zupackenden Eifers belehrte ihn eines besseren.‹

Genauso, meinte Herodes, sind diese Verfechter der Leidenschaftslosigkeit. Als ruhige, furchtlose Leute möchten sie angesehen werden, die nichts erschüttern kann. In Wirklichkeit sind sie unfähig, auch nur irgendeinen Wunsch zu hegen, in irgendeiner Weise Schmerz, Zorn oder Freude zu empfinden, eben weil sie jeder tieferen Geistesregung abgesagt haben. Nun altern sie dahin in der Dumpfheit ihres gleichgültig-trägen, gleichsam saft- und kraftlosen Lebens.

Wider die Schwätzer

Von der Rede leichtfertiger, schwatzhafter und aufdringlicher Plappermäuler, also von Leuten, die ohne irgendeinen sachlichen Rückhalt in aufgeblasenem und flüchtigem Wortschwall nur so zerfließen, meint man durchaus angemessen, sie komme aus dem Munde, nicht aus der Brust. Man sagt aber auch, die Zunge dürfe nicht frei und ungehemmt walten, sondern müsse aus tiefster Brust und aus innerstem Herzen wie durch passende Zügel gelenkt und gewissermaßen gesteuert werden. So aber kannst du Leute beobachten, die vollkommen urteils- und verantwortungslos in tiefster, äußerster Sorglosigkeit vor Worten strotzen und beim Sprechen gar nicht spüren, daß sie reden. Dagegen sagt Homer, der Odysseus, ein erfahrener, redebegabter Mann, hole seine Stimme nicht aus dem Mund, sondern aus der Brust; was sich nicht so sehr auf Klang und Art der Stimme als auf die Tiefe der gefaßten Gedanken beziehen soll. Auch drückt er sich lichtvoll so aus: Die Wortfülle zu bändigen, sei ihr der Wall der Zähne entgegengestellt, damit der leichtfertigen Rederei nicht nur durch Wachheit und Wachsamkeit des Herzens Einhalt geboten, sie vielmehr auch noch im Munde gewissermaßen durch Wächter umschrankt würde. Die Homerischen Ausdrücke, von denen ich eben sprach, lauten: ›Wenn aber dann aus der Brust die Stimme gewaltig hervorbrach‹ und ›Welches Wort entfloh deiner Zähne Umschrankung!‹

Auch Worte des Marcus Tullius, mit denen er törichte und hohle Redefertigkeit so eindrucksvoll wie aufrichtig verwünscht, habe ich aufgenommen. Er sagt: ›Nur soll anerkannt werden, daß weder die Unbeholfenheit eines Sachverständigen, der sich nicht auszudrücken versteht, lobenswert ist, noch die Unwissenheit eines Sachkundigen, dem die Worte nie ausgehen. Habe ich die Wahl zwischen beiden, ziehe ich jedenfalls eine nicht wortgewandte Lebensklugheit der törichten Schwatzhaftigkeit vor!‹ Gleichfalls braucht er im ersten Buch ›Vom Redner‹ folgende Worte: ›Was gleicht denn an Wahnwitz dem leeren Schall von Worten, die, auch wenn sie noch so schön und gewählt sind, keinerlei Sinn und Gehalt vermitteln?‹

Vor allem aber steht uns mit Marcus Cato der wohl hartnäckigste Kämpfer gegen dieses Laster zur Verfügung. In seiner Rede, die überschrieben ist ›Wenn Caelius der Volkstribun mich vorgeladen hätte‹, sagt er nämlich: ›Wen die Redekrankheit – ähnlich der Trunksucht oder der Schlafsucht – gepackt hält, der schweigt niemals. Wenn ihr euch auf seine Aufforderung hin nicht zum Gespräch einstellt, wird er, redebegierig wie er ist, sich schon eine Lauscherschar mieten. Und so hört ihr ihn zwar, aber ihr hört ihm nicht zu – wie einem Salbenverkäufer. Dessen Worte hört man wohl, aber keiner nimmt sie ernst – er sei denn krank.‹ Der gleiche Cato macht in der gleichen Rede dem gleichen Volktribunen Marcus Caelius den Vorwurf, nicht nur zu reden, sondern auch zu schweigen. Sagt er: ›Mit einem Stückchen Brot läßt er sich dingen, sei's zum Schweigen, sei's zum Reden!‹

Und völlig zu Recht nennt Homer den Thersites als einzigen von allen ›endlos redend‹ und ›urteilslos schwätzend‹, und seine vielen Worte nennt er ›wirr wie ein aufgeregter Krähenschwarm‹, denn was heißt ἐκολώα anderes?

Auch des Eupolis Vers über Leute dieser Art ist überdeutlich: ›vorzüglichster Schwätzer, aber unfähig, etwas zu sagen‹, dem unser Sallust nacheifern wollte, als er so schreibt: ›mehr wortreich schwätzend als sachkundig redend‹.

Aus diesem Grund sagt auch Hesiod, der kundigste der Dichter, seine Zunge solle man nicht gemein machen, sondern wie einen Schatz verborgen halten. Hole man sie dann hervor, ernte man höchsten Ruhm, wenn sie maßvoll, knapp und gesetzt sei:

Eines der schönsten Güter ist doch die Zunge auf Erden!
Zähme sie, viele wissen dir Dank für maßvolle Rede!

Auch dieser Ausspruch des Epicharm nimmt sich nicht ungeschickt aus:

Geschickt im Reden bist du eben nicht,
doch Schweigen ist erst recht nicht deine Kraft!,

woher wohl auch das Sprichwort stammt: ›weder reden wohl noch schweigen können‹.

Folgende Euripidesverse endlich habe ich den Favorin selbst sagen hören:

... ungezügelte Mäuler,
gesetzlosen Unsinns
Ende: das Unheil!

Diese Verse dürften nicht nur von jenen gelten, die ruchlose und gesetzlose Reden führen, sondern sie könnten wohl besonders auf solche Menschen bezogen werden, die törichtes und unbeherrschtes Zeug schwatzen, deren Mundwerk so verschwenderisch wie zügellos läuft, daß es immerfort von einem ekelhaften Wortschwall strömt und überwallt. Diese Menschensorte wird von den Griechen mit dem sehr bezeichnenden Wort κατάγλωσσοι, ›Zungendrescher‹, bezeichnet.

Der hochberühmte Grammatiker Valerius Probus hat, wie ich von einem Gelehrten aus seinem Umkreis erfuhr, jenes Sallustwort ›genug an Beredsamkeit, wenig an Klugheit‹ kurz vor seinem Tode folgendermaßen gelesen und dazu noch versichert, so habe es Sallust selbst hinterlassen: ›genug an Wortschwall, wenig an Klugheit‹ – weil Wortschwall bestens zum Wortneuerer Sallust passe und Beredsamkeit schlecht mit Unklugheit zusammenstimme.

Schwatzhaftigkeit dieser Art und wüsten aufgeblasenen Wortschwall hat nun der so scharfsinnige Dichter Aristophanes mit folgenden berühmten Worten in Versen gebrandmarkt:

> Ich kenn ihn, ich durchschau ihn längst, den Schöpfer
> der Ungeheuer, den Posaunenmund,
> unbändig reißend ohne Zaum und Zügel,
> aufsprudelnd, wortgebälkverklammerungskundig!

und nicht weniger einprägsam haben auch unsere alten Schriftsteller diese wortbegierige Menschensorte ›Plaudertaschen‹, ›Plappermäuler‹ und ›Zungendrescher‹ genannt.

Reden und Schweigen

Oft haben wir den Philosophen Musonius sagen hören: ›Hat ein Philosoph, ein sogenannter, sich in seinen Mahnungen, Warnungen, Vorschlägen, Vorwürfen oder sonstigen Ergüssen aus seinem Wissenschaftsbereich ergangen und seine Zuhörer plappern alsbald lauthals und aus voller Brust die allgemein üblichen Lobesbekundungen herunter, erheben auch ein Riesengeschrei, gebärden sich ganz übermütig, zeigen sich durch den Aufputz seiner Rede, sein Silbengeklingel, seine ständigen Wortwiederholungen beeindruckt, geben sich erregt und fuchteln nur so herum, dann darfst du annehmen, daß Sprecher wie Hörer gleich vergebliche Gestalten sind und daß da kein Philosoph spricht, sondern ein Flötenbläser aufspielt. Ist nämlich das Gesprochene nützlich, zuträglich und heilsam gegen Irrtümer und Laster, dann wird das Gemüt eines Philosophenhörers weder Erleichterung noch überhaupt Veranlassung finden, maßlos und weitschweifig zu loben. Denn jeder Hörer, wenn er nicht völlig heruntergekommen ist, muß beim Anhören der Rede eines echten Philosophen völlig erschüttert werden, von stummer Scham, auch von Reue, Freude und Bewunderung erfüllt sein. Sogar sein Mienenspiel wird sich verändern, wechselnde Sinnesregungen wird man ihm ansehen können, je nachdem wie dieser Philosoph die gesunden und die kranken Seelenteile anpackt und seinen Hörer und dessen Gewissen anspricht.‹

Er behauptete auch noch, daß hohes Lob nicht weit von Bewunderung entfernt sei; die höchste Form der Bewunderung jedoch äußere sich nicht in Worten, sondern in Schweigsamkeit. Aus diesem Grund habe der Dichterphilosoph Homer die Hörerschaft des so anschaulich von seinen Abenteuern berichtenden Odysseus nach der Beendigung von dessen Rede nicht jauchzen, klatschen oder schreien lassen. Vielmehr sagt er, alle seien in tiefstes Schweigen versunken, gleichsam wie bestürzt und betäubt durch den ohrenberückenden Balsam, der hindurchdrang bis zum Quellort aller Sprache:

> Also sprach er, und alle verfielen in brütendes Schweigen,
> vom Entzücken gebannt im schattigen Dunkel des Saales.

In des Marcus Cato ›vor den Soldaten‹ gehaltener ›Rede gegen Galba‹ findet sich in wirklich recht anmutigen, klaren und wohlgesetzten Worten auch eine Fassung der Erzählung vom Papirius Praetextatus. Ich hätte nun Catos Worte gern in ihrem ursprünglichen Wortlaut meiner Sammlung einverleibt, wäre mir nur zur Zeit der Abfassung ein Exemplar zur Hand gewesen. Geht es dir aber weniger um die so eindrucksstarken sprachlichen Vorzüge als um einen schlichten Tatsachenbericht, so hast du hier eine ungefähre Wiedergabe:

Früher war es unter den Senatoren Roms üblich, mit ihren Söhnen, die noch die Knabentracht der Toga praetexta trugen, zu den Ratssitzungen zu kommen. Als nun im Senat einmal über eine Sache von einiger Wichtigkeit beraten wurde und die Verhandlungen am folgenden Tag noch fortgesetzt werden mußten, einigte man sich dahingehend, daß keiner vor der endgültigen Beschlußfassung über die von ihnen behandelten Gegenstände sprechen sollte. Die Mutter des jungen Papirius, der mit seinem Vater an dieser Sitzung teilgenommen hatte, versuchte nun von ihrem Sohn zu erfahren, was in besagter Sitzung behandelt worden wäre. Antwortet der Knabe: darüber müsse er Stillschweigen bewahren, Gespräche über dieses Thema seien nicht erlaubt. Das Verlangen der Frau, etwas zu erfahren, wächst dadurch noch mehr. Das Geheimnisvolle der ganzen Angelegenheit ebenso wie die Verschwiegenheit des Knaben reizen sie zu immer weiteren Nachforschungen, drängender und ungestümer werden ihre Fragen. Da ihm nun die Mutter keine Ruhe läßt, entschließt sich der Knabe zu einer tollen, witzigen Notlüge. So gab er an, im Senat sei darüber beraten worden, ob es zweckmäßiger und dem Staate dienlicher sei, wenn ein Mann zwei Frauen habe oder eine Frau mit zwei Männern verheiratet sei. Bei diesen Worten schrickt sie zusammen, stürzt am ganzen Leib zitternd aus dem Haus, um allen anderen Ehefrauen diese Neuigkeit mitzuteilen. Am nächsten Tag zieht eine ganze Schar von Familienmüttern vor das Senatsgebäude. Weinend und beschwörend bringen sie ihre Bitte vor, es möchten doch lieber einer Frau zwei Männer als einem Mann zwei Frauen gegönnt werden. Die zur Sitzung eintreffenden Senatoren wundern sich sehr über das ungebärdige Verhalten der Frauen, wissen nicht, was diese Forderung eigentlich bedeuten soll. Trat nun der junge Papirius vor die Versammlung und berichtet ausführlich, wie die Mutter ihm zugesetzt habe, um etwas zu erfahren, und was er selbst dann der Mutter erzählt habe; alles genau so, wie es sich zugetragen hatte. Der Senat ist entzückt über die Zuverlässigkeit und Findigkeit des jungen Mannes, beschließt aber zugleich, daß Knaben künftig nicht mehr mit ihren Vätern zu den Sitzungen Zutritt haben sollten – mit Ausnahme jenes einen, des Papirius. Später erhielt dieser den ehrenden Beinamen Praetextatus, weil er noch in der Knabentracht der Toga praetexta Klugheit bewiesen hatte, im Schweigen wie im Reden.

Der Zorn des Weisen

Während eines Zusammenseins mit Taurus stellte ich einmal die Frage, ob sich ein Weiser zum Zorn hinreißen lassen dürfe. Es kam nämlich recht häufig vor, daß er nach den täglichen Unterrichtsstunden Gelegenheit bot, beliebige Fragen zu stellen. Ehrfurchtgebietend und beredt breitete Taurus dann sein Wissen über alles aus, was vom Zorn als einer Krankheit und einer Gemütserregung bekannt war, bei den ›Alten‹ wie auch in seinen eigenen Schriften. Dann wandte er sich an mich als den Fragesteller: »Das nun ist meine Meinung über das Zornigwerden. Doch dürfte es für dich keinesfalls nutzlos sein, noch die Meinung unseres so gelehrten wie lebensklugen Plutarch anzuhören!«

Taurus erzählte: Plutarch hatte einmal den Befehl gegeben, seinem Sklaven, der eine mir nicht bekannte Straftat begangen hatte, das Unterkleid auszuziehen und ihn durchzupeitschen. Dieser Sklave war nun zwar ein nichtsnutziger und widerspenstiger Mensch, doch hatte er sich durch Lektüre und Gespräche allerhand philosophisches Wissen angelesen. Nach den ersten Hieben schimpfte er noch vor sich hin, das habe er nicht verdient, daß man ihn ausprügele; keine böse Tat, kein Verbrechen habe er begangen. Dann aber, als Schlag auf Schlag fiel, begann er laut und vernehmlich seine Stimme zu erheben, doch keineswegs nur zu einzelnen Klagelauten, Seufzern oder Schmerzensschreien. Ernsthafte und vorwurfsvolle Worte waren da zu hören: Plutarch führe sich nicht auf wie ein echter Philosoph. Es sei doch schimpflich, sich so dem Zorn hinzugeben. Wie oft habe er Erörterungen über das Übel Zorn angestellt, auch ein wunderschönes Büchlein ›Freisein vom Zorn‹ habe er verfaßt. Stimme es doch mit all dem, was in diesem Buch geschrieben steht, überhaupt nicht überein, daß er sich so zügellos seinem Zorn hingebe und ihn zur Strafe mit so unendlich vielen Hieben bedenken ließe. Darauf antwortete Plutarch, gelassen und mild: »Hat es denn etwa den Anschein, daß ich in Zorn geraten bin, du Schelm? Woraus schließt du, daß ich vom Zorn ergriffen bin? Etwa aus meiner Miene, meiner Stimme, der Farbe meines Gesichts oder gar auch aus meinen Worten? Ich blicke nicht wild umher – meine ich wenigstens –, verzerre mein Gesicht nicht, erhebe kein mächtiges Geschrei, brause nicht auf und gerate nicht in Zornröte. Was ich rede, dessen muß ich mich nicht schämen, noch muß ich es bereuen. Ich zittere überhaupt nicht vor Zorn und gebärde mich nicht leidenschaftlich. Das alles sind doch für gewöhnlich die Anzeichen des Zorns, solltest du das nicht wissen?« Im gleichen Atemzug wandte er sich an den, der die Prügel austeilte: »Solange ich und dieser Kerl hier uns gelehrt unterhalten, bleib du nur bei deiner Beschäftigung!«

Die Quintessenz der Meinung des Taurus war aber doch nun folgende: ›Freiheit von Zorn‹ und ›Empfindungslosigkeit‹ sei seiner Einschätzung nach keinesfalls dasselbe. Bei einem Gemüt, das nicht zu Zornausbrüchen neigt, handele es sich um etwas ganz anderes als bei einem schmerzunempfindlichen und gefühlstauben, das heißt einem stumpfen und stumpfsinnigen. Denn wie bei allen anderen Gemütserregungen oder Leidenschaften – Philosophen lateinischer Zunge sprechen von *affectus, affectiones;* griechische von πάθη – geht es ihm auch bei derjenigen Gemütserregung, die, wenn ein ernsthafter Grund zur Vergeltung vorliegt, Zorn genannt wird, nicht darum, völliges Freisein als erstrebenswert hinzustellen – Griechen sprechen hier von στέρησις, ›Beraubung‹ –, vielmehr geht es ihm um die rechte Mitte – die sie mit dem Ausdruck μετριότης, ›rechtes Mittelmaß‹ belegen.

Schweigen ist Gold

Schreibt Critolaus, einst seien Gesandte aus Milet in einer öffentlichen Angelegenheit, seiner Meinung nach wohl mit einem Hilfegesuch, nach Athen gekommen. Wie es ihrem Auftrag entsprach, hätten sie sich geeignete, zu Fürsprachediensten bereite Rechtshelfer als Beistand genommen, und diese hätten dann auch zugunsten der Milesier vor dem Volk das Wort ergriffen. Demosthenes dagegen habe sich den Vorstellungen der Milesier leidenschaftlich widersetzt, ja sogar behauptet, weder seien die Milesier ihrer Hilfe wert, noch sei ihr Anliegen von Staatsinteresse. Dann sei die Angelegenheit vertagt worden. Endlich hätten die Gesandten den Demosthenes aufgesucht und ihn eindringlich gebeten, ja nicht mehr gegen sie zu sprechen. Als Gegenleistung habe Demosthenes Geld verlangt und die geforderte Summe auch erhalten. Tags darauf, man hatte die Verhandlung über diesen Punkt gerade wieder aufgenommen, zeigte sich Demosthenes vor dem Volk, Hals und Nacken mit einem dicken Wollschal umwickelt, behauptete, er leide an Halsbräune und könne aus diesem Grund nicht gegen die Milesier sprechen. Da habe ein Mann aus dem Volk laut gerufen: Es sei wohl nicht die

Halsbräune, die dem Demosthenes zu schaffen mache, sondern die Geldbräune.

Wie uns derselbe Critolaus berichtet, hat das später auch Demosthenes selbst keineswegs verheimlicht, sondern sich vielmehr noch zum Ruhme gerechnet. Als er nämlich dem Schauspieler Aristodem einmal die Frage stellte, wie hoch denn seine Gage für die Übernahme einer Rolle sei, und Aristodem antwortete ›ein Talent‹, habe er erwidert: ›Da habe ich ja mehr bekommen... fürs Schweigen!‹

Tapferer Patient

Delphi und die Pythischen Spiele waren Ziel einer Reise des Philosophen Taurus, der einfach einmal erleben wollte, wie nahezu ganz Griechenland dort zusammenströmt. Auf dieser Reise gelangten wir, die wir ihn begleiten durften, nach der alten böotischen Stadt Lebadia. Hier erreichte Taurus die Nachricht, einer seiner Freunde, ein angesehener stoischer Philosoph, sei von einer unangenehmen Krankheit befallen und gleichsam niedergestreckt worden. Taurus, obwohl er es ansonsten recht eilig hatte, unterbricht sofort die Reise, läßt alle Fahrzeuge anhalten und macht sich eilends zu einem Besuch auf. Wir, gewohnt ihn überallhin zu begleiten, folgen nach. Als wir das Haus, in dem der Kranke lag, erreicht hatten, erblicken wir einen von marternden Unterleibsschmerzen – die Griechen sprechen von κόλον, ›Kolik‹ – und fliegendem Fieber gleichermaßen gepeinigten Menschen, hören seine nicht ganz unterdrückten Stoßseufzer, seine der Brust entrungenen keuchenden

Atemstöße, die uns weniger den eigentlichen Schmerz als sein Ankämpfen gegen den Schmerz verrieten.

Später dann: Taurus hatte Ärzte herbeiholen lassen, sich mit ihnen über die Behandlung beraten und schließlich den Kranken durch den Hinweis auf das sichtbar abgelegte Zeugnis seiner Leidensfähigkeit in seinem Willen zum Durchhalten bestärkt. Wir waren zu den Wagen und den Gefährten zurückgekehrt, als Taurus feststellte: »Das war für euch gewiß kein erfreulicher Anblick, trotzdem sicher nützlich, einmal beobachten zu können, wie ein Philosoph und der Schmerz aneinandergeraten und miteinander kämpfen. Heftigkeit und Eigenart seiner Krankheit waren es, die diese Gliederverrenkungen und Gliederschmerzen bewirkten. Gleichermaßen aber kämpften seine eigene Vernunft und Sinnesart dagegen an. Wie er durchhielt, sich beherrschte, die heftigen Anfälle des entfesselten Schmerzes in sich niederkämpfte! Kein Gejammer, kein Wehklagen, ja nicht einmal unschickliche Äußerungen gab er von sich. Immerhin waren da aber doch, wie ihr bemerken konntet, einige Anzeichen sichtbar, daß sich Geisteskraft und Leiblichkeit den Besitz des Menschen streitig machten.«

Da bemerkte ein in den philosophischen Fächern recht beschlagener junger Mann aus dem Gefolge des Taurus: »Hat der Schmerz solche Wucht, daß er sich gegen Willen und Urteilskraft durchsetzt und dem widerstrebenden Menschen ein Jammern abringt und dazu das Eingeständnis, diese wütende Krankheit sei wirklich ein Übel, warum gilt dann bei den Stoikern der Schmerz nicht als Übel, sondern als etwas Gleichgültiges? Warum denn kann ein Stoiker zu etwas gezwungen werden oder der Schmerz irgend etwas erzwingen, wenn zu Recht behauptet wird, der Schmerz könne einen Stoiker zu nichts bewegen und ein Weiser könne zu nichts gezwungen werden?« Darauf entgegnete Taurus, den die reizvolle Fragestellung zu vergnügen schien, mit schon wieder aufgehellter Miene: »Wäre unser Freund bei besserer Gesundheit, hätte er selbst die unvermeidlichen Jammerlaute gegen falsche Ausdeutung in Schutz genommen und dir deine Frage selbst beantwortet, davon bin ich fest überzeugt. Daß ich mit Stoikern, besser mit der Stoischen Schule, nicht übereinstimme, weißt du ja. Ist sie doch in den meisten Fällen weder mit sich selbst noch gar mit uns einig, wie ja in einem Buch dargelegt wird, das ich über diesen Gegenstand verfaßt habe. Um nun deinem Anliegen gerecht zu werden, will ich dir, wie man sagt, ›ungelehrt und gradheraus‹ sagen, was dir ein Stoiker, wenn jetzt einer zur Hand wäre, gewiß gewundener und gekünstelter erklärt haben würde. Du kennst ja vermutlich auch das alte und weitverbreitete griechische Wort: ›Sprich ungelehrter, bitte, doch verständlicher!‹« Das nun war der Ausgangspunkt für seine Ausführungen über Schmerz und Schmerzensäußerungen des von der Krankheit geplagten Stoikers. Er sprach: »Die uns hervorgebracht, die Allnatur, stattete uns mit liebender und fürsorgender Hinwendung zu unseresgleichen aus. Damit uns nichts lieber wäre und mehr am Herzen läge als wir uns selbst in eigener Person, pflanzte sie uns uranfänglich diese Gefühle ein. Ja, sie hielt dies für die wichtigste Maßnahme, der Menschen Art zu erhalten. Jeder von uns sollte, sowie er das Licht der Welt erblickt, zuerst Empfindung und Gefühl derjenigen Güter gewinnen, die von den alten Philosophen auf griechisch die ›Ur-Güter‹ benannt wurden, damit er sich mit

Selbstverständlichkeit aller körperlichen Annehmlichkeiten erfreuen und sich von allen Unannehmlichkeiten fernhalten könne. Im Heranwachsen entfalten sich dann aus eigenen Ansätzen heraus die Vernunftkräfte. Planend wird überlegt, über wahre Ehre und wahren Nutzen nachgedacht, genauestens und tiefgründig werden Vor- und Nachteile bestimmt. Und also hebt sich vor allem Würde und Wert des Schicklichen und des Ehrenhaften heraus. Steht aber ein äußeres Hindernis dagegen, diese Würde zu behaupten und ganz festzuhalten, dann wird es der Verachtung anheimfallen müssen. Nichts anderes sei eben schlicht und wahrhaftig ein Gut, wenn's nicht auch Ehre, nichts anderes ein Übel, wenn's nicht zugleich auch Schande einbrächte. Alles dazwischenliegende übrige, das weder Ehre noch Schaden einbringt, gilt weder als gut noch als schlecht. Nun unterscheidet und trennt man in Einzelfällen noch Unverwerfliches von Verwerflichem; der griechische Ausdruck der Stoiker spricht von ›Wünschenswertem‹ und ›Nicht-Wünschenswertem‹. Und so können auch Lust und Schmerz, wenn es um das eigentliche Ziel eines guten und wahrhaft glücklichen Lebens geht, als Dazwischenliegendes betrachtet und weder den Gütern noch den Übeln zugerechnet werden. Da nun aber der Mensch von Geburt an, noch ehe sich Verstand und Vernunft ausbilden können, dem Schmerz und der Lust als den ersten Sinnesempfindungen ausgesetzt ist und er, von Natur aus mehr der Lust geneigt, sich vom Schmerz als einem unversöhnlichen Feind abneigt und abwendet, aus diesem Grunde vermag die später hinzugetretene Vernunft nichts gegen jene tief eingeprägten urtümlichen Gefühle, kann sie nicht mit der Wurzel ausreißen und schwerlich ausrotten. Doch liegt sie ständig mit ihnen im Kampf, drückt und schlägt sie nieder, wenn sie zu üppig werden, zwingt sie zum Gehorsam und zur Untertänigkeit. Und so saht ihr denn diesen Philosophen, wie er, gestützt auf seinen vernünftigen Vorsatz, gegen die hartnäckige Krankheit und den überbordenden Schmerz ankämpfte, wie er unnachgiebig blieb, keine Zugeständnisse machte und nicht – wie die meisten Schmerzpatienten tun – schrie und jammerte, sich nicht selbst unglücklich und elend nannte, vielmehr lediglich stark röchelte und seufzte. Dies aber waren nicht Zeichen und Beweise eines vom Schmerz Besiegten und Unterworfenen, sondern eines um den Sieg und um die Unterwerfung des Schmerzes ringenden Mannes.

Aber ich bin mir nicht sicher«, sagte Taurus, »ob nicht einer auf ebendieses Kämpfen, dieses Seufzen hinweist und fragt: Warum, wenn der Schmerz kein Übel ist, muß es Seufzen und Kämpfen geben? Nun, weil nämlich alles, was nicht zu den Übeln zählt, trotzdem nicht von jeglicher Beschwerde frei ist, wohingegen die meisten Dinge nicht eben sehr schädlich und verderblich sind, weil sie ja auch keine Schande einbringen.

Trotzdem stehen sie dem milden und sanften Lauf der Natur entgegen und stellen sich, einem geheimen, aber notwendigen Naturgesetz folgend, als feindlich heraus. Dies nun vermag ein weiser Mann wohl zu ertragen und zu erdulden. Sein Gefühl völlig dagegen abzuschirmen, das vermag er nicht, denn Fühllosigkeit und Unempfindlichkeit«, sagte er, »ist nicht nur meiner Meinung nach, sondern auch nach der Auffassung einiger kluger Köpfe derselben Schule, wie zum Beispiel des angesehenen und gelehrten Panaetius, nicht zu billigen, ja verwerflich. Was aber zwingt einen stoischen Philosophen gegen seinen Willen Seufzer auszustoßen, wo er doch vermeintlich zu nichts gezwungen werden kann? Gewiß kann ein Weiser zu nichts gezwungen werden, solange die Vernunft am Ruder bleibt. Wenn aber die Natur die stärkere ist, dann leidet auch die naturgegebene Vernunft Zwang. Frage doch, wenn's beliebt, warum einer unwillkürlich blinzelt, wenn ihm plötzlich eine fremde Hand vor den Augen herumfuchtelt; warum einer, wenn's am Himmel blitzt, vor dem gleißenden Lichtstrahl unwillkürlich Kopf und Augen abwendet, warum sich bei heftigem Donnerschlag Schauder einschleicht, warum einen Niesanfälle durchschütteln, warum man in der Sonnenglut schwitzt oder bei starker Kälte fröstelt. Über dieses und sehr vieles andere entscheidet nämlich weder der freie Wille, noch der Verstand, noch die Vernunft; es ist durch Naturnotwendigkeit festgelegt. Tapferkeit heißt nicht Auflehnung gegen die Natur wie gegen ein Ungeheuer, verbunden mit Gefühllosigkeit oder Rohheit überschreitet Tapferkeit natürliches Maß! Und so geschieht's ja auch bei dem beklagenswerten, auf Ertragen von Schmerzen angelegten Zwangstraining. Wir erinnern uns da an jenes vom Kaiser veranstaltete Kampfspiel, wie der wilde Gladiator, als ihm die Ärzte die Wunden ausschabten, in sein gewohntes Lachen ausbrach. Vielmehr ist unter wahrer und sittlich gerechtfertigter Tapferkeit zu verstehen, was unsere Vorfahren als Unterscheidung des Erträglichen und des Unerträglichen bezeichneten. Daraus geht hervor, daß es Unerträgliches gibt, vor dem auch tapfere Männer zurückschaudern, das sie nicht aushalten können!«

Nach diesen Ausführungen schien Taurus noch mehr

über diesen Gegenstand sagen zu wollen, doch waren wir schon bei den Fahrzeugen angelangt und eingestiegen.

Der Weise im Seesturm

Wir querten das weite Ionische Meer mit all seinen Gefahren und Tücken, und zwar von Kassiope aus, das auf Korkyra liegt, nach Brundisium. Die ganze dem ersten Tag folgende Nacht hindurch wütete dann ein Sturm, der von der Seite her das Schiff überflutete. Als wir später beim Ausschöpfen des eingedrungenen Bodenwassers alle jammerten und klagten, brach dann endlich der Tag an. Gefährlichkeit und Stärke des Sturms ließen jedoch in keiner Weise nach. Ja, immer häufigere Windböen, schwarzverhangener Himmel, dampfende und furchteinflößende Wolkenbildungen, die man Wirbelwinde, ›Typhones‹, nennt, senkten sich über das Schiff, drohten es nahezu zu versenken.

Auf diesem Schiff befand sich auch ein gefeierter Philosoph stoischer Schule, den ich in Athen kennengelernt hatte, ein Mann von nicht geringem Ansehen, der eine große Anziehungskraft auf junge Schüler ausstrahlte. In dieser so gefährlichen Situation, diesem Aufruhr von Himmel und Meer, versuchte ich damals diesen Mann in den Blick zu bekommen, weil ich seine Geistesverfassung kennenlernen wollte und ob er unerschrocken und furchtlos wäre. Aber was bekamen wir da zu Gesicht? Einen furchtsamen, eingeschüchterten Mitmenschen, der zwar nicht wie die übrigen Wehklagen und Rufe aller Art ausstieß, sich aber mit seiner veränderten Gesichtsfarbe und seinem wirren Mienenspiel gar nicht viel von den übrigen unterschied. Sobald aber der Himmel wieder strahlte, das Meer sich ausgetobt hatte und die Hitze der Gefahr abgeflaut war, ging da so ein reicher Grieche auf unseren Stoiker zu. Dieser Grieche stammte, wie an seinem Gehabe, seinem Aufwand und seinem Gefolge zu erkennen war, aus Kleinasien und war selbst ein Mann, der in vielerlei Wonnen des Körpers und des Geistes gleichsam schwamm. Wie im Spott bemerkte er: »Warum bist du denn so erschrocken, als wir in Gefahr schwebten, mein Philosoph, und warum wurdest du so bleich? Ich jedenfalls erschrak nicht und wurde auch nicht bleich.« Der Philosoph war einen Augenblick unschlüssig, ob er darauf antworten sollte, dann sprach er: »Wenn ich bei diesem gewaltigen Sturmestoben ein wenig erschrocken schien, dann bist du's wenigstens doch nicht wert, dir meine Rechenschaft darüber anzuhören! Aristipp ... hätte dir aber an meiner Stelle gewiß eine Antwort gegeben. Der nämlich wußte zu entgegnen, als er in einer vergleichbaren Situation von einem Menschen genau deines Schlages befragt wurde, warum denn ein Philosoph wohl erschräke, wohingegen er überhaupt keine Furcht empfände: Er und der andere seien ja eben nicht in gleicher Lage. Wegen so einer erbärmlichen Alltagsseele brauche sich der Frager freilich keine große Sorge machen, er selbst aber müsse um die Seele eines Aristipp bangen!«

Mit diesen Worten schüttelte damals der Stoiker jenen reichen Kleinasiaten von sich ab. Später aber, als wir in Brundisium ankamen und Wind- und Meeresstille herrschte, forschte ich ihn nach dem Grund seiner Angst aus, den er ja einem, der ihm in ungehöriger Form Vorwürfe gemacht hatte, nicht mitzuteilen brauchte. Mir hingegen gab er ruhig und umgänglich Auskunft: »Da du's hören willst, vernimm, was unsere ›Alten‹, die Gründer der Stoischen Schule, über jene zwar geringfügige, aber trotzdem notwendige und natürliche Ängstlichkeit dachten, oder, noch besser, lies es selbst. Denn wenn du's liest, wirst du's leichter glauben und besser im Gedächtnis behalten.« Nun zog er dort vor aller Augen ein Buch des Philosophen Epiktet aus seinem Reisebündelchen, das fünfte der ›Gespräche‹ war's, die von Arrian geordnet wurden und ganz zweifellos mit dem Lehrgehalt der Schriften Zenos und Chrysipps übereinstimmen. In diesem Buch nun lasen wir es geschrieben, natürlich auf griechisch, sinngemäß etwa so: ›Die sinnlichen Wahrnehmungen – die Philosophen sprechen von Phantasien, durch die der Geist eines Menschen auf den ersten Blick hin zum Begreifen der ihm zustoßenden Sache gebracht wird, unterliegen nicht dem Willen und der freien Meinungsbildung, vielmehr teilen sie sich mit der ihnen eigenen Kraft den Menschen mit. Die Billigungen dagegen, die sie Zustimmungen nennen, durch die die Wahrnehmungen als solche erkannt und beurteilt werden, sind ihrer Natur nach freiwillig und vollziehen sich nach Einschätzung der Menschen. Daher muß man von Notwendigkeit sprechen, wenn durch einen schreckenerregenden Laut, komme er nun vom Himmel her oder von einem Zusammensturz oder als plötzlicher Vorbote von ich weiß nicht welcher Gefahr oder irgend etwas ähnlichem dieser Art, auch der Geist eines Weisen ein wenig bewegt und durcheinandergeschüttelt wird und gewissermaßen erbleicht. Da handelt es sich nicht um eine persönliche Einschätzung eines Übels, sondern um gewisse blitzschnelle und unbewußte Bewegungen, die dem Indiensttreten von Geist und Vernunft zuvorkommen. Trotzdem billigt jener Weise bald darauf in ebendiesem Punkte diese Phantasien, die seinen Geist schrekkenden Wahrnehmungen, in keiner Weise, das heißt, er stimmt nicht zu und pflichtet nicht bei, vielmehr verwirft er sie, weist sie zurück und sieht in ihnen überhaupt nichts Furchterregendes. Und doch – so sagt man – bestehe darin der Unterschied zwischen der Geistesverfassung eines Toren und eines Weisen: daß der Tor alle die Dinge, die ihm bei der ersten geistigen Berührung grausam und hart schienen, auch wirklich so beurteilt, und diesen Eindrücken, als ob sie zu Recht zu fürchten wären, auch noch seine Zustimmung gibt und ihnen beipflichtet (dieses Ausdrucks bedienen sich nämlich die Stoiker, wenn sie über diesen Punkt Erörterungen anstellen), der Weise dagegen, mag er auch kurz und flüchtig die Farbe wechseln und die Miene verziehen, er gibt seine Zustimmung nicht, sondern er behält den Standpunkt und die Kraft seines Urteils bei, die er schon immer über Wahrnehmungen dieser Art hatte: nämlich daß sie ganz und gar nicht furchterregend seien, sondern uns nur mit trügerischem Augenschein und grundloser Furcht in Schrecken setzen.‹

In dem Buch, von dem ich sprach, lasen wir noch, daß der Philosoph Epiktet diese Meinung vertreten und ausgesprochen habe, und wir waren deshalb der Meinung, dies müsse auch schriftlich festgehalten werden, damit wir beim Eintreten von Fällen der von mir erwähnten Art stille Ängstigung und Blaßwerden nicht für Zeichen eines törichten und minderwertigen Menschen halten, vielmehr der Ansicht sind, daß wir bei einer solchen kurzen Erregung mehr einer natürlichen Schwäche nachgegeben, als daß diese Dinge ihrem äußeren Erscheinungsbild entsprächen.

PFLICHTENKONFLIKTE

›Nur dienend ehrt der Diener seinen Herrn!‹

Wenn immer es darum geht, Pflichten zu übernehmen, einzuordnen und zu beurteilen – die Philosophen sprechen hier von ›dem Zukommenden‹ –, taucht regelmäßig folgende Frage auf: Du hast einen Auftrag übertragen bekommen, und alles, was du dabei zu tun hast, wurde genauestens festgelegt. Darfst du nun dem zuwiderhandeln, wenn du die Chance siehst, den Ausgang des Unternehmens dadurch günstiger und durchaus zum Vorteil des Auftraggebers zu gestalten? – Ein zwiespältiges Problem und von den Gelehrten ganz unterschiedlich beurteilt! Es gibt nämlich nicht wenige, die sich hier einseitig festgelegt haben und keineswegs befürworten möchten, daß einer vom Auftraggeber und Oberleiter festgelegten und durchdachten Bestimmung zuwidergehandelt werden dürfe, auch wenn ein plötzlich eintretender Umstand die Möglichkeit eines noch günstigeren Ausgangs versprechen sollte. Folge davon wäre nämlich: Hätte sich diese Hoffnung als trügerisch erwiesen, müßte die Schuld des Ungehorsams und eine Bestrafung, die selbst inständige Bitten nicht abwenden dürften, in Kauf genommen werden. Anderenfalls wenn die Sache einen günstigeren Ausgang genommen hätte, dann freilich wäre zunächst Dank an die Götter fällig. Trotzdem aber möchte dadurch ein Beispiel gegeben scheinen, das zeigt, wie gründlich beratene und durchdachte Planungen zuschanden werden können, wenn die Bindung an eine übernommene Verpflichtung so einfach gelöst werden kann. Andere wieder kamen zu folgender Einschätzung: Wenn ein Unternehmen einen anderen als den befohlenen Ausgang nimmt, müßten zunächst erst einmal die zu befürchtenden Unannehmlichkeiten gegen die zu erhoffenden Vorteile abgewogen werden. Stellten sich nun im Lichte einer aussichtsreichen Hoffnung diese Nachteile als leicht und geringfügig dar, der Nutzen dagegen als bedeutender und gewichtiger, dann können – nach ihrem Urteil – gegebene Anordnungen mißachtet werden. So brauche man eine durch göttliche Fügung sich bietende Gelegenheit sich nicht entgehen zu lassen und – vorausgesetzt, man denkt die Sache genau durch – müsse nicht auch befürchten, ein Beispiel von Ungehorsam zu geben. Hauptsache jedoch bleibe ihrer Meinung nach die Berücksichtigung von Gemütsart und Charakter des jeweiligen Befehls- und Auftraggebers. Wild, grausam, zügellos und unerbittlich dürfe ein solcher nicht sein, etwa wie die militärische Disziplin von einem Postumius oder einem Manlius durchgesetzt wurde. Wäre man freilich an einen solchen Auftraggeber geraten und hätte ihm Rechenschaft zu geben, dann empfehlen sie dringend, ja nichts anderes als das Befohlene auszuführen.

Theoretische Überlegungen über derlei Aufträge und ihre Verbindlichkeit werden nun, glaub ich, an Anschaulichkeit gewinnen und besser durchdacht werden können, wenn wir uns das Beispiel des Publius Crassus Mucianus, eines angesehenen und berühmten Mannes, vorstellen können. Nach Sempronius Asellio und den meisten anderen Darstellern römischer Geschichte soll dieser Crassus über fünf der größten und bedeutendsten

Vorteile verfügt haben: er war steinreich, gehörte dem Hochadel an, war ein glänzender Redner, ausgezeichneter Rechtsgelehrter und schließlich selbst oberster Priester. Als dieser Mann nun während seines Konsulats die Provinz Asia verwaltete und sich eben anschickte, die Stadt Leukas einzuschließen und zu bestürmen, wozu er als Mauerbrecher einen stabilen und langen Balken benötigte, mit dessen Hilfe er die Mauern dieser Stadt durchstoßen konnte, schrieb er an den Stadtbaumeister der Mylattensier, die Bundesgenossen und Freunde des römischen Volkes waren, er solle dafür sorgen, daß ihm der größere der zwei Mastbäume, die er bei ihnen gesehen hatte, geschickt würde. Als nun diesem Beamten bekannt geworden war, wozu Crassus diesen Mastbaum so dringend brauchte, schickte er nicht, wie ihm befohlen, den größeren, sondern den kleineren, der seiner Meinung nach als Mauerbrecher geeigneter und passender, dazu auch leichter zu transportieren war. Crassus befiehlt, ihn rufen zu lassen, fragt ihn, warum er nicht den befohlenen Balken geschickt habe, verwirft dann alle Vernunftgründe, die dieser eindringlich vorbrachte, befiehlt, ihm die Kleider herunterzureißen, und läßt ihn mit Ruten zu Boden peitschen. Er war eben überzeugt, jede vom Befehlshaber verfügte Anordnung würde hinfällig und nichtig, wenn jeder seinen Handlungsauftrag nicht mit dem geschuldeten Gehorsam, sondern mit unerwünschtem selbständigen Nachdenken ausführen sollte.

Väter und Söhne

Der Statthalter der Inselprovinz Kreta, ein Mann von senatorischem Rang, war nach Athen gekommen, um den Philosophen Taurus zu besuchen und dabei näher kennenzulernen. Im Gefolge des Statthalters befand sich auch sein Vater. Taurus nun hatte die Masse seiner Schüler bereits unauffällig entlassen und vor seinen Privaträumen Platz genommen. Wir standen um ihn herum, und er unterhielt sich mit uns. Dann trat der Statthalter ein, begleitet von seinem Vater. Taurus erhob sich gelassen und nahm nach wechselseitiger Begrüßung wieder Platz. Sogleich wurde ein bereitstehender Sessel herbeigetragen und, während weitere Sitzgelegenheiten herangeschafft wurden, schon aufgestellt. Da forderte Taurus den Vater des Statthalters auf, Platz zu nehmen. Der aber entgegnete: »Eigentlich muß hier erst der beamtete Vertreter der römischen Staatsgewalt Platz genommen haben.« Taurus dagegen: »Einer Entscheidung soll keinesfalls vorgegriffen werden, aber setz dich doch nur inzwischen, solange wir uns mit der Frage beschäftigen, ob es angängig sei, daß du als Vater vor dem Sohn, der ein öffentliches Amt bekleidet, Platz nehmen darfst.« Als sich der Vater nun niedergelassen hatte und auch für seinen Sohn ein weiterer Sessel daneben gerückt worden war, läßt sich Taurus über diese Angelegenheit aus, wobei er Amts- und Ehrenpflichten – gute Götter – aufs genaueste gegeneinander abwägt.

Dies der Hauptinhalt seiner Worte: Vergleicht man die Rechte eines Vaters mit den Vollmachten eines Sohnes, der ein Amt ausübt, so ruhen diese Rechte in der Öffentlichkeit, bei Amtspflichten und Staatsaufträgen, für eine gewisse Zeit, sie schlummern gewissermaßen; doch wenn man, unverpflichtet durch Staatsgeschäfte, im häuslichen Lebenskreis zusammensitzt, spazierengeht oder auch zusammen eine Familienmahlzeit einnimmt, dann müßten doch wohl die offiziellen Ehrenpflichten zwischen dem Sohn, der Beamter, und dem Vater, der außer Dienst ist, zurücktreten, die natürlichen und ursprünglichen dagegen zur Geltung kommen. Er stellte fest: »Daß ihr zu mir gekommen seid, daß wir uns jetzt hier unterhalten, daß wir über Pflichtenkonflikte reden, das ist doch eine private Angelegenheit. So solltest du auch bei mir *die* Vorzugsrechte in Anspruch nehmen, die dir in eurem Hause zukommen.«

Dies und anderes der Art äußerte Taurus in freundlichem Ton und doch zugleich verbindlich. Mir dagegen scheint es nicht unpassend, hier das anzuschließen, was ich über die Pflichten eines Vaters und eines Sohnes in vergleichbarer Lage beim Claudius Quadrigarius gelesen habe. Hier also bringe ich den Wortlaut des Quadrigarius aus dem sechsten Buch seiner Jahrbücher: ›Darauf wurden zu Konsuln gewählt: Sempronius Gracchus zum zweiten Mal, und Quintus Fabius Maximus, der Sohn des Konsuls vom Vorjahr. Diesem Konsul nun kam sein Vater als Prokonsul zu Pferd entgegen. Absteigen wollte er nicht, er war ja der Vater, und die Liktoren, die ja wußten, daß zwischen beiden herzliche Eintracht herrschte, wollten ihn nicht zum Absitzen nötigen. Unmittelbar vor dem Zusammentreffen spricht dann der Konsul: ›Was denn nun?‹ Der Liktor, der zur Stelle war, begriff sofort. Er befahl dem Prokonsul Maximus abzusteigen. Fabius kommt dem Befehl nach und erteilt dem Sohn ein Lob, weil er die Würde der vom

Volke ihm übertragenen Befehlsgewalt so in Ehren hielt.‹

Bereit sein ist alles

Durchgelesen: das zweite jener berühmten drei Bücher des Philosophen Panaetius ›Von den Pflichten‹ – Marcus Tullius Cicero nahm sie sich zum Vorbild und verwandte viel Mühe darauf, sie mit großem Eifer und äußerster Sorgfalt nachzubilden. Viele, recht brauchbare Ratschläge stehen da geschrieben, besonders aber etwas, das man als geistigen Besitz erwerben und bewahren soll. Dieses ›Etwas‹ lautet nun ungefähr so:

›Im Leben von Menschen‹ – so heißt es da – ›die mitten im gesellschaftlichen Leben stehen, sich selbst behaupten und den Ihren helfen wollen, lauern ständig, ja nahezu täglich unvorhergesehene, gefährliche Amtspflichten. Mit aufmerksamen, jederzeit einsatzbereiten Sinnen gilt es, sich vor diesen Gefahren zu hüten und auch bereit zu sein, ihnen aus dem Weg zu gehen – so wie es die Athleten tun, die man die Pankratiasten, das heißt die All-Kämpfer, nennt. So wie diese, zum Kampf aufgerufen, sich mit hochgereckten Armen aufstellen, Kopf und Gesicht mit den vorgehaltenen Händen wie hinter einem Schutzwall decken und wie alle ihre Glieder, ehe der Kampf überhaupt begonnen hat, darauf eingestellt sind, Schlägen auszuweichen oder selbst Hiebe auszuteilen, genauso sollen Herz und Hirn eines lebensklugen Mannes allerorts und jederzeit mit gewalttätigen Übergriffen des launisch-widerwärtigen Geschicks rechnen: mutig, aufrecht, sicher geschützt, schlagkräftig, unnachgiebig und niemals die Augen abgewandt. Seine Entschluß- und Denkkraft soll sich schützend wie Arme und Hände vorstrecken gegen die Schläge des Schicksals und die Nachstellungen der Feinde. Dann kann uns in mißlicher Lage kein unvermuteter Überfall unvorbereitet und ungeschützt überraschen.‹

Proletarierpflichten

Eines Tages ruhten in Rom alle Amtspflichten, herrliche Freizeit war's. Entspannte, gehobene Festtagsstimmung hatte sich ausgebreitet. Mit mehreren Freunden saßen wir beieinander. Vorgetragen wurde aus einem der ›Jahrbücher‹ des Ennius, in dem folgende Verse standen:

> Mit Schild gerüstet und mit scharfem Schwert,
> auf aller Kosten, nimmt ›das ärmste Volk‹
> Wall, Markt und Stadt in feste Lagerhut.

Da erhob sich nun die Frage, was unter einem aus ›dem ärmsten Volk‹, einem ›Proletarier‹, zu verstehen sei. Und als ich in diesem Kreis einen meiner Freunde erblickte, der ein Kenner des bürgerlichen Rechts war, bat ich ihn, er möchte uns doch diesen Ausdruck erklären. Als dieser nun erwiderte, er sei im Rechtswesen, nicht aber in der Grammatik zu Hause, wandte ich ein: »Weil du ja selbst für dich in Anspruch nimmst, ein Rechtsgelehrter zu sein, darum mußt gerade du es uns sagen können. Der Quintus Ennius hat dieses Wort doch aus den ›Zwölftafeln‹, wo, wenn ich mich recht erinnere, so geschrieben steht: ›Für einen Begüterten soll als Beistand ein Begüterter bürgen, für einen unvermögenden Proletarier kann bürgen, wer will.‹ Bitte nimm also an, daß du jetzt die ›Zwölftafeln‹ liest und nicht einen Annalenband des Quintus Ennius und erkläre uns, was in besagtem Gesetz der Ausdruck *proletarius civis* bedeutet.« Antwortet jener: »Gewiß wäre ich verpflichtet, euch in dieser Sache Rede und Antwort zu stehen – wenn ich nur das Recht der Faune und der Aboriginer studiert hätte.

Da aber nun Begriffe wie ›Proletarier‹ und ›Begüterte‹ und ›Klienten‹ und ›Bürgen‹ sowie ›Hilfsbürgen‹, ›25-As-Buße‹ und ›Wiedervergeltungsrechte‹, Untersuchung von Eigentumsdelikten mit ›Schale und Binde‹ und überhaupt die ganze altertümliche Pracht der ›Zwölftafeln‹ – von Centumviral-Rechtsangelegenheiten einmal abgesehen – mit Hilfe des Aebutischen Gesetzes sanft entschlummert sind, fühle ich lediglich die Verpflichtung, Recht, Gesetze sowie diejenigen Ausdrücke zu kennen und mich um sie zu kümmern, deren wir uns heute noch bedienen.«

Da nun sahen wir den Julius Paulus vorübergehen, den zu unserer Zeit wohl gelehrtesten Dichter. Wir grüßten ihn und trugen ihm die Bitte vor, er möchte uns doch über Bedeutung und Herkunft jenes Wortes Auskunft geben. Er gab uns zur Antwort:

»Alle in der römischen Bürgerschaft Bedürftigen und Armen, die nicht über eintausendfünfhundert As bei der Vermögensschätzung angeben konnten, wurden ›Proletarier‹ genannt. Andere, die nun überhaupt kein oder nur ein äußerst geringes Vermögen besaßen, hießen ›Kopfsteuerbürger‹. Der niedrigste Besitzstand dieser Kopfsteuerbürger war mit dreihundertfünfundsiebzig As angesetzt. Weil aber allein Vermögen und Familienbesitz als eine Art Bürgschaft oder Pfand für die Gesamtgemeinde gelten konnten und auf diesen Dingen ein gewisser Verlaß auf Vaterlandsliebe und Zuverlässigkeit beruhte, wurden, außer in höchster Not, weder die Proletarier noch die Kopfsteuerbürger zum Militärdienst eingezogen, eben weil sie zu wenig oder überhaupt nichts besaßen. Doch galt, entsprechend dem Namen und der tatsächlichen Lage, der Stand der Proletarier um ein wenig ehrenvoller als der der Kopfsteuerbürger. So wurden sie auch in staatsbedrohenden Zeiten, wenn Mangel an jungen Männern herrschte, rasch zum Kriegsdienst eingezogen. Waffen erhielten sie dann aus öffentlichen Mitteln; auch wurden sie ja nicht nach der Kopfsteuer, sondern mit freundlicherer Bezeichnung nach ihrer Aufgabe und Verpflichtung, dem Schaffen von Nachwuchs, benannt. Waren sie nämlich weniger durch ihren Familienbesitz vermögend, der Allgemeinheit zu nutzen, konnten sie doch wenigstens durch reichen Kindersegen die Stadt bevölkern. Was die Kopfsteuerbürger betrifft, so soll zuerst – wie einige meinen – der Gaius Marius im Kimbernkrieg, also in für unseren Staat höchst kritischen Zeiten, oder wie vielmehr Sallust behauptet, im Jugurthinischen Krieg diese in die Heeresliste aufgenommen haben. Vor dieser Zeit soll das niemals vorgekommen sein.

›Begüterter, Ansässiger‹ dient in den ›Zwölftafeln‹ zur Bezeichnung eines reichen, spendenbereiten Bürgers, oder es leitet sich ab vom ›Geld geben‹, das meint in Notzeiten erforderliche Staatsabgaben, oder von der ›Beharrlichkeit‹, Opfer aus dem Familienvermögen zu bringen.«

Hier aber nun Sallusts Worte über den Konsul Gaius

Marius und die kopfsteuerpflichtigen Bürger aus seiner Beschreibung des Jugurthinischen Krieges: ›Unterdessen hob er selbst Soldaten aus, jedoch nicht nach der althergebrachten Art und auch nicht nach ihrem gesellschaftlichen Rang, also nach Klassen, sondern so wie ein jeder selbst Lust hatte, zumeist kopfsteuerpflichtige Bürger. Wie von einigen berichtet, geschah dies aus Mangel an brauchbarer Mannschaft, gelegentlich wird aber auch die Gunstbuhlerei des Konsuls als Begründung angegeben, der sich von dieser Gruppe hatte huldigen und erheben lassen, und weil bei einem Machthungrigen immer gilt: je ärmer desto willkommener!‹

Unerwarteter Aufstieg

Wurde da kürzlich in einer Gesprächsrunde betagter Gelehrter behauptet, nach alter Überlieferung wäre der höchste gesellschaftliche Rang von vielen Männern erreicht worden, die vordem zu den untersten und verachtetsten Schichten gezählt hätten. Nichts rief dabei soviel Erstaunen hervor wie die schriftlichen Berichte über Ventidius Bassus, einen Mann aus der Nordostecke Italiens, von niedriger Abstammung und Rang. Dieser sei zusammen mit seiner Mutter von Pompeius Strabo, dem Vater Pompeius' des Großen, gefangengenommen worden, als der im sogenannten Bundesgenossenkrieg die Asculaner unterwarf. Beim anschließenden Triumphzug dieses Pompeius Strabo sei er in der Gefangenenschar vor dem Wagen des siegreichen Feldherrn auf dem Arm seiner Mutter vorbeigetragen worden. Später, als er herangewachsen war, hätte er sich kümmerlich seinen Lebensunterhalt verdienen müssen, schließlich einen der niedrigsten Art gefunden, nämlich als Lieferant von Maultieren samt Fuhrwerken, die er als ein Staatspächter für die in ihre Provinzen reisenden Wahlbeamten zur Verfügung halten mußte. Bei diesem Geschäft habe er Bekanntschaft mit Gaius Caesar gemacht, später sei er mit ihm nach den Gallischen Ländern gezogen. Da er sich in dieser Provinz als pfiffig und anstellig erwiesen und dann später im Bürgerkrieg gar manches ihm Aufgetragene unverdrossen und eifrig ausgeführt, habe er nicht nur Caesars Freundschaft erlangt, sondern durch diese auch den höchsten gesellschaftlichen Rang erworben. Bald sei er auch zum Volkstribunen und wenig später zum Prätor bestimmt und während dieser Zeit zusammen mit Marcus Antonius vom Senat zum Staatsfeind erklärt worden, doch habe er später nach Aussöhnung der Parteien nicht allein die frühere Würde wiedererlangt, sondern auch das Priesteramt und später auch noch das Konsulat erlangt. Dies allerdings hätten die Römer nur schwer hingenommen, erinnerten sie sich doch, daß ein gewisser Ventidius Bassus sich mit der Betreuung von Maultieren kümmerlich über Wasser gehalten habe. So geschah es, daß man in den Straßen der Hauptstadt öffentlich diese Verschen angeschrieben fand:

Herbei, ihr Deuter und Erklärer all
des Vogelfluges und der Opferschau,
welch unerklärtes Wunder, frisch uns aufgetischt:
der Eselputzer wurde Konsul jetzt!

Suetonius Tranquillus berichtet uns: Dieser Bassus sei von Marcus Antonius zum Statthalter der Ostprovinzen des Römischen Reiches eingesetzt worden, und durch ihn seien die in Syrien eingefallenen Parther in drei Schlachten überwunden und zerstreut worden. Als allererster habe er einen triumphalen Sieg über die Parther errungen, darum sei ihm auch nach seinem Tode ein Staatsbegräbnis zuteil geworden.

Ruhm der Kleinen

In des Euripides Tragödie ›Hecuba‹ begegnen uns Verse, die hochberühmt sind der Kraft ihres sprachlichen Ausdrucks, der Gewalt ihrer Aussagekraft und auch ihrer treffenden Kürze wegen. Hecuba spricht dort zum Odysseus:

> Dein Rang allein, auch wenn du schimpfst und schmähst,
> er setzt sich durch, denn nicht von gleicher Kraft
> und Wirkung ist das Wort des unberühmten Manns
> wie Rede aus der Angesehnen Mund!

Als Quintus Ennius die Tragödie ins Lateinische übersetzte, hat er diese Verse gewiß recht angemessen wiedergegeben und auch mit der gleichen Anzahl von Versen, die folgendermaßen lauten:

Bewegen leicht, auch wenn du unrecht sprichst,
wirst du die Griechen; denn wo Mächtige
das Gleiche reden wie das niedre Volk:
's ist gleicher Rede ungleich doch die Kraft!

Wie schon gesagt, das hat der Ennius sehr gut gemacht. Trotzdem scheint mir bei den Formulierungen ›niedres Volk‹ und ›Mächtige‹ für griechisch ›unberühmt‹ und ›angesehen‹ der Sinn nicht befriedigend wiedergegeben; denn es sind ja weder alle aus dem niederen Volk auch unberühmt, noch sind alle Mächtigen gut angesehen.

Teure Weisheit

Dies die in alten Jahrbüchern festgehaltene Kunde von den ›Sibyllinischen Büchern‹: Kam einst ein altes Weib zum König Tarquinius dem Hochmütigen, eine Auswärtige, die keiner kannte. Neun Bücherrollen trug sie mit sich. Göttliche Weissagungen seien das, die sie zum Kauf anbieten wolle, behauptete sie. Tarquinius erkundigte sich nach dem Preis. Die Frau forderte eine übertrieben hohe, ja ungeheure Kaufsumme. Spottete der König wie über Faseleien einer Altersschwachen. Vor aller Augen rückt nun die Alte eine mit Glut gefüllte Kohlenpfanne heran, verbrennt drei der neun Bücher und fragt dabei den König, ob er denn nun die restlichen sechs zum selben Preis erwerben wolle. Tarquinius spottet noch viel derber und erklärt, die Alte sei ja ganz offensichtlich von Sinnen. An gleicher Stelle übergibt die Frau sofort drei weitere Rollen dem Feuer, und ganz freundlich verlangt sie erneut dasselbe: nämlich, er solle die verbliebenen drei Bücher zum gleichen Preis kaufen. Nun wird des Tarquinius Miene ernst, seine Aufmerksamkeit ist geweckt; begreift er doch, daß eine derartige Ausdauer und Beharrlichkeit nicht von ungefähr stammen könne. Er kauft die drei übriggebliebenen Bücher um nichts unter dem Preis, der ursprünglich für alle neun gefordert war. Unmittelbar danach verließ die Frau den Tarquinius. Auch später tauchte sie nirgendwo wieder auf. Soviel steht fest.

Die drei dem Staatsschatz anvertrauten Bücher nannte man ›die Sibyllinischen‹. Das ›Fünfzehn-Männer-Kollegium‹ befragt sie wie Orakel, wann immer die Unsterblichen in allgemeinen Angelegenheiten befragt werden müssen.

Gefährliche Künstler?

Es war da ein gewisser reicher Jüngling, ein Schüler des Philosophen Taurus, der sein Vergnügen und Ergötzen daran fand, mit Komödien- und Tragödienspielern sowie Flötenbläsern Umgang zu pflegen wie mit freien Menschen. Künstler dieser Art nannte man nun auf griechisch ›Werkleute des Dionysos‹. Taurus, der diesen jungen Mann von den Künstlerbruderschaften und vom Umgang mit Bühnenkünstlern weglocken wollte, schickte ihm folgende Stelle aus einem Buch des Aristoteles, das den Titel ›Fragestellungen zur Allgemeinbildung‹ trägt, verbunden mit der dringlichen Aufforderung, sie sich täglich vorzulesen: ›Warum wohl die Bühnenkünstler meistenteils nichts taugen? Weil sie, die den größten Teil ihres Lebens arbeiten müssen, sich nicht an wissenschaftliche Untersuchungen und an die Philosophie halten und weil sie die meiste Zeit betrunken sind oder Mangel leiden, beides aber zur Lasterhaftigkeit hinführt.‹

RECHTSFÄLLE

Frau Justitia, grausam und mild

Im ersten seiner ›Über Schönheit und Genuß‹ betitelten Bücher hat Chrysipp mit wohlgesetzten, ja geradezu ehrfurchtgebietenden Worten Mund, Augen und Miene der Gerechtigkeit nachgezeichnet, ein wirklich strenges und würdiges Wortgemälde. Entwirft er doch da ein Bild der Gerechtigkeit, das, wie er behauptet, bei alten Malern und Rednern für gewöhnlich etwa so dargestellt wurde: Äußere Gestalt und Gesamteindruck eines unberührten weiblichen Wesens, von gestrengem und furchterregendem Aussehen, mit scharfen, durchdringenden Blicken und vor allem mit einer Würde, die sich weder niedergeschlagen noch trotzig zeigt, der vielmehr eine gewisse ehrfurchtgebietende Schwermut eigen ist.

Mit dieser bildhaften Darstellung wollte er nämlich begreiflich machen, daß ein Richter, gewissermaßen als ein Priester der Gerechtigkeit, so geartet sein müsse: würdevoll, unantastbar streng, unbestechlich, für Schmeicheleien unzugänglich, gegen Schurken und Schuldige mitleidlos und unerbittlich, aufrecht, erhaben und mit Durchsetzungsvermögen, furchteinflößend durch die Kraft und Hoheit seines Gerechtigkeitssinns und seiner Wahrheitsliebe.

Chrysipps eigene Worte von der Gerechtigkeit lauten nun wie folgt: ›Von einer Jungfrau spricht man, weil zeichenhaft deutlich werden soll, daß sie unverletzlich ist, den Übeltätern in keiner Weise zu Willen noch irgendwie nachgiebig gegenüber freundlichen Worten, Vorstellungen und Bitten, Schmeichelreden oder irgend dergleichen. Dementsprechend wird sie nun auch mit entschlossenem Gesichtsausdruck, aufmerksamer Miene und mit durchdringendem Blick dargestellt. So kann sie den Gesetzesverletzern Furcht, den Gerechten Mut einflößen, und so kann ein und derselbe Anblick den einen Wohlwollen, den anderen Schroffheit ankündigen.‹

Diese Chrysipp-Worte wollte ich vordringlich in meine Sammlung aufgenommen wissen, damit sie zum Nachdenken und Beurteilen gleich zur Hand sein können. Denn als ich sie einmal vorlas, behaupteten verzärtelte Philosophenjünger, dies sei ja ein Bild der Grausamkeit, nicht der Gerechtigkeit.

Macht und Recht: Um Rhodos' Rettung

Zum Ruhme des Inselstaates Rhodos haben die günstige Lage der Insel, ihre prächtigen Bau- und Bildwerke, Erfahrung in der Schiffahrt und nicht zuletzt die Flottensiege beigetragen. Dieser Staat nun, obwohl dem römischen Volk befreundet und verbündet, hielt nichtsdestoweniger ebenso Freundschaft mit dem Makedonenkönig Perseus, dem Sohn Philipps, der mit dem römischen Volk im Kriege lag. Die Rhodier schickten des öfteren Gesandtschaften nach Rom, die diesen Krieg beilegen sollten. Sobald sich aber herausstellte, daß eine friedliche Einigung nicht zu erreichen war, äußerten sich die meisten Rhodier in den Volksversammlungen dahingehend, daß die Rhodier – wenn schon der Friede nicht vermittelt werden konnte – dem König gegen das römische Volk beistehen sollten. Ein Beschluß jedoch wurde in dieser Angelegenheit nicht gefaßt. Als aber Perseus nun besiegt und gefangen war, gab alles, was in den Versammlungen des Volkes geschehen und besprochen worden war, Anlaß zur Furcht. So schickten sie Gesandte nach Rom, die sich für die Unbedachtsamkeit einiger ihrer Volksführer entschuldigen und ihre schwankende Treue wie ihre offizielle Stellungnahme zu rechtfertigen suchen sollten. Nach Rom gelangt und im Senat vorgelassen, hielten diese Gesandten flehentliche Reden zugunsten ihrer Sache, danach verließen sie den Sitzungssaal, und der Meinungsstreit begann. Als nun ein Teil der Senatoren Vorwürfe gegen die Rhodier erhob, ihnen feindselige Gesinnung vorwarf und sich für eine Kriegserklärung aussprach, steht der Marcus Cato auf und schickt sich an, zur Verteidigung und zum Schutz der besten und treuesten Bundesgenossen, auf deren Schätze, die sie an sich reißen und selbst besitzen wollten, nicht wenige der einflußreichsten Männer in ihrem Zorn aus waren.

So hält er seine berühmte ›Zugunsten der Rhodier‹ überschriebene und ins fünfte Buch seiner Urgeschichte aufgenommene Rede, die auch einzeln im Umlauf ist.

Tiro Tullius, der Freigelassene des Marcus Cicero, war doch wohl nun gewiß ein Mann von gepflegtem Geist und keinesfalls ungebildet in Dingen der älteren Kultur und Literatur. Und diesen von Jugend an in den Fächern der höheren Bildung unterrichteten Mann nahm sich Cicero bei seinen literarischen Studien zur Unterstützung und gewissermaßen zur Beihilfe. Dieser hat sich tatsächlich mehr zugetraut als erträglich und verzeihbar, schrieb er doch allzu selbstbewußt und überschlau einen Brief an einen Vertrauten seines Patrons, Quintus Axius, in dem er sich den Anschein gibt, besagte Rede ›Zugunsten der Rhodier‹ einem so scharf- wie tiefsinnigen Urteil unterzogen zu haben. Hier einmal einige seiner Vorwürfe aus diesem Brief anzuführen, schien mir recht ratsam: Dabei wird man eher mir verzeihen, wenn ich Tiro Fehler vorwerfe, als dem Tiro, wenn er den Cato tadelt.

Seine erste Beschuldigung war nun: ›ungebildet und fehlgeleitet‹ – so drückte er es selbst aus – habe Cato sich einer recht überheblichen und allzu rauhen und vorwurfsvollen Eröffnungstaktik bedient; als er nämlich zu fürchten vorgibt, die Väter möchten aus freudigem Frohlocken über den glücklichen Ausgang der Angelegenheit sich irrige Vorstellungen über den eigenen Geisteszustand machen, nicht recht bei Trost und überhaupt nicht in der Lage sein, etwas richtig einzuschätzen und zu beraten. Tiro sagte wörtlich: ›Anwälte, die zugunsten von Beschuldigten das Wort ergreifen, sollten eingangs die Richter für sich einzunehmen und beruhigend auf sie einzuwirken suchen, sollten deren in Erwartung des zu behandelnden Rechtsfalles gespannte Gemüter durch verbindliche und bescheidene Vorstellungen besänftigen, nicht aber mit ungerechtfertigten und herrischen Drohungen vor den Kopf stoßen.‹ Dann schließt er die Eingangsworte selbst an, die folgendermaßen lauten: ›Wohl weiß ich, daß die meisten Menschen, wenn es günstig, erfolgversprechend und ertragreich um eine Sache steht, übermütig werden und daß ihr Stolz und ihr Trotz dann ständig zunimmt. Eben weil diese Aktion einen so günstigen Verlauf genommen hat, mache ich mir ja so große Sorgen, daß in der Beratung kein Fehler unterläuft, der unsere Sache, um die es so gut steht, ungünstig beeinflußt, und überhaupt, daß man in heftigem Frohlocken über die Stränge schlägt. Das Unglück legt uns Zügel an und lehrt uns, was zu tun sei, das Glück pflegt uns im Hochgefühl aus der Bahn zu treiben, weit weg von sinnvollem Beraten und Beurteilen. Mit um so größerem Nachdruck meine und rate ich dazu, diese Angelegenheit einige Tage aufzuschieben, bis wir aus übermäßigem Freudentaumel zur Selbstbeherrschung zurückgefunden haben!‹

Was Cato unmittelbar anschließend sagt, so meint Tiro, stelle ein Zugeständnis dar, keine Verteidigung und erst recht keine Abwehr oder Abmilderung eines Verbrechens, vielmehr eine auf viele andere Fälle anwendbare Verallgemeinerung, die nichts zur Klärung beitrage. Und noch darüber hinaus, so Tiro, gesteht er den Rhodiern, die ja angeklagt wurden, gegen die Interessen des römischen Volkes eine wohlmeinende und begünstigende Haltung zum König Perseus eingenommen zu haben, zu, dies alles aus Eigennutz erhofft und gefördert zu haben, damit sich nämlich nach einer Niederlage auch des Königs Perseus die Römer nicht zur Überheblichkeit, Grausamkeit und Maßlosigkeit gewöhnten. Diese eigenen Worte wählt er genau wie hier niedergeschrieben: ›Ich jedenfalls bin der Ansicht, die Rhodier haben nicht gewollt, daß König Perseus besiegt würde, auch nicht, daß wir einen so vollständigen Sieg erringen, wie wir ihn errungen haben. Doch nicht nur die Rhodier haben dies nicht gewollt, meiner Meinung nach haben dies auch viele Völker und Stämme gleichermaßen nicht gewollt; auch bin ich mir nicht sicher, ob es nicht unter ihnen welche gab, die gegen diesen Ausgang waren, aber nicht, weil wir gedemütigt werden sollten. Ihre Befürchtungen gingen nämlich dahin, wir würden tun, was immer uns gefällt, wenn es keinen mehr gäbe, den wir fürchten müßten, sie könnten unter unserer alleinigen Oberherrschaft in Abhängigkeit von uns leben müssen. Zu dieser Einstellung, glaube ich, sind sie gelangt, weil es um ihre eigene Unabhängigkeit ging. Trotzdem haben die Rhodier den Perseus niemals öffentlich unterstützt. Bedenkt, wieviel vorsichtiger wir im persönlichen Umgang vorgehen. Widerstrebt denn nicht jeder von uns, wenn er zur Ansicht gelangt, etwas entwickele sich gegen sein Interesse, mit äußerster Kraft einem widrigen Ausgang – jene Rhodier aber haben es trotzdem noch hingenommen.‹

Was nun aber den getadelten Eingangssatz betrifft, so hätte Tiro wissen müssen, daß die Rhodier allerdings von Cato in Schutz genommen wurden, aber von einem Cato, der als Senatsmitglied konsularischen und zensorischen Ranges zum allgemeinen Besten riet, nicht von einem Schutzherrn, der in einem Anklagefall zugunsten von Angeklagten das Wort nahm. Wer Angeklagte vor Richtern in Schutz nimmt und allerorts nach Milde und Barmherzigkeit spürt, braucht nämlich einen anderen Einstieg als ein Mann von höchstem Ansehen, der sich bei der Beratung einer Staatsangelegenheit im Senat über ungerechtfertigte Stellungnahmen gewisser Leute erregt und sich im öffentlichen Interesse ebenso wie im Interesse der Wohlfahrt der Bündnispartner freimütig und mit Nachdruck in gleicher Weise empört und besorgt zeigt. Das Regelwerk der Rhetorik schreibt ja als gut und nützlich vor, daß man Richter, die in fremder Sache und in einem Fall, der sich nicht auf sie selbst bezieht, zu entscheiden haben, der ihnen außer der Rechtssprechungspflicht nichts an Gefahr oder Vorteil einbringt, zur Beurteilung und zum Wohl der von ihnen Angeklagten in sanfter und umgänglicher Form versöhnlich und gnädig stimmen müsse. Wenn es aber um Ansehen, Vertrauenswürdigkeit und die gemeinsame Wohlfahrt aller geht und in einer solchen Angelegenheit entweder zu beraten ist, was zu geschehen habe, oder schon in Angriff Genommenes eventuell aufzuschieben sei, dann verschwendet derjenige, der sich, um sich wohlwollende und entgegenkommende Zuhörerschaft zu sichern, auf Eingangssätze dieser Art einläßt, fruchtlose Mühe an unnötige Worte. Denn schon die gemeinsame Aufgabe und Gefahr stimmen sie auf die Beschlußfassung ein und erfordern eigentlich mehr das Wohlwollen des Ratgebers. Aber wenn Tiro behauptet, Cato habe zugegeben, die Rhodier hätten nicht gewollt, daß der Kampf so ausgeht, wie er ausgegangen ist, auch nicht, daß König Perseus vom römischen Volk besiegt würde, ferner, daß er gesagt habe, nicht allein die Rhodier, sondern auch viele andere Völkerschaften hätten das nicht gewollt, dies tauge aber nicht, ein Verbrechen wegzuwischen oder zu verkleinern, so lügt Tiro, unredlich schon in diesem ersten Fall. Er führt Worte Catos an, und trotzdem verunglimpft er ihn mit anderen Worten. Denn Cato gesteht ja gar nicht zu, daß die Rhodier den Sieg des römischen Volkes nicht gewollt hätten, vielmehr sagt er, er sei der Meinung, daß sie ihn nicht gewollt hätten, was nun ohne Zweifel das Bekennen seiner eigenen Meinung war, nicht ein Zugeständnis der Schuld der Rhodier. Hier fehlt es, wenigstens nach meinem Urteil, nicht nur an einer Schuld, vielmehr ist es des

Lobes und der Bewunderung wert, wenn er aufrichtig und verbindlich gegen die Rhodier auszusprechen scheint, was er selbst empfand, dann aber mit dem Ruf voller Vertrauenswürdigkeit gerade das, was man für das Gegenteil hielt, abbiegt und umwandelt, so daß es darum wohl besonders gerechtfertigt wäre, daß die Rhodier dem römischen Volk annehmbarer und beliebter würden, weil sie ja – obwohl das für sie nützlich gewesen und sie durchaus wollten, daß es zugunsten des Königs ausginge – trotzdem nichts zu seiner Unterstützung getan hätten.

Später führt er aus derselben Rede diese Worte an: ›Da dies nun so verlaufen, sollen wir wechselseitige Förderungen solcher Art, sollen wir eine so starke Verbundenheit aufgeben? Was wir behaupten, daß jene es hätten tun wollen, das sollten wir nicht für uns in Anspruch nehmen dürfen, noch früher getan zu haben?‹ Diese Unterstellung, meint Tiro, sei verwerflich und fehlerhaft. Denn man hätte ja erwidern können: ›In Anspruch nehmen gewiß, denn hätten wir's nicht getan, würden wir unterdrückt, und wir würden selbst Nachstellungen zum Opfer fallen, die wir nicht vorbedacht hätten.‹ Diesen Fehler, meint Tiro, stellt Lucilius mit Recht dem Dichter Euripides in Rechnung: Als dieser den König Polyphontes sagen läßt, er habe seinen Bruder getötet, weil der vorher selbst den Entschluß gefaßt, ihn zu ermorden, verspottet ihn Merope, des Bruders Frau, mit diesen Worten:

Wenn, wie du sagst, der Gatte dich zu töten stand bereit,
drum rechtens wohl auch du, bis sich erfüllt die Zeit.

›Denn das‹, meint Tiro, ›ist doch wohl gewiß der Gipfel der Torheit, die Absicht zu hegen, nicht zu tun, was man eigentlich tun will.‹ Aber offensichtlich hat Tiro nicht bemerkt, daß nicht in allen Lagen, die Vorsicht erfordern, derselbe Fall vorliegt und daß das Unausweichliche im menschlichen Leben, die Handlungen und Pflichten, wo es um Inangriffnahme und Aufschub oder auch um Rache und Vorsicht geht, eben nicht mit einem Gladiatorenkampf gleichzusetzen ist. Denn für einen Gladiator, der zum Kampf eingeteilt ist, gibt es als vorstellbaren Ausgang des Kampfes nur: entweder zu töten, wenn er rechtzeitig zum Zuge kam, oder zu fallen, wenn er zauderte. Der Menschen Leben ist jedoch nicht auf derart ungerechte, nicht auf derart unausweichliche Notwendigkeiten hin angelegt, daß du gezwungen wärest, als erster ein Unrecht zu tun, das, tust du's nicht von dir aus, du selbst erleiden könntest.

Was der Nachsicht des römischen Volkes so fern lag, daß es oft genug übersah, die ihm zugefügten Ungerechtigkeiten zu rächen.

Darauf dann behauptet Tiro, Cato habe sich in derselben Rede wenig ehrenhafter und sehr gewagter Beweisführungen bedient, die nicht zu dem Manne paßten, der er sonst war; vielmehr seien das gerissene und trügerische Beweistricks gewesen und gewissermaßen Kunststücke griechischer Sophisten. Tiro meint: ›Obgleich nämlich den Rhodiern vorgeworfen wird, sie hätten gegen das römische Volk Krieg führen wollen, bestreitet er ihre Strafwürdigkeit mit der Begründung, sie hätten das ja nicht getan, obwohl sie's leidenschaftlich gewollt!‹ Damit habe er, Cato, seiner Meinung nach eingeführt, was die Dialektiker Induktion nennen, ein sehr hinterhältiger und sophistischer, mehr auf das Hereinlegen als auf Wahrheitsfindung abzielender Redetrick, da er versucht, mit täuschenden Beispielen einsichtig zu machen und zu bekräftigen, daß es ungerecht sei, einen, der schlecht handeln wollte, zu bestrafen, es sei denn, er hätte auch getan, was er tun wollte. Dies nun sind die Worte aus dieser Rede des Marcus Cato: ›Wer sich sehr hart gegen diese Leute ausdrückt, der sagt: ‚Sie hätten Feinde werden wollen'. Wen gibt es denn aber unter euch, der in eigener Sache für gerechtfertigt hielte, aus diesem Grund zu strafen, weil ihm nachgewiesen wird, schlecht handeln gewollt zu haben? Keiner, glaub ich. Was mich betrifft, ich möchte es nicht.‹ Drauf ein wenig später sagt er: ›Was denn nun? Gibt es denn ein so hartes Gesetz, das besagt: ‚Wenn einer dies zu tun willens war, dessen Strafe soll sein ...' Wenn einer mehr als fünftausend Joch hat haben wollen, dessen Strafe soll sein ...; wenn einer mehr Vieh besitzen wollte, der soll ... büßen müssen? Wir dagegen wollen von allem mehr haben, doch bleibt uns das unbestraft.‹ Später spricht er dann so: ›Wenn's aber nicht gerechtfertigt ist, die Ehre zu behaupten, weil einer beteuert, er hätte gut handeln wollen, es aber trotzdem nicht getan, soll es dann den Rhodiern angerechnet werden, daß sie nicht schlecht handelten, sondern daß man ihnen nachredet, sie hätten es aber gewollt?‹ Mit solchen Beweisführungen, behauptet Tiro Tullius, habe Marcus Cato erstrebt und erreicht, daß auch die Rhodier ungestraft bleiben mußten, weil sie zwar Feinde des römischen Volkes hätten sein wollen, daß sie's aber gar nicht gewesen seien. Es könnte aber, meint er, nicht übersehen werden, daß es weder vergleichbar noch ähnlich sei, mehr als fünfhundert Joch haben zu wollen, was ja ein Volksbeschluß des Stolo verhindert, und einen ungerechten und ruchlosen Krieg gegen das römische Volk führen zu wollen. Weiterhin könne dann ebenso nicht behauptet werden, daß ein Fall Belohnung, der andere aber Bestrafung fordere. ›Zugesagte Vergütungen‹, sagt er, ›müssen abgewartet werden, sie dürfen nicht vergolten werden, ehe sie erwiesen sind; sich vor zu erwartenden Ungerechtigkeiten jedoch zu hüten, anstatt sie abzuwarten, das ist eine gerechte Sache. Denn‹, sagt er, ›es ist doch das höchste Zugeständnis an die Torheit, nichts gegen geplante Verbrechen zu unternehmen, sondern sie ruhig abzuwarten, damit sie, wenn sie ins Werk gesetzt und durchgeführt wurden, dann nämlich, wenn das Geschehene nicht mehr ungeschehen gemacht werden kann, bestraft werden.‹ Soviel Tiro gegen Cato, durchwachsen zwar und gewiß auch nicht haltlos. Cato führt aber doch diese Induktion keinesfalls losgelöst und ungedeckt ein. Er sichert sie auf vielerlei Art ab, umkleidet sie mit mancherlei Beweismaterial, und – weil er den Rhodiern nicht mehr als dem eigenen Staatswesen zugute riet, hielt er nichts in dieser Angelegenheit Gesagtes und Getanes für schimpflich, daß er sich nicht auf jedem erdenklichen Weg der Meinungsbildung zur Rettung der Bundesgenossen bemühte. Nun untersucht er zunächst recht geschickt, was weder durch Naturrecht noch durch Völkerrecht untersagt wird, sondern durch Rechtsprechung vermittels von Einzelgesetzen, die zur Abstellung eines einzelnen Übels oder aus Zeitumständen erlassen wurden, wie es ja bei der Begrenzung der Viehzahl und des Ackerumfangs der Fall ist. In diesen Fällen ist das Untersagte auf dem Gesetzeswege verboten. Es trotzdem tun zu wollen, als wenn's erlaubt wäre, das ist nicht ehrenrührig. Dieser Fall nun gleicht sich allmählich einem anderen an, mischt sich mit dem, was weder zu tun noch zu wollen ehrenhaft ist.

Damit nun nicht offenkundig wird, daß der Vergleich hinkt, unternimmt er gleich darauf mehrere Vorstöße zur Verteidigung, wobei er jene feinen und ausgetüftelten Verweigerungsformen bei unerlaubten Dingen – worüber die Philosophen in ihrer Freizeit schwätzen – keinesfalls hoch einschätzt; er bemüht sich lediglich mit voller Kraft, daß die Rechtssache der Rhodier – die Aufrechterhaltung der freundschaftlichen Beziehungen lag im Interesse des Staates! – entweder als gerechtfertigt oder wenigstens als entschuldbar angesehen würde. Aber einmal behauptet er nun, die Rhodier hätten weder Krieg geführt noch führen wollen, ein anderes Mal, allein die Taten zählten und könnten beurteilt werden, die bloßen Absichten dagegen seien weder vor dem Gesetz zu verantworten noch strafbar. Nichtsdestoweniger fordert er gelegentlich Nachsicht, so als ob er zugäbe, daß sie sich vergangen hätten, und belehrt darüber, daß unter Menschen Akte der Verzeihung nützlich seien, und für den Fall, daß sie keine Verzeihung übten, stachelt er die Furcht vor Umsturzversuchen im Staat an. Ganz im Gegenteil dazu aber zeigt er, daß, wenn Nachsicht geübt wird, die Größe des römischen Volkes bewahrt werden würde.

Im Senat war den Rhodiern damals neben anderem auch der Vorwurf strafwürdiger Überheblichkeit gemacht worden. Von diesem Vorwurf nun reinigt Cato die Rhodier mit spielender Leichtigkeit durch eine wundervolle, nahezu göttliche Art von Einwand. Den ganzen Wortlaut will ich deshalb aufnehmen, weil Tiro ihn ausgelassen hat: ›Man hält den Rhodiern ihren Hochmut vor, und dies ist etwas, das ich mir und meinen Kindern am allerwenigsten nachgesagt wissen möchte. Laßt sie doch immerhin hochmütig sein! Was muß uns das kümmern? Wollt ihr euch etwa darüber aufregen, daß euch einer im Hochmut noch übertrifft?‹ Nun kann es aber doch in der Tat keinen gewichtigeren und durchschlagenderen Vorwurf der Verteidigung gegenüber überstolzen Menschen geben, die hochmütigen Stolz im eigenen Fall entschuldbar, bei anderen aber verwerflich finden. Und außerdem ist ja deutlich erkennbar, daß an jeder Stelle dieser Cato-Rede das gesamte Rüstzeug und alle verfügbaren Hilfsmittel der Redekunst eingesetzt sind, jedoch nicht so, wie man's bei Schauspielerumzügen oder lächerlichen Scheingefechten gewöhnlich beobachten kann. Denn, wie ich schon sagte, hier geht es nicht sauber abgegrenzt, gefällig und wohlklingend zu, sondern ganz wie in einem noch unentschiedenen Gefecht, wenn nach Auflösung der Schlachtreihe an verschiedenen Stellen mit wechselndem Kriegsglück gekämpft wird; genau so setzt Cato in diesem Rechtsfall, wo der berüchtigte Hochmut der Rhodier Gegenstand des Hasses und des Neides der großen Menge wurde, unterschiedslos alle Schutz- und Verteidigungsmittel ein: empfiehlt sie hier aufs höchste, läßt sie dort als Unschuldslämmer erscheinen, dann wieder tadelt er den Anschlag auf ihr Hab und Gut, bald entschuldigt er sich für sie, als läge nur ein Irrtum vor, bald stellt er sie als unersetzlich fürs Allgemeinwohl hin, einmal erinnert er an die Güte und Milde der Vorfahren, ein andermal an Nützlichkeitserwägungen. Vielleicht hätte dies alles nun auch noch klarer und wohlklingender ausgedrückt werden können, eindringlicher und lebendiger aber wohl kaum. Tiro Tullius ist also im Unrecht, wenn er aus dem Schatzhaus dieser glänzenden Rede, wo alles zueinander paßt und aufeinander abgestimmt ist, irgendeine Kleinigkeit als Vorwurf herauspickte, als ob es eines Marcus Cato unwürdig gewesen, daß er nicht ausgeführte, sondern nur beabsichtigte Vergehen als nicht strafwürdig beurteilt.

Diese meine Ausführungen, die ich dem Tullius Tiro entgegenhalte, wird man angemessener und vernünftiger einschätzen und beurteilen, wenn man einerseits die Rede Catos in vollständiger Fassung zur Hand nimmt und sich andererseits die Mühe macht, den Brief Tiros an Axius ausfindig zu machen und gründlich durchzulesen. Dann erst wird man nämlich meinen Standpunkt aufrichtig und überzeugend finden, ihn berichtigen oder anerkennen können.

›Partei! Partei! Wer sollte sie nicht nehmen . . .‹

Unter den uralten, in Athen in Holzbohlen eingekerbten Gesetzen des Solon – die Athener suchten diesen Gesetzen, weil sie noch von Solon selbst stammten, durch Strafandrohungen und Eidespflichten immerwährende Gültigkeit zu sichern –, unter diesen Gesetzen soll sich, wie Aristoteles berichtet, auch die Aufzeichnung eines Gesetzes befinden, das ungefähr folgendermaßen lautet:

›Führen Zwietracht und Meinungsverschiedenheit unter dem Volk zu Aufruhr und Spaltung in zwei Interessengruppen, erhitzen sich aus diesem Anlaß die Gemüter, greifen beide Parteien zu den Waffen, kurz, kommt es zum Kampf: dann soll jeder, der sich in einer solchen Zeit offener Auseinandersetzung unter Bürgern nicht einer der beiden Gruppen anzuschließen wagt, sondern sich als Einzelgänger diesem der gesamten Bürgerschaft drohenden Mißgeschick zu entziehen versucht, auf Haus, Vaterstadt und sein gesamtes Vermögen verzichten müssen, verbannt und vertrieben soll er sein!‹

Nach der Lektüre dieses Gesetzes des mit seltener staatsmännischer Klugheit begabten Solon waren wir zunächst einmal alle wie in lähmender Verwunderung befangen. Fragten wir uns doch, warum er gerade diejenigen bestraft wissen wollte, die sich Aufruhr und öffentlichem Krawall ferngehalten hatten. Dann aber erklärte uns einer, der Nutzen und Sinn dieses Gesetzes tiefer und gründlicher durchschaut hatte: Dieses Gesetz diene nicht der Förderung, sondern der Eindämmung des Aufruhrs. Und so verhält es sich ja nun auch tatsächlich: Hätten nämlich alle Rechtschaffenen – die anfangs freilich gar nicht in der Lage waren, des Aufruhrs Herr zu werden – die erregte und betörte Volksmenge nicht im Stich gelassen, sich vielmehr einer der beiden Gruppierungen angeschlossen, dann müßte es – immer unter der Voraussetzung, daß jeder Partei ergriffen und die beiden Lager sich erst einmal darauf eingelassen hätten, von ihnen als den Männern mit dem höheren Ansehen besänftigt und geführt zu werden – dann müßte es ja zwangsläufig dahin kommen, daß gerade durch sie Eintracht wiederhergestellt und Einvernehmen erzielt werden kann. Würden sie doch dort, wo sie jeweils stehen, die Führung übernehmen und Mäßigung bewirken, und andererseits auch viel mehr der Gegner Wohlergehen wünschen als ihren Untergang.

Nach Meinung des Philosophen Favorin müßte solches Verhalten nun auch im Verkehr unter entzweiten Brüdern und Freunden Platz greifen. Alle, die hier als wohlwollende Vermittler zwischen zwei Fronten stehen, sollten sich, wenn sie als unzuverlässige Freunde beargwöhnt sich bei einem Schlichtungsversuch nicht durchsetzen konnten, entschlossen der einen oder der anderen Partei zugesellen. Das wäre ein wirkliches Verdienst, und eben dadurch könnten sie sich einen Weg zur Aussöhnung beider Parteien offenhalten. »Heutzutage jedoch« – so sagte er wörtlich – »meinen die Freunde der jeweiligen Streitpartner recht zu handeln, wenn sie die zwei Streithähne im Stich lassen, sie aufgeben und böswilligen oder geldgierigen Advokaten in die Arme treiben, die ihren Streit und ihre Gemüter aus Haß oder Gewinnsucht noch mehr anfachen.«

Drei Grundsätze der Strafjustiz

Für die Bestrafung von Vergehen dürfen nach allgemein gültiger Ansicht drei Begründungen angeführt werden. Eine Begründung besteht darin, daß Strafe zur Zurechtweisung und zur Besserung angewandt wird, griechisch nennt man das ›Züchtigung‹ oder ›Ermahnung‹, damit, wer versehentlich fehlt, in Zukunft aufmerksamer und wirklich gebesserter wird.

Eine andere Begründung ist diejenige, die übergenaue Begriffsspalter griechisch als ›Rache‹, ›Buße‹ bezeichnen. Auf diesen Fall muß man erkennen, wenn es Würde und Ansehen eines Geschädigten zu schützen gilt; die Unterlassung einer solchen Feststellung könnte ja dessen

Verächtlichmachung hervorrufen und zur Minderung seines Ansehens beitragen. Darum, glaubt man, sei die Bezeichnung geschaffen, die sich auf Wahrung der Ehrenrechte bezieht.

Eine dritte Strafart, von den Griechen ›Beispielfall‹ genannt, ist dann am Platz, wenn eine Bestrafung wegen der Vorbildwirkung notwendig ist; in diesem Fall sollen die übrigen von ähnlichen Straftaten, deren Verhinderung in öffentlichem Interesse liegt, durch Furcht vor der zuerkannten Strafe abgeschreckt werden. So pflegten ja unsere Altvorderen gerade bei den schwersten und härtesten Strafen von ›Beispielen‹ zu sprechen. Darf man aber nun die begründete Hoffnung haben, daß entweder sich der Sünder auch ohne Strafe von selbst bessert, oder andererseits zwar keinerlei Hoffnung auf Wiedergutmachung und Besserung besteht, aber auch nicht befürchtet werden muß, daß der Geschädigte an Würde einbüßt, oder letztlich das Vergehen nicht von der Art ist, daß aus erklärlicher Furcht ein warnendes Beispiel notwendig wird, dann scheint in diesen Straffällen doch gewiß das Verhängen einer Strafe unangemessen zu sein.

Diese drei Vergeltungsregeln haben andere Philosophen vielerorts, aber auch unser Taurus in seinem ersten Kommentar, den er zum ›Gorgias‹ des Plato zusammengestellt hat, schriftlich niedergelegt. Plato selbst freilich sagt ganz offen, es gäbe nur zwei Strafgründe: den erstgenannten zwecks Besserung, den anderen, den wir an die dritte Stelle setzten, aus Furcht vor einer Vorbildwirkung. Die Worte Platos aus seinem ›Gorgias‹ lauten wie folgt: ›Dies gilt aber für jeden einer Strafe Verfallenen, der von einem anderen mit Recht bestraft wird, daß er entweder selbst besser wird und Vorteil davon hat, oder daß er den übrigen zum Beispiel dient, damit andere, welche ihn leiden sehen, was er leidet, sich aus Furcht bessern.‹ Diesen Worten kannst du entnehmen, daß Plato ›Buße‹ nicht in dem Sinn verwendet, wie es – wie ich oben schrieb – einige tun, sondern so, daß es ununterschieden von jeder Bestrafung gesagt werden kann. Ob er aber nun die Schutzbedürftigkeit der verletzten Menschenwürde wie einen ganz geringfügigen und verachtenswerten Strafgrund übergangen hat oder ob er ihn für einen in seinem Fall nicht erwähnenswerten beiseite ließ, da er von Strafen schrieb, die nicht im Leben und unter lebenden Menschen Platz haben, sondern erst nach der Lebenszeit zu erleiden sind, das will ich unentschieden lassen.

Mein und dein

Der Athener Drakon galt als charakterfester Mann mit ausgedehnten Kenntnissen, erfahren in der Auslegung göttlichen und menschlichen Rechts. Dieser Drakon nun gab als allererster Gesetze, die bei den Athenern in Geltung waren. In seinen Satzungen war unwiderruflich und mit unerbittlicher Strenge entschieden, daß ein Dieb, gleichgültig was immer er stiehlt, mit dem Tode zu bestrafen sei. Die meisten anderen Bestimmungen waren von ähnlicher Härte. Dieses Mannes Gesetze nun, weil sie so unangemessen hart schienen, traten nicht durch Beschluß und Anordnung außer Kraft, sondern nur durch stillschweigende Übereinkunft der Athener ohne schriftliche Festlegung. In späterer Zeit bedienten sie sich anderer, milderer Gesetze, die von Solon ausgearbeitet waren. Dieser Solon war einer der berühmten Sieben Weisen. In seinem Gesetz gegen Diebe erkannte dieser nicht wie vormals Drakon auf Tod, sondern nur auf doppelten Ersatz als Strafe.

Unser Zehn-Männer-Kollegium dagegen, das nach der Königszeit gültige und vom römischen Volk angewandte Gesetze in den ›Zwölftafeln‹ niedergelegt hat, entschied sich für eine Rechtsausübung, die bei der Bestrafung von Dieben aller Art weder die gleiche übermäßige Härte noch allzu nachgiebige Milde zeigte. So gestatteten sie bei einem auf frischer Tat ertappten Dieb die Todesstrafe nur, wenn zur Tatzeit Nacht war oder der Dieb sich bei der Ergreifung am Tage mit einer Waffe zur Wehr setzte. Von den übrigen offenkundigen Dieben sollten, wenn sie's nur bei Lichte verübt und sich nicht tätlich widersetzt hatten, die Freien ausgepeitscht und den Bestohlenen überlassen werden. Im gleichen Fall würden bei offenkundigem Diebstahl ertappte Sklaven ausgeprügelt und vom Felsen herabgestürzt. Kinder jedoch und Unmündige sollten nach Ermessen des Praetors ausgepeitscht und der von ihnen verursachte Schaden ersetzt werden. Auch die durch ordnungsgemäße Haussuchungen aufgedeckten Diebstähle straften sie wie die offenkundig gewordenen.

Heutzutage ist man von jenem ›Zehn-Männer-Recht‹ abgekommen. Danach hat ein Bürger, wenn er im Falle offenkundigen Diebstahls ein Verfahren nach Recht und Satzungen verlangt, die Möglichkeit, vierfachen Ersatz zu fordern. Ein offenkundiger Diebstahl verlangt – nach Masurius – eine Aufdeckung während der Tat. Als abgeschlossen gilt er, wenn das Diebesgut an seinem Bestimmungsort angelangt ist. Für beabsichtigten Diebstahl wie für in Auftrag gegebenen gilt die dreifache Strafe. Wer lesen möchte, was unter ›in Auftrag gegebenem‹ und was unter ›beabsichtigtem‹ Diebstahl zu verstehen sei und was alles sonst noch nach gutem altem Brauch diesbezüglich in Kraft war und als durchaus wissenswert und ergötzlich gelten darf, der wird zum Buche des Sabinus greifen, das den Titel trägt ›Über Diebstähle‹. Dort steht auch vermerkt, daß es – was man gemeinhin nicht vermutet – Diebstahl nicht nur von Menschen und beweglichen Gütern gibt, die heimlich weggeschleppt oder entwendet werden können, sondern auch von Grundstücken und Häusern. So sei auch ein Pächter wegen Diebstahls verurteilt worden, der durch den Verkauf des nur gepachteten Bodens den Verfügungsberechtigten um seinen rechtmäßigen Besitz gebracht hatte. Aber dies hier nimmt sich noch unwahrscheinlicher aus: Sabinus teilt mit, es sei einer als Menschendieb verurteilt worden, weil er sich dazwischenstellte, als ein Sklave vor den Augen seines Herrn flüchtig wurde und er diesen durch schwungvolles Überwerfen der Toga den Blicken des Herrn entzogen habe. Alle übrigen Diebstähle sodann, die man als ›nicht offenkundige‹ bezeichnet, belegte man mit der doppelten Strafsumme.

Auch erinnere ich mich, beim keinesfalls unkundigen Rechtsgelehrten Aristo gelesen zu haben, bei den alten Ägyptern, einem Menschenschlag, der anerkanntermaßen als erfindungsreich und kunstfertig in allen Kunstarten und beim Einschätzen und Ausspüren von Tatbeständen als scharfsinnig galt, bei diesen alten Ägyptern seien alle Diebstähle erlaubt gewesen und unbestraft geblieben.

Auch bei den Lakedaimoniern, jenen nüchternen und

gradlinigen Männern – hier bedarf's nicht wie bei den Ägyptern weitausschweifender Bezeugung –, sprachen nicht wenige und keinesfalls unangesehene Schriftsteller, die über deren Gebräuche und Gesetze Kunde festhielten, vom Recht und Brauch des Bestehlens. Dieses sei von Jugend an gestattet, zwar nicht zum Zwecke schimpflichen Gewinns und nicht zur Befriedigung von Gelüsten und zum Besitzerwerb, vielmehr sei es als Übung und Vorbereitung zum Kriegsdienst eingerichtet, weil fach- und gewohnheitsmäßiges Stehlen die Geister der jungen Menschen schärfe und härte, sie auch anhalte, überlegt-listigen Hinterhalt zu legen, Nachtwachen durchzuhalten und überraschend zuzupacken.

Marcus Cato beklagt sich in seiner Rede, die er ›Über die Beuteverteilung bei Soldaten‹ verfaßte, so leidenschaftlich wie eindringlich über die Zügellosigkeit und Frechheit, mit der öffentliche Mittel veruntreut wurden. Seine Worte habe ich hier notiert, weil sie mich außerordentlich beeindruckt haben. Er sagt: ›Wer sich an Privateigentum vergreift, muß gefesselt im Kerker schmachten, wer sich öffentliche Mittel aneignet, stolziert in Gold und Purpur einher!‹

Wie behutsam und gewissenhaft kluge Leute festgelegt haben, was ›Diebstahl‹ eigentlich sei, sollte, glaube ich, nicht übergangen werden. Niemand soll nämlich nur den für einen Dieb halten, der im verborgenen etwas an sich brachte oder es heimlich mitgehen hieß. Die Formulierung des Sabinus aus dem zweiten Buch des ›Bürgerlichen Rechts‹ lautet: ›Wer fremdes Eigentum antastet, obwohl er annehmen muß, dies gegen den Willen des Eigentümers zu tun, gilt als des Diebstahls überführt.‹ Ebenso an einem anderen Abschnitt: ›Wer fremdes Eigentum stillschweigend an sich bringt, um sich daran zu bereichern, macht sich des Diebstahls schuldig, gleichgültig, ob er den Eigentümer kennt oder nicht.‹

So schreibt Sabinus in seinem eben von mir erwähnten Buch über mit diebischer Absicht entwendete Gegenstände. Wir sollten aber bedenken, daß man – wie ich oben schon festhielt – auch dann schon von Diebstahl reden kann, wenn keinerlei Berührung stattfindet, sondern nur Gedanken und Absicht vorhanden sind, einen Diebstahl zu begehen. Und so zweifelt Sabinus nicht einmal daran, einen Sklavenhalter als eines Diebstahls schuldig zu befinden, wenn der seinem Sklaven den Auftrag gab, einen Diebstahl zu begehen.

Späte Entscheidung

Dem Gnaeus Dolabella wurde, als er Prokonsul der Provinz Asia war, eines Tages eine Frau aus Smyrna vorgeführt. Diese Frau hatte mittels einer heimlichen Dosis Gift Mann und Sohn gleichzeitig ums Leben gebracht. Ihre Täterschaft gab sie offen zu, erklärte aber, sie habe zu dieser Tat Grund gehabt. Hätten doch diese beiden, der Mann und der Sohn, ihrem so untadeligen und unverdorbenen anderen Sohn aus früherer Ehe hinterlistig aufgelauert und ihn getötet. Der gesamte Tatbestand wurde nicht bestritten und war gar nicht Gegenstand der Auseinandersetzung.

Dolabella brachte den Fall vor sein Ratskollegium. Kein einziger aus dieser Schar hatte den Mut, in einem so zwielichtigen Fall ein Urteil vorzuschlagen. Durfte einerseits der eingestandene Giftmord, dem Mann und Sohn zum Opfer gefallen, nicht unbestraft bleiben, so hätte dieser Racheakt andererseits als durchaus angemessene Strafe für zwei Verbrecher gelten können. Dolabella überwies den Fall nach Athen an die Areopagiten als an die durch ihr Ansehen und ihre Erfahrung überlegenen Richter. Die Areopagiten prüften den Fall und entschieden so: Nach Ablauf von hundert Jahren sollten sich der Ankläger der Frau und die Angeklagte selbst wieder vor Gericht einfinden. Auf diese Weise blieb weder der Giftmord der Frau straffrei – das lassen die Gesetze nicht zu –, noch wurde eine Frau schuldig gesprochen und bestraft, die Verzeihung verdient hatte.

Diese Erzählung steht aufgezeichnet im neunten Buch der ›Denkwürdigen Taten und Aussprüche‹ des Valerius Maximus.

Wie rettet man einen Freund?

So steht es geschrieben in den Büchern der um das Verständnis von Leben und Werk angesehener Männer bemühten Schriftsteller: Chilo, der Lakedaimonier, ein Mann aus der rühmlichen Weisenrunde, soll am Ende seines Lebens, schon fast in den Fängen des Todes, zu seinen Freunden, die ihn umstanden, also gesprochen haben: »Auch ihr könnt mir vielleicht bestätigen«, sprach er, »daß es in meinem langen Leben kaum ein Wort oder eine Tat gibt, deren ich mich schämen muß. Sogar in diesem Augenblick bin ich mir sicher, nichts getan zu haben, das mir in der Erinnerung schmerzlich sein müßte; ausgenommen vielleicht den einen Fall, wo ich mir noch nicht im klaren bin, ob ich recht oder unrecht gehandelt habe. Als Richter hatte ich einmal zusammen mit zwei Kollegen über das Leben eines Freundes zu entscheiden. Nach geltendem Recht gab es keine Möglichkeit, das Todesurteil zu umgehen. Entweder mußte der Freund mit seinem Kopf büßen, oder das Recht mußte bewußt umgangen werden. Nun erwog ich hin und her, wie ein so verwickelter Fall gütlich zu schlichten sei. Der Ausweg, zu dem ich mich endlich durchrang, schien vor anderen der günstigste zu sein: Ich selbst überwand mich stillschweigend zum Todesurteil, meine Mitrichter hingegen überredete ich zum Freispruch. So hielt ich in einer für mich heiklen Lage Richter- wie Freundespflichten gleichermaßen für erfüllt. Eines aber quält mich an dieser Entscheidung noch heute: Ich fürchte, es grenzt an Verrat und Schuld, in gleicher Sache, zu gleicher Zeit, in einer öffentlichen Angelegenheit anderen das Gegenteil von dem empfohlen zu haben, was ich selbst für mich als das beste ansah.«

Selbst dieser Chilo, ein Mann von so gefestigter Lebensklugheit, zweifelt also, wie weit man zugunsten eines Freundes gegen Gesetz und Recht gehen dürfe – und dieser Fall quälte ihn innerlich noch unmittelbar vor seinem Ende. Noch viele Jünger der Philosophie haben in späteren Zeiten – in ihren Schriften kann man es nachlesen – mit großem Eifer und Einfühlungsvermögen Untersuchungen darüber angestellt, ›ob man‹ – um mich ihrer eigenen schriftlich fixierten Formulierung zu bedienen – ›dem Freund gegen die Gerechtigkeit Beistand leisten dürfe, wie weit man dabei gehen dürfe und in welchen Fällen überhaupt‹. Diese griechischen Worte machen deutlich, daß diese Männer die Frage bewegte, ob man unter Umständen gegen Recht und Brauch für einen Freund eintreten dürfe, für welche Umstände dies gelte und wie weit man dabei gehen könne. Wie ich schon erwähnte, sind hierüber von vielen anderen, besonders eingehend aber doch wohl von Theophrast, dem maßvollsten und gelehrtesten Mann der Peripatetiker-Schule, Untersuchungen angestellt worden. Dessen Erörterung ist, wenn ich mich recht erinnere, in seinem ersten Buch ›Über die Freundschaft‹ niedergelegt. Dieses Buch scheint dem Marcus Cicero vorgelegen zu haben, als er seinerseits ein Buch ›Über die Freundschaft‹ verfaßte. Nun hat er zwar, ganz wie es seinem Verständnis und seiner Gewandtheit im Ausdruck entsprach, alles übrige, was er von Theophrast glaubte entlehnen zu dürfen, mit sehr viel Takt und Geschmack übernommen, allein diese – ich erwähnte es schon – so ausgiebig erörterte Stelle hat er als die wohl schwierigste des gesamten Stoffgebiets nur knapp und flüchtig berührt, mithin also das unausgeführt gelassen, was Theophrast genauestens erwogen und im wesentlichsten Punkt erfaßt hatte. Vielmehr hat er die jener Erörterung eigene Ängstlichkeit, ja gleichsam krankhafte Genauigkeit ganz beiseite gelassen und das Wesentliche der Sache nur mit wenigen Worten berührt. Für den Fall, daß sich ein Leser ein eigenes Urteil bilden will, schließe ich den Wortlaut Ciceros hier an: ›Folgende Wesensmerkmale sollen – glaub ich – für die Freundschaft gelten. Einwandfreie Charakterhaltung der Partner vorausgesetzt, darf zwischen ihnen schlechthin alles, Pläne wie Wünsche, ohne jede Ausnahme gemeinsam sein, so daß auch, wenn es in einem Ausnahmefall um Kopf und Kragen oder um die Ehre geht, weniger gerechtfertigte Wünsche von Freunden zu unterstützen, auch einmal ein Abweichen von der Linie erlaubt sein mag. Nur darf daraus nicht gerade die allergrößte Schande erwachsen; denn irgendwie darf man der Freundschaft schon etwas zugute halten‹. – Geht es also um Leben und Ehre eines Freundes, dann darf man sich nach Ciceros Meinung dahingehend eine Abweichung erlauben, daß wir auch einmal eins seiner zweifelhaften Vorhaben unterstützen mögen. Wie aber nun eine solche Abweichung vorzustellen sei, was man zur Unterstützung unternehmen und in welchem Ausmaß des Freundes Vorhaben der allgemeinen Billigung entbehren dürfe – das sagt er uns nicht!

Zu wissen, ich dürfe, wenn es mir nicht allzugroße Schande einbringt, schon einmal vom rechten Weg abweichen, das nützt mir, wenn Freunde in Schwierigkeiten dieser Art sind, überhaupt nichts; es sei denn, es wird mir erklärt, wie groß denn seiner Meinung nach die Schande sein darf, und wenn ich schon vom Weg abweiche, wie weit diese Abweichung gehen darf. Wie sagt er doch? ›Irgendwie darf man der Freundschaft schon etwas zugute halten.‹ Das ist es aber doch gerade, was es zu lernen gilt und was von den Lehrern am wenigsten zu erfahren ist: wie weit und zu welchem Ende man der Freundschaft etwas zugute halten dürfe.

Chilo, der Weise, von dem ich eingangs sprach, verließ den Weg des Rechts, um seinen Freund zu retten. Aber in seinem Fall kann ich klar erkennen, wie weit er abgewichen ist. Er gab nämlich, um den Freund zu retten, einen unerlaubten Rat. Und doch kamen ihm noch an seinem Lebensende Zweifel, ob man ihm deshalb nicht berechtigte Vorwürfe machen und ihn sogar beschuldigen könne. Sagt Cicero: ›Die Waffen gegen sein

Vaterland erheben, das darf man auch einem Freund zuliebe nicht.‹ Das hat nun aber noch keiner bestritten, auch schon ›vor des Theognis Tagen‹, wie sich Lucilius ausdrückt. Mein dringliches Fragen richtet sich aber gerade auf diesen einen Punkt: Wenn ich mich, ohne freilich die allgemeine Freiheit und den öffentlichen Frieden zu gefährden, gegen Recht und Brauch für den Freund einsetze und wenn schon, wie Cicero selbst sagt, vom Weg des Rechts abgewichen werden darf, dann will ich auch genau wissen, was ich tun darf, in welchem Umfang, in welchem Fall überhaupt und welche Grenze ich dabei nicht überschreiten darf.

Da hat der Athener Perikles, ein hervorragend begabter und auf allen Wissensgebieten wohlunterrichteter Mann, seine Meinung zwar nur an einem Einzelbeispiel, aber doch sehr einleuchtend dargelegt. Als ihn nämlich in einem persönlichen Rechtsstreit ein Freund um einen Meineid bat, bediente er sich ihm gegenüber dieses Ausspruchs:

> Den Freunden beizustehn, das ist wohl Pflicht;
> doch müssen mit im Bund die Götter sein!

Theophrast hat sich in seiner von mir schon erwähnten Schrift eingehender über diesen Gegenstand ausgelassen, viel genauer und ausführlicher als Cicero. Aber selbst er belehrt uns nicht durch eine Beurteilung von Einzelfällen, auch führt er als Beleg keine konkreten Beispiele an, vielmehr bezieht er sich in abgekürzter und ganz allgemeiner Form auf die Hauptpunkte, etwa folgendermaßen:

›Geringfügigen und unbedeutenden Schimpf und

Nachrede muß man eben auf sich nehmen, wenn dem Freund dadurch großer Nutzen erwachsen kann. Wird doch die leichte Schmälerung unseres Ansehens aufgewogen und ausgeglichen durch anderes, weit höheres und gewichtigeres Ansehen, das uns geleistete Freundeshilfe einbringt, und der winzige Schandfleck, gewissermaßen die Bresche in unserer Ehre, wird wieder beseitigt durch all den Nutzen, den wir für den Freund stiften konnten.‹ Theophrast führt weiter aus: ›Wir wollen uns auch nicht durch Einwände bestimmen lassen, nach denen mein ehrbarer Ruf und der Nutzen meines Freundes ihrem Wesen nach nicht vergleichbar seien, denn derlei ist nur durch seine Bedeutung für die Gegenwart und durch unmittelbar wirksame Machtverhältnisse zu entscheiden, nicht durch kennzeichnende Formulierungen und erst recht nicht durch Rangeinstufung der Wesensbezüge. Wenn nämlich bei gleichen oder nicht sehr unterschiedenen Lebenslagen der Nutzen für meinen Freund gegen meine Ehre steht, dann hat ohne Zweifel die Ehre den Vorrang. Ist jedoch der Vorteil für meinen Freund bedeutend größer, dann wiegt in einer nicht sehr gewichtigen Sache der Nachteil für meine Ehre nicht eben schwer, dann wird der Vorteil für den Freund alles, was unsere Ehre und unser Ansehen betrifft, an Bedeutung weit überwiegen, so wie eine große Gewichtseinheit Erz einen höheren Wert darstellt als ein kleines Plättchen Gold. Theophrasts eigene griechische Worte in dieser Sache schreibe ich zusätzlich hin: ›Auch wenn eine Sache ihrer Art nach im Wert vorzuziehen ist, so muß ein beliebiger Teil davon, verglichen mit dem Teil einer anderen Sache, nicht auch schon ohne weiteres vorzüglicher sein. Ich meine es so: Wenn Gold wertvoller ist als

Erz, wird doch nicht auch eine Menge Gold verglichen mit einer Übermenge Erz wertvoller sein; vielmehr wird auch Menge und Größe den Ausschlag geben.‹

Auch der Philosoph Favorin mildert zuweilen sein strenges Gerechtigkeitsgefühl ein wenig und zeigt sich nachgiebig. Eine derartige Geschmeidigkeit bei Gunstbeweisen umschreibt er mit griechischen Worten so: ›Was Menschen Gunstbezeugung nennen, ist lediglich rechtzeitiger Verzicht auf Übergenauigkeit.‹ An einer nur wenig späteren Stelle drückt derselbe Theophrast sich etwa so aus: ›Alle diese Geringfügigkeiten oder Bedeutsamkeiten und alle diese Einschätzungen von Verpflichtungen werden manchmal von äußeren Einflüssen und gewissermaßen zusätzlich durch Personen, Ursachen, Zeitumstände und unbedingte Notwendigkeiten, die sich schwer in Vorschriften fassen lassen, gemildert und gelenkt und gewissermaßen gesteuert, einmal als billig, das andere Mal als unbillig hingestellt.‹ Solches und ähnliches der Art hat Theophrast behutsam, genau und gewissenhaft niedergeschrieben, mehr mit der Umsicht des Unterscheidens und Erörterns als mit festem Urteil und voller Zuversicht einer endgültigen Entscheidung, da ja in der Tat die durch diese Ursachen und Zeitläufte bedingten Unterschiede und die Geringfügigkeit der Unterschiede und Abweichungen in den Einzelfällen eine bestimmte, jederzeit gültige und deutliche Vorschrift nicht zulassen, wie ich sie schon im ersten Teil dieser kleinen Abhandlung als erwünscht bezeichnet habe.

Von ebendemselben Chilo, mit dem wir diese kleine Untersuchung anfangen ließen, stammt nun eine Anzahl kluger wie nützlicher Mahnsprüche. Von erprobter

Nützlichkeit ist besonders dieser eine, mit dem er die beiden ungestümsten Leidenschaften, die Liebe und den Haß, behutsam bändigt. Er fordert: Gehe in der Liebe nur soweit wie – wenn es das launische Geschick will – auch im Haß; gehe ebenso im Haß nur soweit, wie später vielleicht einmal in der Liebe.

Über diesen Chilo schreibt der Philosoph Plutarch im ersten Buch ›Über die Seele‹ mit folgenden Worten so: ›Als Chilo, schon hochbetagt, jemanden behaupten hörte, er besäße keinen Feind, stellte er ihm die Frage, ob er denn keinen Freund besäße. Er ging nämlich von der Voraussetzung aus, daß Freundschaften notwendig mit Feindschaften verbunden sind, ihnen auf dem Fuße folgen.‹

FRAUENFRAGEN

Ehequalen

Viele gebildete Männer waren unter den Zuhörern, als die Rede des hochangesehenen und redegewandten Metellus Numidicus vorgelesen wurde, die er als Zensor über das Thema ›Eheschließungen‹ vor dem Volk hielt, dem er Mut machen wollte, Ehen einzugehen. In dieser Rede findet sich folgende Stelle: ›Könnten wir ohne Frauen leben, römische Männer, dann wären diese ganzen Unannehmlichkeiten uns fern. Da's aber die Natur so eingerichtet hat, daß sich's zwar mit den Frauen nicht eben ruhig und behaglich leben läßt, andererseits aber das Leben ohne die Frauen überhaupt nicht weitergehen kann, darum müssen wir eben mehr um fortdauerndes allgemeines Wohl bemüht sein als um kurzwährendes persönliches Vergnügen.‹

Nun hatten da einige den Eindruck, der Quintus Metellus, der ja als Zensor der Bürgerschaft Mut zu Eheschließungen machen wollte, hätte nicht vom Ungemach und den ständigen Unannehmlichkeiten des Ehestandes reden sollen: das hieße ja weniger Mut machen als widerraten und abschrecken. Im Gegenteil, so meinten sie, seine Rede hätte vielmehr deutlich machen sollen, daß es in der Mehrheit der Fälle in der Ehe gar keine Unannehmlichkeiten gäbe, und wenn sich scheinbar doch einmal irgendwelche einstellten, handele es sich um geringfügige Kleinigkeiten, die er als leicht erträglich hätte schildern sollen, die zudem auch durch die weit größeren Vorteile und Vergnüglichkeiten in Vergessenheit gerieten und die ja auch nicht allen und nicht gewissermaßen als Fehler der Natur begegneten, sondern nur bei ungebührlichem und verantwortungslosem Verhalten einzelner Ehemänner.

Titus Castricius dagegen vertrat die Ansicht, Metellus habe vernünftig und angemessen gesprochen. »Ein Zensor«, sagte er, »muß eben anders sprechen als ein Redekünstler. Dem Redekünstler ist es erlaubt, sich einer Gedankenführung zu bedienen, die unwahr, dreist, verschlagen, hinterlistig, irreführend ist; nur einigermaßen wahrheitsähnlich müßte sie sein und geeignet, durch irgendwelche Redetricks rührselige Menschenherzen zu gewinnen.« Außerdem meinte er, sei es für einen Redekünstler eine Schande, etwas unversucht zu lassen, selbst in ungerechter Sache. »Wenn dagegen ein Metellus, ein so ehrwürdiger Mann, der hohes Ansehen und Vertrauen genoß, wenn der mit dem ganzen Gewicht seiner amtlichen und menschlichen Würde zum römischen Volk sprach, dann durfte er nur das vorbringen, was ihm und der Allgemeinheit als das Richtige erschien, besonders wenn er über Angelegenheiten sprach, die durch tägliche Erfahrung und allgemein verbreitete Lebensgewohnheit nachprüfbar waren. Indem er also das allen Menschen über den Verdruß in der Ehe Wohlbekannte offen zugab, erwarb er sich den Ruf peinlicher Wahrheitsliebe. So konnte ihm zuletzt auch das Allerschwierigste und Wichtigste mühelos gelingen: Er überzeugte die Bürgerschaft, daß es ohne eine hohe Zahl von Eheschließungen für sie keine dauernde Sicherheit geben könne.«

Aus der gleichen Rede des Quintus Metellus hielt ich

auch diese andere Stelle für wertvoll genug, ebensooft gelesen zu werden wie Schriften hochangesehener Philosophen. Dies der Wortlaut des Metellus: ›Die unsterblichen Götter sind allmächtig, aber sie schulden uns nicht mehr Zuwendung als unsere Eltern. Aber auch Eltern enterben ihre Kinder, wenn sie von Irrwegen nicht abzubringen sind. Was erwarten wir uns nun anderes von den Unsterblichen, wenn wir nicht mit unseren verwerflichen Grundsätzen Schluß machen? Ist es doch nur recht und billig, daß die Götter nur denen gewogen sind, die ihnen nicht zuwiderhandeln. Sache der unsterblichen Götter ist es, sittliche Anstrengungen anzuerkennen, nicht aber wohlfeil zu machen!‹

Geh nicht nach Korinth!

Sotion, Philosoph aus der Zunft der Peripatetiker, war gewiß kein Unbekannter. Er stellte ein Buch mit vielen abwechslungsreichen Geschichten zusammen, dem er den Titel ›Horn der Amaltheia‹ gab. Dieser Ausdruck besagt ungefähr dasselbe wie ›Füllhorn‹. In diesem Buch steht nun folgendes über den Redner Demosthenes und die Kurtisane Laïs zu lesen:

Die Laïs aus Korinth – so sagt er – wußte mit ihrer Figur zu gefallen, ja zu bezaubern und gelangte dadurch zu großem Reichtum. Besuche, wie sie sie von reichen Männern aus ganz Griechenland empfing, galten etwas in der Gesellschaft. Wer nicht zahlen konnte, was sie forderte, wurde überhaupt nicht erst vorgelassen und – sie forderte übermäßig viel! Daher stamme seiner Meinung nach jenes unter Griechen so häufig begegnende Sprichwort: ›'ne Seefahrt nach Korinth ist nicht für jedermann‹, eben weil für jeden, der nicht zahlen konnte, was sie forderte, der Weg nach Korinth – zur Laïs – vergeblich zu sein pflegte.

Nun verschaffte sich unser Demosthenes heimlich Zutritt bei ihr, bittet sie, über seine Mittel zu verfügen. Laïs jedoch verlangte zehntausend Drachmen – das macht in unserer Währung zehntausend Denare. Betroffen, ja bestürzt über soviel Unverschämtheit einer Frau und die Höhe der Geldsumme wendet sich Demosthenes ab und bemerkt beim Weggang: ›So viel zahle ich nicht, um hinterher zu bereuen!‹

Griechisch klingt aber sein Ausspruch noch hübscher: ›Ich kauf mir nicht für so viel Drachmen – Reue!‹

Sokrates und seine Xanthippe

Xanthippe, des Philosophen Sokrates Eheweib, soll eine recht grillige und streitsüchtige Person gewesen sein. Zu jeder Tages- und Nachtzeit wartete sie mit echt weiblichen Wutausbrüchen und Schikanen auf. Verwundert über diese Widersetzlichkeiten gegenüber dem Gatten fragte Alkibiades den Sokrates einmal nach dem Grund, warum er ein so bissiges Weib nicht aus dem Hause jage. »Halte ich's zu Hause mit einer solchen aus«, meinte Sokrates, »gewinne ich die nötige Übung und Gewöhnung, die mich dann auch im öffentlichen Leben Unverschämtheit und Unrecht leichter ertragen lassen.«

In diesem Sinne äußerte sich auch Varro in der Mennipeischen Satire, der er die Überschrift ›Von der Pflicht eines Ehemannes‹ gab. ›Frauenfehler‹, so sagt er, ›muß man austreiben oder ertragen. Treibt man einen solchen Fehler aus, macht man sich seine Ehefrau gefügig, erträgt man ihn, verbessert man sich selbst.‹ Eine neckische Zusammenstellung, diese Ausdrücke Varros ›austreiben‹ und ›ertragen‹; wobei ›austreiben‹ offensichtlich soviel meint wie ›geraderücken, bessern‹. Auch dies ist offenkundig: Varro war der Meinung, daß der Fehler einer solchen Ehefrau, wenn er sich nicht bessern läßt, eben ertragen werden muß. Fehler dieser Art hätten nicht das Gewicht von Vorfällen, die Schimpf und Schande einbringen!

Ehrbare Dirne

Bei der Lektüre des neunten Buches der ›Ermittlungen‹ des Ateius Capito – es trägt die Überschrift ›Von öffentlichen Rechtsentscheiden‹ – beeindruckte mich ein Beschluß der Tribunen, der vor altertümlicher Strenge strotzte. Diese Strenge ist auch der Grund dafür, daß ich diesen Beschluß erwähne. Aus folgendem Grund und in folgendem Sinn wurde er schriftlich niedergelegt:

Aulus Hostilius Mancinus war kurulischer Ädil. Als solcher ließ er die Dirne Manilia zu einem festen Termin öffentlich vorladen, weil er nachts durch einen Steinwurf aus ihrer Etage verletzt worden war und eine durch diesen Steinwurf verursachte Wunde vorweisen konnte. Manilia wandte sich an die Volkstribunen, sagte vor ihnen aus, Mancinus sei als Zechbruder vor ihr Haus gezogen. Ihn in diesem Zustand bei sich aufzunehmen, hätte nicht in ihrem Interesse gelegen. Als er aber gewaltsam einzudringen versuchte, sei er eben mit Steinwürfen weggejagt worden. Beschlossen die Tribunen: der Tribun sei rechtmäßig von einem Ort vertrieben worden, den er mit bekränztem Haupt gar nicht hätte aufsuchen dürfen. Aus diesem Grund erhoben sie Einspruch dagegen, daß ein Ädil in einer solchen Sache vor aller Öffentlichkeit verhandele.

Adel im Untergang

Einstens wurden nicht nur Tätlichkeiten, sondern auch anmaßende Äußerungen in öffentlichem Interesse geahndet. Man glaubte das nämlich der unverletzbaren Würde altrömischer Sittenstrenge schuldig zu sein.

Die Tochter des berühmten Appius Claudius – mit dem Beinamen ›Der Blinde‹ – hatte sich ein Schauspiel angesehen und war auf dem Heimweg, als sie vom Strom der hin und her wogenden Menge erfaßt wurde. Knapp dem Gedränge entronnen, meinte sie unter ständigen Hinweisen auf ihren kläglichen Zustand: »Was hätte ich jetzt erst leiden müssen, ja um wieviel enger und ärger hätte man mich bedrängt, wenn der Publius Claudius, mein Bruder, nicht seine mit so viel Bürgern bemannte Flotte in der letzten Seeschlacht eingebüßt hätte? Sicherlich wäre ich jetzt völlig erdrückt von einer noch größeren Volksmenge umgekommen!« Sie setzte noch hinzu: »Möchte doch mein Bruder wieder lebendig werden, eine neue Flotte nach Sizilien führen und diesen Haufen beiseite schaffen, der mich Ärmste hier eben so elend zugerichtet hat!«

Dieses so schamlose wie anmaßende Weibergerede veranlaßte die Volksbeamten Gaius Fundanius und Tiberius Sempronius, dieser Frau eine Geldstrafe von fünfundzwanzigtausend Platten ungeprägten Erzes aufzuerlegen.

Dies habe sich während des ersten Punischen Krieges unter den Konsuln Fabius Licinus und Otacilius Crassus wirklich zugetragen, behauptet Ateius Capito in seinem Belegwerk ›Über die öffentliche Gerichtsbarkeit‹.

Zeugnis treuer Gattenliebe: ein Weltwunder

Die Liebe der Artemisia zu ihrem Gatten Mausolus übertraf wohl alle überlieferten Liebesgeschichten und überragte menschliche Liebesfähigkeit überhaupt. Mausolus nun war – wie Marcus Tullius berichtet – König in Karien, nach einigen Verfassern griechischer Geschichtswerke Provinzstatthalter, Griechen sprechen von einem ›Satrapen‹. Als diesen Mausolus das Geschick ereilte, richtete ihm seine Gattin unter heftigem Wehklagen eigenhändig ein prächtiges Leichenbegängnis aus. Artemisia, die sich vor Sehnsucht und Trauer um den Gatten verzehrende Gattin, mischte den pulverfein zermahlenen und duftgetränkten Staub seiner Knochen mit Wasser und schluckte ihn hinunter. Man berichtet sich von ihr noch viele weitere heftige Liebesäußerungen. Um das Andenken an den Gatten wachzuhalten, nahm sie mit Riesenaufwand auch noch den Bau jenes vielberufenen Grabmals in Angriff, den man für würdig befand, zu den sieben Weltwundern gerechnet zu werden. Als Artemisia das Denkmal den heiligen Totengeistern des Mausolus weihte, stiftete sie einen Agon, das heißt einen Wettstreit, zu dessen Ruhm, und setzte sehr hohe

Geldpreise und andere höchst wertvolle Sachpreise aus. Damals sollen die durch die Gaben ihres Geistes und die Treffsicherheit ihres sprachlichen Ausdrucks hochangesehenen Männer Theopomp, Theodekt und Naukrates dem Aufruf zum Lob-Wettstreit gefolgt sein. Einige haben sogar überliefert, Isokrates sei in eigener Person mit diesen Männern in Wettstreit getreten. Es gilt aber als ausgemacht, daß in diesem Wettstreit Theopomp siegte, der ein Schüler des Isokrates war. Unter dem Titel ›Mausolus‹ ist auch heute noch eine Tragödie des Theodekt erhalten, mit der dieser – wie Hygin in seiner ›Beispielsammlung‹ berichtet – mehr Erfolg gehabt haben soll als mit seiner Prosa.

Jupiter-Konkurrenz

In den Aufzeichnungen der Taten Alexanders liest man allenthalben, ja vor kurzem fand ich's noch in Marcus Varros Buch ›Orestes oder Über den Wahnsinn‹, Olympias, König Philipps Gemahlin, habe ihrem Sohn Alexander einmal auf anmutig-scherzende Art geantwortet. Denn als dieser folgendermaßen an seine Mutter geschrieben hatte: ›König Alexander, Sohn des Jupiter Hammon, entbietet seiner Mutter Olympias den Gruß ...‹, antwortete ihm Olympias etwa so: ›Ich flehe dich an, Söhnchen, bringe mich nicht in Verruf bei Göttermutter Juno und schwärze mich nicht bei ihr an. Gewiß würde sie mich hart demütigen, wenn du fortfährst, mich in deinen Briefen zu ihrer offenkundigen Nebenbuhlerin zu machen.‹ So wirkte der freundliche Umgangston einer erfahrenen klugen Frau gegenüber einem ungebärdigen Sohn als sanfte und verbindliche Mahnung, die Wahnvorstellung aufzugeben, er sei vom Göttervater Jupiter gezeugt! Diesen Wahn hatte er zusammen mit seinen gewaltigen Kriegserfolgen, den Lobhudeleien der Schmeichler und dem unerwartet glücklichen Ausgang seiner Vorhaben gleichsam eingesogen.

Lob der Muttermilch

Wurde dem Philosophen Favorin einmal in unserer Gegenwart gemeldet, die Gattin eines seiner Hörer und Anhänger habe soeben entbunden und dieser sei nun Vater eines Sohnes. »Wollen wir uns denn da nicht aufmachen«, meinte er, »die Wöchnerin besuchen und dem Vater gratulieren?« Dieser entstammte einer angesehenen Familie, stand im Range eines Senators. Alle, die wir damals zusammen waren, folgten dem Favorin einhellig, begleiteten ihn vor das Haus, dem er zustrebte, ja betraten es gleichzeitig mit ihm. Er umarmt den Betreffenden gleich am Eingang, wünscht ihm viel Glück und nimmt schließlich Platz. Als er nun aber erfragt hatte, wie lange die Geburt gedauert habe und wie anstrengend die Wehen waren, erfährt er, die blutjunge Frau sei vor Anstrengung und Übernächtigung in tiefen Schlummer gefallen. Da nun setzte er zu einem ausführlichen Lehrgespräch an.

Auf seine Worte »Ich bin ganz sicher, daß sie deinen Sohn selbst stillen wird«, wendet die Mutter der jungen Frau ein, man müsse die junge Mutter doch schonen, für den Sohn könne man ja Ammen beschaffen. Zu den

Schmerzen, die sie während der Geburt habe ertragen müssen, sollten nicht auch noch die beschwerlichen und mühseligen Pflichten des Stillens hinzukommen. Da nun setzt er ein: »Liebe Frau, ich beschwöre Sie, gönnen Sie ihr doch das Glück, ihrem Sohn eine richtige Mutter zu sein. Ist denn diese unvollkommene und verkürzte Art von Mutterschaft nicht ganz wider die Natur: gebären und gleich darauf von sich stoßen? Hat sie im Mutterleib ein Unbekanntes mit eigenem Blut genährt, ohne es sehen zu können, und jetzt soll sie ein Lebendes, das schon richtiger Mensch ist, der nach mütterlicher Hilfe schreit, das sie mit eigenen Augen sehen kann, nicht auch mit eigener Milch nähren?

Oder glaubst du etwa auch« – fährt er fort – »Mutter Natur habe den Frauen üppige Brüste als eine Art Liebesspielzeug verliehen, so als Schmuck der Vorderfront und nicht, um Kinder zu nähren? Euch liegt das zwar gewiß fern, aber so sind doch nun einmal die meisten dieser seltsamen Weiber: mühen sich ab, die Muttermilch, diesen wundervollsten unserer Körpersäfte, den Brunnquell des Menschengeschlechts, auszutrocknen und auszulöschen, und sei's auf die Gefahr versiegender und verfaulter Milch. Als ob sie es sei, die ihre Schönheitshügel verunstalte, und sie tun das mit ebensolcher wahnwitziger Verbissenheit, mit der sie gewisse ausgeklügelte Tricks anwenden, um auch die im Körperinneren sich ausbildenden Embryos abzustoßen, damit das bewußte Wasser im Unterleib keine Hautfalten treibe und durch sein Gewicht und den Geburtsvorgang als solchen die Form verderbe. Nun, zugegeben, schon der Versuch, einen Menschen in seinen allerersten Anfängen, noch während seiner Formung und Beseelung, gewissermaßen unter den Händen der Künstlerin Natur, umzubringen, ist wohl wert, öffentlich angeprangert und allgemeiner Verachtung preisgegeben zu werden. Aber wie weit ist es eigentlich von hier aus noch bis zur Forderung, dem schon voll ausgeformten, schon geborenen Nachkommen die ihm zuträgliche, bekannte und gewohnte Nahrung vorzuenthalten?

Sagt man doch aber: ›Macht es überhaupt einen Unterschied, wer die Milch liefert – wenn's nur überhaupt gestillt wird und am Leben bleibt?‹ – Muß nicht, wer solches behauptet, wenn er gegen natürliche Empfindungen schon dermaßen abgestumpft ist, nicht auch für gleichgültig halten, in welchem Körper und aus welchem Blut sich ein Menschenwesen bildet und nährt? Ist etwa das Blut in den Brüsten nicht dasselbe wie vordem im Unterleib, weil es durch starke Luftzufuhr und Erwärmung heller geworden? Oder wird nicht gerade hierin die Findigkeit der Natur offenkundig, daß sie, sobald der Lebensquell Blut im Innersten einen ganzen Menschenleib geformt hat und sich beim Herannahen der Geburt in die obere Körperhälfte hinaufzieht, sogleich dem frisch ans Licht gelangten Leben hilft und dem Neugeborenen die vertraute artgemäße Nahrung anbietet? Die Annahme ist doch nicht falsch: wie die natürliche Kraft des Samens körperliche und geistige Ähnlichkeiten herauszuformen die Kraft hat, so auch nicht anders die Eigenkräfte und Eigenheiten der Milch. Nicht nur bei Menschen, auch bei Tieren hat man das ja beobachtet. Zieht man nämlich Böckchen mit Schafsmilch auf oder Lämmchen mit Ziegenmilch, so bringen die einen tatsächlich einen festeren Wollpelz, die anderen ein weicheres Haarkleid. Selbst bei Bäumen und Früchten ist meist Kraft und Macht der nährenden Wässer und Erdsorten für Mehrung oder Minderung ihrer Eigenart wichtiger als der ausgeworfene Samen: Sieht man doch oft, daß einen anderswohin verpflanzten schönen und gesunden Baum ein schlechterer Erdsaft zugrunde richtet. Was, zum Henker, kann es für einen Sinn haben, besagten edlen Stamm eines Neugeborenen, diesen Körper und Geist aus so glückhaft begonnenem Ursprung, mit der so tief eindringenden und abartigen Nahrung fremder Milch zu verderben? Wo doch die zum Milchspenden gemietete Amme Sklavin oder sklavischer Natur ist und meistenfalls einem fernen und wilden Volksstamm angehört und zudem noch gewöhnlich unehrlich, ungestaltet, schamlos, trunksüchtig ist! Denn in den meisten Fällen wird doch unterschiedslos angeheuert, wer zum Zeitpunkt gerade Milch trägt. Sollen wir also zulassen, daß unser Knäblein hier so gefahrvollem Umgang ausgesetzt wird und seinen für Gemüt und Körper bestimmten Lebensgeist aus einem geistig und körperlich minderwertigen Wesen zieht?

Gerade aber darüber wundern wir uns doch nun so oft, daß Kinder ehrbarer Frauen ihren Eltern manchmal weder körperlich noch geistig ähneln. Also hat unser Vergil beim Nachahmen folgender Homerverse

> Nein, dein Vater war nicht der rossekundige Peleus,
> deine Mutter nicht Thetis. Dich zeugte die bläuliche Meerflut,
> schroffes Felsgestein auch – weil unerbittlich dein Sinn ist!

Geschmack und Erfahrung bewiesen. Er wandte sich nicht nur wie sein Vorbild gegen die bloße Teilhabe, sondern auch gegen wilde und grausige Nahrung. Fügte er doch von sich aus hinzu: ›und es reichten die Brüste dir dar hyrkanische Tiger!‹

Denn sicherlich habe bei der Bildung der sittlichen Natur die Begabung der Nährmutter einen beträchtlichen Anteil, aber auch die Beschaffenheit der Milch, die ja von Anfang an aus eingepflanztem väterlichen Samenkeim und auch aus mütterlichem Körper und Geist das junge Menschenbild ausformt.

Und außerdem: wer könnte die Tatsache übersehen und geringachten, daß Mütter, die ihre Sprößlinge im Stich lassen, ja von sich stoßen und Fremden zur Aufzucht überlassen, eben jene Geistes- und Liebesbande, die auf natürliche Art Eltern und Kinder aneinander fesseln, zerreißen oder doch zumindest abschwächen und aufreiben? Ist nämlich ein Kind einmal weggegeben, den Blicken entzogen, läßt die so eigenartig starke mütterliche Anteilnahme immer mehr nach, jegliche klopfendungeduldige Erregung verstummt und das Vergessenwerden eines Kindes, das man einer fremden Amme übergibt, kommt schließlich dem Tode eines verlorenen Kindes beinahe gleich. Auch wird ja Ausrichtung von Geist, Sinn und Sitte des Kindes allein von seiner Nahrungsquelle her bestimmt und so wie's bei Ausgesetzten sich gewohnheitsmäßig herausbildet: Es gewinnt keinerlei Empfindung oder gar Sehnsucht gegenüber der Mutter, die es doch zur Welt brachte. Sind also die Grundlagen natürlicher Zuneigung vernichtet und zerstört, so ist das, was in dieser Art aufgezogene Kinder an Liebe gegen Vater und Mutter zu zeigen scheinen, zum großen Teil nicht natürliche Liebe, sondern eine Liebe, die gewissermaßen vereinbart und nach Gutdünken verabreicht wird.«

Als ich den Favorin also reden hörte, war das natürlich eine griechische Ansprache. Seine Leitgedanken wenigstens habe ich, weil ihnen all-gemeine Bedeutung zukommt, wiedergegeben, soweit mein Gedächtnis es zuließ. An die anmutige, überbordende Fülle seines sprachlichen Ausdrucks freilich vermöchte alle lateinische Beredsamkeit kaum heranreichen, mein ärmliches Stiltalent wohl am allerwenigsten!

RÖMER UND GRIECHEN

Roms Leonidas

Eine herrliche Tat war das, ihr guten Götter, die da der Marcus Cato in seinen ›Büchern von den Ursprüngen‹ für uns aufgezeichnet hat – wohl wert, daß großsprecherische Griechenkunst sich ihrer annimmt!

Der Inhalt nun ist etwa so: Auf Sizilien, im ersten Punischen Krieg. Der punische Feldherr rückt dem römischen Heer entgegen. Als erster besetzt er Hügel und günstige Stellungen. Römische Soldaten, so ergab es die Lage, geraten in eine Gegend, wo ihnen Hinterlist und Verderben drohen. Kommt ein Tribun zum Konsul und weist auf den drohenden Untergang hin, den die mißliche Stellung und die ringsum drohenden Feindesscharen bringen würden. »Meine Meinung ist«, so sagt er, »du mußt, wenn du Herr der Lage bleiben willst, etwa vierhundert Soldaten dort auf jene ›Geländewarze‹ hin abkommandieren«, so nämlich nennt Cato eine schwer angreifbare Geländeerhebung, »mußt ihnen eindringlich befehlen, diesen Huckel in Besitz zu nehmen. Sobald nämlich die Feinde das bemerken, werden sich ihre tapfersten und einsatzfähigsten Angriffs- und Kampftruppen auf diese Schar stürzen und sich ganz dieser einzigen Aufgabe hingeben. Alle diese vierhundert werden freilich umkommen, daran ist nicht zu zweifeln. Während nun die Feinde mit dieser Schlächterei beschäftigt sind, wirst du Zeit finden, das Heer aus dieser Stellung zurückzuziehen. Es gibt keine andere Rettungsmöglichkeit – außer dieser einen!« Entgegnete der Konsul dem Tribunen, dieser Ratschlag schiene auch ihm als die vorsorglichste Gegenmaßnahme. »Diese vierhundert Soldaten aber« – sagt er – »wer nur, wer soll sie an diesen Ort führen, mitten hinein in die Zange der Feinde?« Der Tribun erwiderte: »Wenn du keinen anderen findest, versuch's mit mir in dieser gefährlichen Lage. Dir und dem Staat weihe ich dieses mein Leben!« Der Konsul dankt dem Tribunen und lobt ihn. Der Tribun und die vierhundert brechen auf in den Tod. Die Feinde bewundern deren Kühnheit, warten aber noch ab, wohin der Marsch gehen soll. Sobald aber nun klar wurde, daß ihr Marschziel die Besetzung jener ›Warze‹ war, setzt der karthagische Feldherr Fußvolk und Reiterei gegen sie in Bewegung, und zwar die besten Leute seines Heeres. Die römischen Soldaten werden umzingelt, und in dieser Umzingelung leisten sie Widerstand. Es entwickelt sich ein Gefecht, das lange in der Schwebe bleibt. Endlich siegt die Übermacht. Alle vierhundert fallen, zusammen mit jenem einen, niedergestreckt von Schwerthieben und überschüttet mit Wurfgeschossen. In der Zwischenzeit aber, während dort gekämpft wird, gelingt dem Konsul der Rückzug in sicheres und höhergelegenes Gelände.

Was aber jener Tribun, der die vierhundert Soldaten anführte, in diesem Gefecht wie einen göttlichen Eingriff erfuhr, das schließe ich jetzt an, aber nicht mehr mit eigenen Worten, sondern mit denen des Cato.

›Die unsterblichen Götter ließen dem Militärtribunen aus seiner Tapferkeit Glück erwachsen. Denn also verlief nun das Geschehen: Wenn auch vielfach verwundet, empfing er doch keine einzige Kopfwunde; und man erkannte ihn unter den Toten, entkräftet durch die Verwundungen und fast völlig verblutet. Man trug ihn weg, er kam wieder zu Kräften und leistete dem Staat auch später noch – und oft – tapfere und ausdauernde Dienste. Aber indem er jene Soldaten anführte, rettete er das ganze übrige Heer. Nun kommt es aber doch sehr darauf an, welchen Rang man – je nach dem Standpunkt – einer solchen Tat zuerkennt. Leonidas, der Lakedaimonier, vollbrachte ähnliches bei den Thermopylen. Seiner edlen Eigenschaften wegen rühmte ihn ganz Griechenland, dankte ihm überschwenglich und ehrte ihn durch Erinnerungsmale von strahlender Berühmtheit. Mit großer Dankbarkeit erinnerten sie seine Tat: sei es durch Bilder, Statuen, Ehreninschriften, historische Erzählungen und auch in anderer Weise. Dem Militärtribunen dagegen blieb nur geringes Lob für seine Taten, ihm, der dasselbe vollbrachte und für Rom die Lage gerettet hatte.‹

Dies das Zeugnis des Marcus Cato, mit dem er die Mannhaftigkeit des Tribunen ehrend erhob. Claudius Quadrigarius sagt aber im dritten Buch seiner ›Jahrbücher‹, dieser habe nicht Caedicius geheißen, sondern Laberius.

Preis des Ruhms

Gewichtige und berühmte Sätze des Demosthenes über König Philipp von Makedonien lauten wie folgt: ›Erkannte ich doch, daß unser jetziger Hauptstreitpartner Philipp, der sich hatte ein Auge ausschlagen, das Schlüsselbein brechen, eine Hand und ein Bein verstümmeln lassen, nur um eine führende politische Stellung zu erringen und zu behaupten, daß dieser Philipp sicherlich auch jeden beliebigen anderen Körperteil, den das Geschick ihm abfordern würde, preiszugeben bereit war, nur um mit dem verbleibenden Rest Ehre und Ansehen zu behaupten.‹

Sallust nun, der dieser Stelle etwas Ebenbürtiges entgegensetzen wollte, schrieb in seinen Historien über den römischen Heerführer Sertorius wie folgt: ›Sertorius war unter dem Oberbefehl des Titus Didius in Spanien ein Militärtribun von glänzendem Ruf, der seine große Brauchbarkeit im Krieg gegen die Marser unter Beweis stellte, in dessen Verlauf er Truppen anwarb und Waffenmaterial beschaffte. Trotzdem wurde so manches, was allein seiner Führungskunst und seinen Anweisungen zu verdanken war, unterschlagen, zunächst weil er niederer Herkunft war, später auch, weil Geschichtsschreiber ihm den Ruhm mißgönnten. Aber all dieses trug er zu Lebzeiten höchstpersönlich zur Schau, konnte er doch eine stattliche Zahl von Narben auf der Brust vorweisen und war ihm doch auch ein Auge ausgestochen worden. Ja, er freute sich von Herzen über diese Entstellungen seines Körpers, weil das Verbleibende ihm zu noch höherem Ruhm verhalf.‹

Titus Castricius nun urteilte so über diese beiden Stellen: ›Geht es uns nicht einfach gegen unsere Menschennatur, sich über körperliche Entstellungen auch noch herzlich zu freuen? Unter Freude sollte man doch eigentlich nur jenes innere Frohlocken und jenes aufwallende Glücksgefühl verstehen, das uns überkommt, wenn wir ein erstrebtes Ziel glücklich erreicht haben. Um wieviel echter und menschlichem Empfinden angemessener wirkt dagegen jenes andere: ,... daß dieser Philipp sicherlich auch jeden beliebigen anderen Körperteil, den das Geschick ihm abfordern würde, preiszugeben bereit war...' Mit diesen Worten wird Philipp nicht wie Sertorius als ,erfreut über körperliche Entstellungen' vorgeführt – was seiner Meinung nach unwahrscheinlich und übertrieben wäre –, sondern als ein Mann, den sein Streben nach Anerkennung und Ehrung Verluste und Schädigungen einzelner Körperteile geringachten läßt, als ein Mann, der dem Schicksal Glied um Glied opfern würde, wenn er sich dafür nur Ruhm erwerben, gewissermaßen eintauschen könnte.‹

Nicht durch Verrat!

Als König Pyrrhus auf italischem Boden schon mehr als eine Schlacht glücklich für sich entschieden hatte und die Römer überhaupt ihre liebe Not mit ihm hatten, auch schon fast ganz Italien zu ihm übergelaufen war, zu dieser Zeit also suchte ein gewisser Timochares, Bürger von Ambrakia und Freund des Königs Pyrrhus, heimlich den Konsul Gaius Fabricius auf und ging ihn um eine Belohnung an. Könnte man sich über die Höhe der Belohnung einigen, würde er, das sicherte er zu, den König durch Gift umbringen. Dies sei leicht zu bewerkstelligen, behauptete er, weil bei Gastmählern sein eigener Sohn Mundschenk beim König war. In dieser Angelegenheit schrieb Fabricius an den Senat. Der Senat seinerseits schickte Gesandte zum König mit dem Auftrag, nichts über den Timochares verlauten zu lassen, aber doch die Warnung auszusprechen, der König möchte vorsichtiger sein und sich vor Nachstellungen seiner nächsten Vertrauten in acht nehmen.

So, wie ich das hier darstelle, steht es in der Geschichte des Valerius Antias aufgezeichnet. Quadrigarius freilich schreibt in seinem dritten Buch, nicht Timochares, sondern ein Nicias sei zum Konsul gekommen, und die Gesandten seien nicht vom Senat, sondern von beiden Konsuln geschickt worden, ferner habe Pyrrhus dem römischen Volk schriftlich sein Lob und seinen Dank ausgedrückt und alle Gefangenen, die er zu dieser Zeit in seiner Gewalt hatte, mit Ehrenkleidern entlassen. Konsuln waren damals Gaius Fabricius und Quintus Aemilius. Der Brief, den sie in dieser Angelegenheit dem König Pyrrhus schickten, habe, wie Claudius Quadrigarius schreibt, so gelautet:

›Die römischen Konsuln grüßen Pyrrhus, den König! Das Unrecht, das Du uns in einem fort zufügst, kränkt uns tief, und darum wollen wir uns auch als Deine Feinde mit Dir messen. Allein unser Bestreben, als vorbildlich zu gelten und vertrauenswürdig dazustehen, legt es uns nahe, Dich als Person gerettet zu sehen. Wir wünschen uns einen Feind, den wir ehrlich mit Waffen überwinden können! Nun kam da Nicias zu uns, einer Deiner Vertrauten, wollte mit uns eine Belohnung aushandeln für den Fall, daß er Dich unauffällig umbrächte. Wir gaben ihm zu verstehen, dies stünde nicht in unserer Absicht, und er könne sich von uns keinerlei Vorteil für so etwas erhoffen. Gleichzeitig schien es uns geraten, Dir davon Kenntnis zu geben, damit die Landstädte, wenn doch einmal etwas dieser Art vorkommt, nicht auf den Gedanken kommen, wir hätten dabei die Hand im Spiele gehabt und – was so gar nicht unsere Art ist – Bestechung, Belohnung oder Hinterlist als Kampfmittel benutzt. Du wirst straucheln, wenn Du Dich nicht vorsiehst!‹

Die Großmut des Scipio

Der Grieche Apion, genannt ›Herr Immersieg‹, besaß die Gabe einer gefälligen und zugleich packenden Beredsamkeit. Als er Lobeserhebungen auf König Alexander zu beschreiben hatte, drückte er sich so aus: ›Alexander verbat sich, daß ihm die Gattin seines besiegten Feindes, ein Weib von hochgepriesener Schönheit, vorgestellt wurde; nicht einmal mit seinen Blicken wollte er sie berühren.‹

Hier kann man nun die witzige Frage behandeln, ob es anginge, Publius Cornelius Scipio Africanus dem Älteren die größere Selbstbeherrschung zuzuerkennen, der nach der Eroberung des prächtigen spanischen Karthago eine überaus wohlgestaltete, zur Ehe herangereifte Jungfrau, die Tochter eines spanischen Edelmanns, ungekränkt zu ihrem Vater zurückschickte, als sie ihm gefangen vorgeführt wurde – oder dem König Alexander, der unter der Beute der Entscheidungsschlacht die Schwestergattin des Königs Darius, von deren überragender Schönheit er hatte reden hören, gar nicht erst ansehen wollte, ja zu verhindern wußte, daß sie überhaupt erst vorgeführt wurde.

Wem aber nun genug an Witz, Zeit und Worten zur Verfügung steht, der mag ruhig dieses Doppel-Thema vom Alexander und vom Scipio hochtrabend herunterleiern, mir soll's genügen, vom historischen Standpunkt aus eine Bemerkung beizutragen: Ungewiß zwar, ob es wahr oder falsch ist, in seiner Jugend jedenfalls war wohl der Ruf des besagten Scipio durchaus nicht so einwandfrei, und es galt als nahezu ausgemacht, daß die folgenden Verse des Dichters Gnaeus Naevius auf ihn gemünzt waren:

> Der so große Heldentaten oftmals ruhmreich selbst vollführt,
> dessen Taten jetzt schon leben, der bei allen einzig gilt:
> bloß im Hemde von der Freundin holte ihn sein Vater heim.

Mir scheint indes, daß diese Verse den Valerius Antias überhaupt erst veranlaßten, anders über die Sitten des Scipio zu urteilen als die übrigen Schriftsteller und – abweichend von meiner obigen Bemerkung – mitzuteilen, besagte gefangene Jungfrau sei ihrem Vater gar nicht zurückgeschickt worden, vielmehr habe Scipio sie für sich behalten, zum Vergnügen und zum Liebesspiel.

Zensorische Strenge

Zu den gestrengen Maßnahmen der Zensoren zählen folgende drei schriftlich festgehaltenen Beispiele einer außerordentlich strengen Zucht. Der erste Fall ist dergestalt: Der Zensor zelebriert den feierlichen Eidschwur ›Über die Ehefrauen‹. Dies der vorgesehene Wortlaut: ›Ganz ehrlich, von Herzen, hast du ein Weib?‹ Da war nun ein bissiger, giftiger Witzbold an der Reihe, den Eid zu leisten. Der glaubte hier die Gelegenheit gekommen, einen Witz loszuwerden. Als ihn der Zensor – wie's der Brauch – gefragt hatte: »Ganz ehrlich, von Herzen, hast du ein Weib?« antwortete er: »Hab wohl ein Weib, aber weiß der Himmel, nicht von Herzen.« Wegen dreister Ungebührlichkeit strafte ihn der Zensor durch Versetzung in die unterste Bürgerklasse; als Grund hielt er schriftlich fest: ›in meiner Anwesenheit albernes Zeug geredet!‹

Die zweite harte Maßnahme ist von gleicher Art und Strenge. Beratschlagt wurde über die Rüge eines als Freundesbeistand von den Zensoren vorgeladenen Mannes, der unter Eid stehend auffällig und vernehmlich gegähnt hatte. Da schien die Prügelstrafe unumgänglich, weil es sich hier doch wohl um das Anzeichen einer ausschweifenden Sinnesart handeln mußte und einer gedankenlosen, ungezügelt-frechen Unbekümmertheit. Als der Mann nun aber beschwor, ihn habe völlig gegen seinen Willen und gegen seinen Widerstand ein Gähnanfall überkommen; er sei nämlich mit einem Fehler behaftet, der sogenannten Gähnsucht, da sei ihm die schon erteilte Rüge erlassen worden. Publius Scipio Africanus, Sohn des Paulus, hat beide Beispiele in einer Zensoratsrede angebracht, als es darum ging, das Volk an die Vätersitten zu erinnern.

Von einer gleichfalls sehr strengen Regelung berichtet Sabinus Masurius im siebten Buch seiner ›Denkschrift‹: Die Zensoren Publius Scipio Nasica und Marcus Popilius bemerkten, als sie die Lebensverhältnisse der Ritter überprüften, ein abgemagertes und schlecht gepflegtes Pferd, dessen Reiter dagegen recht feist und äußerst wohlgepflegt aussah. Sagen sie: »Wie kommt das, daß du gepflegter aussiehst als dein Pferd?« Antwort: »Ich pflege mich ja selbst, das Pferd pflegt der Statius. Dieser Sklave taugt nichts!« Dies hielt man für eine wenig ehrerbietige Antwort und – wie's der Brauch will – wurde er in die unterste Bürgerklasse zurückgestuft.

Statius war freilich ein Sklavenname. Bei den Alten hießen recht viele Sklaven so. Auch der berühmte Komödiendichter Caecilius war Sklave und trug den einfachen Namen Statius. Später freilich ist er gewissermaßen in einen Beinamen umgewandelt worden, und man nannte ihn ›Caecilius Statius‹.

Entbehren, nicht begehren!

Marcus Cato, Konsul einst und Zensor, sagte von seinen Gutshäusern, sie seien schmucklos und schlicht, ja nicht einmal an der Frontseite verputzt gewesen bis zu seinem siebzigsten Lebensjahr, zu einer Zeit, wo in der Öffentlichkeit wie im privaten Bereich der Aufwand um sich griff. Und er äußert sich darüber mit folgenden Worten: ›Ich besitze weder ein kostpieliges Haus, teures Geschirr und kostbare Kleidung, noch verfüge ich über einen Luxussklaven und eine Luxussklavin. Was Gebrauchswert hat, das nutze ich auch; stehen mir solche Dinge nicht zur Verfügung, komme ich eben ohne sie aus. Nutze und genieße ein jeder das Seine, mir soll das gleich sein!‹ Dann aber fügt er noch hinzu: ›Mein in vieler Hinsicht bedürfnisloses Leben deuten sie mir als Laster, ich dagegen halte ihnen ihre Unfähigkeit zu anspruchsloser Lebensweise vor.‹

›Vieles entbehren, doch nichts begehren‹, diese lautere

Wahrheit eines bäuerlichen Mannes unterstützt Mahnrufe zur Einschränkung und zum Durchstehen von Notzeiten gewiß besser als das nach Griechenart zwielichtig-prahlerische Gerede von Leuten, die vorgeben, Philosophie zu treiben, dabei aber ständig hohle Phrasen ersinnen, ja behaupten, trotz völliger Mittellosigkeit verspürten sie keinerlei Bedürfnisse und keinerlei Wünsche, während doch Besitzdenken, Mangelwahn und Wunschvorstellungen völlig von ihnen Besitz ergriffen haben!

Römische Eidestreue

Bei den Römern gilt ein Eid als unverletzlich und heilig, gewissenhaft hält man sich an ihn. Das zeigt sich an vielen Bräuchen und Gesetzen, und auch das Beispiel, das ich hier anführen will, kann diese Tatsache kräftig unterstreichen.

Nach der Schlacht bei Cannae wählte Hannibal, der Feldherr der Karthager, zehn unserer Gefangenen aus und schickte sie nach Rom mit dem verbindlichen Angebot, nach Zustimmung des Römischen Volkes einen Austausch der Gefangenen einzuleiten. Erhielte dabei eine Seite mehr Gefangene zurück, sollte sie zusätzlich anderthalb Pfund Silber für den Mann zahlen. Vor ihrer Abreise zwang er sie noch zu der eidlichen Zusage, für den Fall, daß sich die Römer nicht auf einen Gefangenenaustausch einließen, ins punische Lager zurückzukehren.

Die zehn Gefangenen kommen also nach Rom. In einer Sitzung des Senats erläutern sie das Angebot des punischen Feldherrn. Dem Senat mißfiel ein solcher

Austausch. Eltern wie nähere und fernere Verwandte der Gefangenen umarmten diese und suchten ihnen einzureden, mit ihrer Rückkehr seien für sie wieder die alten Heimatrechte gültig, ihr alter Rechtsstand unberührt und unantastbar, schließlich flehten sie sie an, ihre Absicht, wieder zu den Feinden zurückzukehren, aufzugeben. Darauf erwiderten acht von ihnen, die rechtmäßigen Heimkehrerrechte stünden ihnen gar nicht zu, sie seien ja durch einen Eid gebunden. Auf der Stelle kehrten sie zu Hannibal zurück, ganz so, wie sie geschworen hatten. Die zwei übrigen blieben in Rom und erklärten sich für entbunden und ledig jeglicher Verpflichtung, denn nach dem Verlassen des Feindeslagers seien sie unter einem Vorwand noch einmal wie aus zufälligem Anlaß dahin zurückgekehrt. Damit sei ihrer Eidespflicht genügt worden, sie hätten sich nunmehr völlig unverpflichtet wieder wegbegeben. Ihre hinterlistige Schlauheit galt nun aber für so ehrenrührig, daß diese Männer allgemein verachtet und geschmäht wurden und die Zensoren sie später mit Bußen und dem Schimpf aller nur erdenklichen Rügen belegten, eben weil sie ihr eigentliches Versprechen nicht eingehalten hatten.

Ferner hat nun Cornelius Nepos im fünften Buch seiner ›Beispielerzählungen‹ auch noch die Tatsache literarisch festgehalten, daß im Senat viele der Meinung waren, wer nicht zurückreisen wolle, müsse unter Bewachung zu Hannibal zurückgebracht werden. Doch sei dieser Vorschlag von der Mehrheit, der das nicht einleuchtete, abgelehnt worden. Nichtsdestoweniger seien diejenigen, die damals nicht zu Hannibal zurückkehrten, so ehrlos und verhaßt gewesen, daß sie, ihres Lebens überdrüssig, sich schließlich selbst richteten.

Welcher Ruhm den Taten des älteren Scipio, des ›Afrikaners‹, anhing, wie edel und erhaben seine Gesinnung, von welch festem Selbstvertrauen getragen dieser Mann auftrat, dies alles kann man an den meisten seiner Worte und Taten deutlich ablesen. Hier nur zwei Beispiele seines großen Selbstvertrauens und Überlegenheitsgefühls:

Als ihn der Tribun Naevius vor dem Volke mit der Behauptung angriff, er habe vom König Antiochus Bestechungsgelder angenommen, damit er – im Namen des Römischen Volkes natürlich – mit ihm zu günstigen und milden Bedingungen Frieden schlösse, und als er ihm, einem Manne von solchem Ansehen, auch noch gewisse andere ehrenrührige Handlungen vorwarf, erwiderte Scipio zunächst mit einer knappen Vorbemerkung, die er der Würde und dem Ansehen seiner Stellung schuldig war: »Quiriten, genau heute ist – wie ich mich erinnere – der Tag, an dem ich eurer Herrschaft erbittertsten Feind, den Punier Hannibal, auf afrikanischem Boden in einer gewaltigen Schlacht bezwang und euch vielbestaunten Frieden und Sieg errang. Wollen wir doch nun nicht undankbar sein gegen die Götter! Also schlage ich vor, diesen Schwätzer hier stehen zu lassen und schnurstracks aufzubrechen zur Danksagungsprozession an Jupiter den Besten und Größten!« Sprach's, drehte sich um und brach auf zum Kapitol. Die gesamte Volksversammlung, die ja eigentlich zu Scipios Verurteilung zusammengeströmt war, schloß sich ihm nun an, bis hinauf aufs Kapitol. Später gaben sie ihm von dort aus unter Freudenbezeugungen und feierlichen

Glückwünschen auch noch das Ehrengeleit bis vor sein Haus – den Volkstribunen hatten sie einfach stehen lassen. Es ist auch eine Rede überliefert, die wahrscheinlich an diesem Tage von Scipio gehalten wurde, und auch diejenigen, die sie für unecht halten, gehen nicht so weit zu behaupten, daß die von mir vorgetragenen Worte nicht von Scipio stammen!

Ebenso berühmt ist eine andere Begebenheit: Gewisse Petilier, Volkstribunen, die von Scipios vermeintlichem Erzfeind, dem Marcus Cato, zusammengebracht und auf ihn gehetzt worden waren, forderten im Senat mit hartnäckiger Leidenschaft, er, Scipio, solle Rechenschaft über Geldmittel und Beutestücke ablegen, die im Krieg gegen Antiochus angefallen waren; hatte er doch als Legat unter dem Oberbefehlshaber in dieser Provinz, seinem Bruder Lucius Scipio Asiaticus, gedient. Springt da Scipio auf, zieht aus den Brustfalten seiner Toga ein Büchlein hervor, teilt mit: in diesem Buch seien die schriftlichen Belege über alles Geld und alle Beute festgehalten, er habe es mitgebracht, um es öffentlich verlesen und dann ins Staatsarchiv überführen zu lassen. »Dies aber«, so sagte er, »werde ich nun natürlich nicht mehr tun. Ich werde mich doch nicht selbst beschimpfen!« Und vor aller Öffentlichkeit zerreißt er auf der Stelle das Buch mit eigenen Händen, ja er zerfetzt es förmlich, so tief war er beleidigt, daß man ihm, dem man des Staates und des Reiches Heil zu verdanken hatte, Rechenschaft über Beutegelder abfordern wollte!

Leben in der Provinz

Nach seiner Rückkehr aus Sardinien sprach Gaius Gracchus in öffentlicher Versammlung zum Volk. Dies seine Worte: ›In der Provinz habe ich mich so verhalten, wie ich's zu eurem Nutzen für richtig halten, nicht wie ich's meinem persönlichen Ehrgeiz zuträglich halten mußte. Kein Küchengefolge hatte ich bei mir. Mich umstanden nicht Knaben von erlesener Schönheit, und beim gemeinsamen Mahl waren eure Kinder bei mir unter strengerer Aufsicht als auf dem Lagerappellplatz.‹ Später sagt er dann noch folgendes: ›In der Provinz habe ich mich so verhalten, daß keiner mir nachsagen kann, ich hätte auch nur einen Pfennig zum Geschenk genommen, oder irgend jemand hätte sich um meinetwillen Ausgaben machen müssen. Zwei Jahre war ich in der Provinz. Ihr sollt mich nun für den elendesten und verworfensten Kerl auf dem Erdenrund halten dürfen, wenn in dieser Zeit auch nur eine Dirne mein Haus betrat oder irgend jemandes jugendlicher Diener meinetwegen belästigt wurde. Aus meiner zurückhaltenden Art gegenüber ihren Sklaven dürft ihr schließen, wie ihr meinen Umgang mit euren Kindern beurteilen könnt.‹ Wieder etwas später heißt es dort dann noch: ›Darum, Quiriten, brachte ich die silberschweren Geldbörsen, mit denen ich ausgezogen war, leer aus der Provinz zurück, während andere ihre mitgeführten Weinkrüge mit Silber vollgestopft wieder nach Hause zurückbrachten.‹

Steht in alten Chronikbüchern geschrieben, Hannibal der Karthager habe sich beim König Antiochus einen köstlichen Scherz erlaubt. Etwa folgendermaßen habe sein Wortspiel gelautet: Antiochus zeigte ihm auf weitem Feld eine ungeheure Streitmacht, die er für seinen bevorstehenden Kampf gegen das Römervolk ausgerüstet hatte, stellte ihm ein Heer vor, das vor silbernen und goldenen Feldzeichen strotzte. Dabei ließ er Sichelwagen und turmbewehrte Elefanten vorführen, sowie eine Reitertruppe, die mit ihrem Zügelwerk und Sattelzeug, ihrem Hals-, Brust- und Stirnschmuck nur so in die Augen stach. Und mittenin der König, der sich bei der Betrachtung seines so zahlreichen und wohlgeordneten Heeres großtat, dabei Hannibal anblickte und sprach: »Meinst du nicht, daß dies alles ausreichend sein wird für die Römer?« Entgegnet ihm der Punier, voller Hohn auf den Mangel an Mut und Kriegstüchtigkeit dieser mit so kostbaren Waffen ausgerüsteten Soldaten: »Genug, ja übergenug, glaub ich, wird das schon sein für die Römer – auch wenn sie noch so habgierig sind!«

Und in der Tat kann man sich ja wohl kaum geistreicher und schärfer ausdrücken. Hatte der König nach der zahlenmäßigen Stärke und einem Urteil über die Gleichwertigkeit seines Heeres gefragt, so bezog Hannibal die Frage auf den Beutewert.

Verschmähte Beihilfe

In seinem sechsten Buch ›Über Leben und Taten berühmter Männer‹ berichtet uns Julius Hyginus: Seien einst Gesandte der Samniten zu Gaius Fabricius, dem Oberfeldherrn des Römischen Volkes, gekommen, hätten der mannigfachen bedeutenden Hilfsdienste gedacht, die er in seiner Redlichkeit und voll guten Willens nach dem Friedensschluß den Samniten erwiesen. Als Dankgeschenk hätten sie ihm eine große Summe Geld angeboten und die herzliche Bitte ausgesprochen, er möchte diese doch für seine persönlichen Bedürfnisse annehmen. Wie sie selbst betonten, hätte sie dazu die Beobachtung veranlaßt, daß es ihm an einer glänzenden Haus- und Lebenshaltung durchaus ermangele; sei er doch keineswegs seiner Bedeutung und seiner Würde entsprechend eingerichtet und ausgestattet. Da nun soll sich der Fabricius von oben an abwärts mit bloßen Händen über Ohren, Augen, Nase, Mund und Kehle, ja noch weiter nach unten bis hin zur Bauchgegend abgetastet haben, ehe er den Gesandten zur Antwort gab: solange er Herr über alle die Glieder sei, die er eben berührt, und ihnen auch widerstehen könne, werde er keinen Mangel leiden. Darum nähme er auch kein Geld von Leuten, die es, wie er wohl wisse, besser brauchen könnten; er selbst habe ja ohnehin keinerlei Verwendung dafür!

Abgeblitzt!

In das Standbild des Nationalhelden Horatius Cocles – es war in Rom mitten auf dem Platz für die Volksversammlungen aufgestellt worden – hatte der Blitz eingeschlagen.

Als nun wegen dieses Blitzschlages Sühneopfer fällig waren, wurden aus Etrurien Weissager herbeigeholt, die sich in ihrer unfreundlichen, ja feindseligen Haltung gegen das römische Volk vorgenommen hatten, diese Gelegenheit zu einer Art Gegenzauber zu nutzen. Und so lautete ihr tückischer Rat: besagtes Standbild an einen tiefer gelegenen, ringsum von hohen Häusern umbauten Ort zu überführen, den nie ein Sonnenstrahl erhellte. Von der Notwendigkeit dieser Verfahrensweise war man auch schon fast überzeugt, als die Weissager beim Volk angezeigt und ihre Machenschaften aufgedeckt wurden. Nach dem Eingeständnis ihrer Hinterlist brachte man sie um. Und so setzte sich jetzt auch die später als völlig vernünftig erkannte Ansicht durch, das Standbild an einem höheren Standort aufzustellen: also auf dem Freigelände vor dem Tempel des Vulcan. Seit dieser Zeit ging es dann mit dem römischen Volk gut und erfolgreich voran.

Damals nun, als man die etruskischen Weissager mit ihren heimtückischen Ratschlägen entlarvt und sie bestraft hatte, soll folgender treffender Sinnspruch verfaßt und von der männlichen Jugend in der ganzen Stadt abgesungen worden sein: ›Am schlechtsten ist ein schlechter Rat dem, der ihn gibt!‹ Diese Erzählung von den Weissagern und von dem berühmten Vers ist im elften Buch der ›Großen Jahrbücher‹ und im ersten Buch der

›Denkwürdigkeiten‹ des Verrius Flaccus schriftlich festgehalten. Es scheint jedoch, daß sich dieser Vers von dem griechischen Vers des Hesiod herleiten läßt:

Schlimmer Rat ist für den am schlimmsten, der ihn geraten.

Tafelfreuden

Nach der Lektüre einer der alten Reden des Favonius, der doch gewiß als ein beredsamer Mensch galt ... entschloß ich mich, diese auswendig zu lernen, um mir stets gegenwärtig halten zu können, wie verachtungswürdig Aufwand und Verschwendung dieser Art doch sind. Diese Beigabe hier folgt dem Wortlaut des Favonius:

›Diesen Küchenfürsten und Wohlstandshelden gilt keine Mahlzeit als vollkommen, wenn nach einem wohlschmeckenden Essen nicht sofort abgetragen und eine andere, noch köstlichere und kostspieligere Speise nachgezogen wird. Dies nun ist die Krone der Tafelfreuden für jene Leute, denen Prasserei und übertriebene Mäkelei gleichviel gelten wie geistige Genüsse, bei denen kein Geflügel mit Ausnahme der Feigenschnepfe ganz aufgegessen werden darf. Wird von den übrigen Vogel- und Mastgeflügelgerichten nicht so viel aufgetischt, daß man allein von den Fleischteilen der Hinterkeulchen satt werden kann, glaubt man schon bei einer Armeleutemahlzeit zu sein. Wer gar die Vorderpartien der Vögel und des Mastgeflügels zu sich nimmt, der gilt glatt als geschmacklos. Greift nun das Wohlleben dergestalt weiter um sich, wird wohl nichts weiter übrigbleiben, als daß man die Speisen nur noch abschmecken läßt, um sich ja nicht müde zu essen, als da ja für einige Menschen die Tafel mit Gold, Silber, Purpur großartiger hergerichtet wird als für unsterbliche Götter.‹

Wenn Gäste kommen ...

Unter den sogenannten ›Mennipeïschen Satiren‹ des Marcus Varro findet sich ein allerliebstes Stück, das die Überschrift trägt: ›Du weißt nicht, was der späte Abend bringt‹. In diesem Büchlein handelt er über die gehörige Einrichtung und Eigenart eines Gastmahls. Er sagt nun, die Zahl der Gäste müsse bei der Zahl der Grazien anfangen und könne bis zur Zahl der Musen anwachsen. Das hieße: angefangen bei drei Teilnehmern dürfe man die Neunzahl nicht überschreiten. Wenn sich also nur wenige Gäste finden lassen, nicht weniger als drei; sind's deren viele, nicht mehr als neun. ›Eine Vielzahl von Gästen ist unzweckmäßig‹, meint Varro, ›weil eine solche Menge meist Unruhe verbreitet und man außerdem in Rom während der Mahlzeit steht, in Athen sitzt, nirgendwo aber dabei liegen kann. – Und dann gehören vier Dinge zu einem Gastmahl, erst dann ist es richtig vollkommen: Es müssen nette Leutchen beisammen sein, der Ort muß geeignet, die Zeit gut ausgewählt und die ganze Aufmachung sorgfältig abgestimmt sein. Auch soll man weder Schwätzer noch Schweiger einladen, dieweil Redeschwall zum Handels- und zum Gerichtswesen gehört, Stillschweigen aber nicht für ein Gastmahl sondern mehr fürs Schlafzimmer passend ist.‹ Die Reden, die man seiner Meinung nach bei Tisch halten darf, sollen sich nicht auf erschreckliche oder verwickelte Dinge beziehen. Angenehm sollen sie sein, aufmunternd und bei allem Anreiz und allem Vergnügen, das sie bieten, zugleich auch nützlich; unserem Geist sollen sie zu mehr Liebenswürdigkeit und Anmut verhelfen. ›Das läßt sich‹, nach Varro, ›in der Tat erreichen, wenn wir uns über Dinge unterhalten, für die wir auf dem Markt und bei Amtsgeschäften keine Zeit finden. – Wer bei einem Gastmahl den Vorsitz führt, sollte nicht so sehr um Aufwand bemüht sein, ein Knauser sollte er aber auch nicht sein‹, und: ›Bei einem Gastmahl soll durchaus nicht alles aufgetischt werden, sondern vornehmlich das, was nahrhaft und appetitlich zugleich ist.‹

Und natürlich gibt er auch Anweisungen, wie dieser ›zweite Gang‹, der Nachtisch, beschaffen sein soll. Wörtlich sagt er uns dazu: ›Am besten gesüßt ist die ungesüßte Köstlichkeit; Süßzeug ist nämlich schlecht für die Verdauung!‹ Damit nun aber keiner Anstoß an dem von Varro gebrauchten Ausdruck ›Köstlichkeit, Erlesenheit‹ nehmen kann: dieses Wort bezeichnet jede Art von ›zweitem Gang‹. Was nun die Griechen Süßzeug oder Knabbereien nannten, das bezeichneten unsere Altvorderen als ›kleine Köstlichkeit‹. Auch schwere Süßweine findet man in den alten Komödien mit diesem Namen bezeichnet; sprach man von ihnen doch als von der ›Kleinen Köstlichkeit des Bacchus‹.

Zweikampf

Titus Manlius gehörte von Geburt zum Hochadel und genoß einen vorzüglichen Ruf. Diesem Manlius legte man den Beinamen Torquatus, ›Halskettenträger‹, zu.

Grund dieses Beinamens war, wie uns überliefert wird, eine goldene Beutekette, die er einem getöteten Feind abgenommen und sich selbst umgelegt hatte. Wer aber nun dieser Feind war, welchem Geschlecht er entstammte, von welch furchterregender Ungeschlachtheit er war und was für ein überheblicher Herausforderer, schließlich wie dieser Kampf ausgetragen wurde, das hat uns Quintus Claudius Quadrigarius im ersten Buch seiner ›Jahrbücher‹ äußerst schlicht und klar, mit der einfachen, zwanglosen Anmut seines altertümlichen Redestils beschrieben. Der Philosoph Favorin erklärte, daß die Eindrücke und Anregungen, die sein Gemüt beim Lesen der entsprechenden Stelle aus diesem Buch erschüttert und bewegt hätten, keinesfalls schwächer waren als etwa die beim persönlichen Anblick der Kämpfenden.

Des Quintus Claudius Worte, mit denen dieser Kampf so lebendig geschildert wird, schreibe ich hier nieder: ›Da nun trat ein Gallier nach vorn, der außer dem Schild und zwei Schwertern nichts trug und mit Halsring und Armreifen geschmückt war; dieser übertraf alle übrigen an Stärke, Größe, Jugendkraft und gleichermaßen auch an Tapferkeit. Mitten auf dem Höhepunkt der Schlacht, als beide Parteien mit größtem Ingrimm miteinander rangen, war es dieser, der beiden Seiten mit Handzeichen bedeutete, das Kämpfen einzustellen. Der Kampf wurde auf eine Weile unterbrochen. Sogleich, als Stille eingetreten war, ruft er mit äußerster Stimmgewalt, es solle hervortreten, wer immer mit ihm um die Entscheidung kämpfen wolle. Wegen der ungeheuren Größe und Wildheit seines Äußeren wagte das zunächst keiner. Da hub der Gallier an zu lästern und die Zunge herauszustrecken. Das erregte sofort den heftigen Unwillen eines

Titus Manlius, Sproß eines hochadligen Geschlechtes, daß solcher Schimpf die Bürgerschaft treffe, daß aus einem so großen Heere kein einziger sich hervorwage! Dieser nun, wie gesagt, trat vor die Linie, er duldete nicht, daß Römerehre vor einem Gallier so schimpflich zunichte würde. Mit dem Schild des römischen Fußvolks, umgürtet mit einem spanischen Schwert, stellte er sich dem Gallier entgegen. Groß war die Beklommenheit, als es jetzt angesichts beider Heere mitten auf der Brücke zum Zusammentreffen der beiden kam. So – wie schon von mir beschrieben – hatten sie Aufstellung genommen: der Gallier, den Schild wie gewohnt in Vorhalte, einen Kampfgesang anstimmend. Unser Manlius, mehr seinem Mut als seiner Geschicklichkeit vertrauend, drückte Schild gegen Schild und brachte auf diese Weise Unsicherheit in die Stellung des Galliers. Als sich der Gallier zum anderen Male bemüht, die gleiche Ausgangsstellung zu gewinnen, stößt Manlius ebenfalls zum anderen Mal Schild gegen Schild und verdrängt wiederum den Gegner von seinem Platz. Dabei gelang es ihm, das gallische Schwert zu unterlaufen und mit seiner spanischen Klinge die Brust des Feindes zu treffen; dann warf er sich ununterbrochen mit gleicher Wucht gegen die rechte Schulter und ließ nicht ab, bis er den Gegner niedergeworfen hatte, um dem Gallier keine Gelegenheit mehr zum Hieb zu lassen. Sobald er ihn zu Fall gebracht, schlug er ihm das Haupt ab, riß ihm den Halsring herunter, den er noch ganz blutbeschmiert sich selbst um den Hals legt. Nach dieser Tat erhielt er selbst und seine Nachfahren den Beinamen eines ›Torquatus‹, das ist ›Halskettenträger‹.

Dieser Titus Manlius, dessen Kampf Quadrigarius

beschrieb, gab auch den Namen für strenge und grausame Befehle, die man ›manlianische‹ nannte, weil er später, als er in einem Kriege gegen die Latiner Konsul war, seinen eigenen Sohn mit dem Beil hinrichten ließ, der, von ihm auf Kundschaftsgang geschickt, trotz strengen Verbots einen Gegner getötet hatte, von dem er freilich herausgefordert war.

Liebestod eines Delphins

Delphine sind liebreizende und liebebedürftige Geschöpfe, das bestätigen uns alte Erlebnisberichte ebenso wie zeitgenössische Nachrichten. Gibt es doch verbürgte Beispiele leidenschaftlicher Verliebtheit von Delphinen zur Zeit des Kaisers Augustus aus der Meeresgegend bei Puteoli – wie Apion schriftlich bezeugt – und einige Jahrhunderte früher bei Naupaktus, wie Theophrast überliefert. Und diese Delphine faßten nun ihre Liebe nicht zu Wesen ihresgleichen, vielmehr entbrannten sie auf wundersame, nahezu menschliche Weise in Liebesglut zu wohlgebildeten Knaben, die sie zufällig auf Schiffen oder flachen Uferstellen gesichtet hatten. Ich gebe hier den griechischen Wortlaut des gelehrten Apion aus dem fünften Buch seiner ›Ägyptischen Erzählungen‹ wieder, wo er von den Zutraulichkeiten, den Schäkereien, den Lustfahrten und dem Wettschwimmen eines verliebten Delphins und eines keinesfalls widerstrebenden Knaben berichtet und bestätigt, er selbst und viele andere hätten das alles beobachten können:

›Ich selbst habe in der Nähe von Dikaiarchia einen Delphin beobachtet, der in sehnsüchtiger Liebe zu einem Knaben entbrannt war, den man Hyakinthos nannte. Auf dessen Anruf schlängelt er sich wie innerlich beflügelt heran, zieht seine Stacheln ein, vorsichtig, damit er ja kein Fleckchen der geliebten Haut ritze, dann trägt er ihn wie ein Reitpferd an die zwanzig Stadien weit herum. Rom und ganz Italien strömten herbei, den Fisch zu sehen, der das Joch der Liebe trug.‹

Dem fügt er noch eine freilich allzu wundersame Fortsetzung an: ›Einige Zeit später erkrankte dieser vom Delphin so heißgeliebte Knabe und starb. Der bewußte Liebhaber jedoch, als er wiederholt an den gewohnten Uferstreifen herangeschwommen kam und sich der Knabe, der dort im flachen Wasser gewöhnlich auf ihn gewartet hatte, nirgendwo einfand, verging vor Sehnsucht, hauchte sein Leben aus und wurde von denen, die um das Verhältnis wußten, am Ufer liegend aufgefunden und im Grab seines Knaben beigesetzt.‹

Rabenschlacht

Über den Maximus Valerius, dem die Hilfe und der Beistand eines Raben den Beinamen ›der Rabenmann‹ einbrachte, sind alle angesehenen Schriftsteller einhellig einer Meinung. Dieser nachgerade wirklich staunenswerte Vorfall wird in der Jahrbücher-Literatur so dargestellt:

Ein junger Mann aus angesehener Familie wird unter den Konsuln Lucius Furius und Claudius Appius Militärtribun. Gerade zu dieser Zeit hatte sich im Pomptinischen Feld ein gewaltiger Heerbann der Gallier festgesetzt; so wurde von den durch Stärke und Zahl der Feinde stark beunruhigten Konsuln eine militärische Streitmacht aufgeboten. – Kam nun der Anführer der Gallier, wild und hochgewachsen wie er war, in goldfunkelndem Waffenschmuck großspurig, den Speer in der Hand schwingend, einherstolziert. Verächtlich und stolz blickt er um sich und in seiner grenzenlosen Mißachtung fordert er auf, näherzutreten und sich im Kampf zu messen, wenn aus dem ganzen Römerheer es überhaupt einer wagen sollte, gegen ihn zu kämpfen. Alles schwankt zwischen Furcht und Scham, als der Tribun Valerius furchtlos und gemessenen Schrittes vortritt, er hatte vorher bei den Konsuln beantragt, sie möchten ihm gestatten, gegen den so übertrieben anmaßend auftretenden Gallier zu kämpfen. Sie gehen aufeinander los, nehmen Aufstellung zum Zweikampf, und schon waren sie kämpfend verschlungen. Da nun vollzieht sich gewissermaßen Götterwerk: Unversehens fliegt da ein Rabe herbei, setzt sich auf den Helm des Tribunen, von wo er sogleich den Kampf gegen Gesicht und Augen des Gegners aufnimmt. Er sprang ihn an, brachte ihn aus der Fassung, zerhackte ihm die Hand, nahm ihm mit den Flügeln die Sicht und flog nach seinem Wüten zurück auf des Tribunen Helm. So unterstützt, besiegte der Tribun vor den Augen beider Heere, im Vertrauen auf seine Tapferkeit und mit Hilfe des Vogels den wild-gewaltigen Anführer der Feinde, tötete ihn und erhielt aus diesem Grunde den Beinamen ›der Rabenmann‹. So geschehen im Jahr 405 nach der Gründung Roms.

Kaiser Augustus sorgte dafür, daß diesem Corvinus auf seinem Forum ein Standbild errichtet wurde. Das Haupt dieser Statue krönt das Bild eines Raben, als Hinweis auf die von mir beschriebene Kampfhandlung.

In flüssiger und knapper Form, in abgerundetem und ungekünsteltem Ton schrieb Herodot seine Erzählung vom Kitharaspieler Arion. ›Vor alters‹ – so erzählt er – ›war Arion ein hochangesehener Kitharaspieler. Nach Geburtsstadt und Gegend war er Methymnäer, nach Land und Insel Lesbier. Seiner Kunst verdankte er es, daß ihn Periander, der König von Korinth, unter seine Lieblinge und Freunde zählte. Von dort bricht er eines Tages auf, die berühmten Länder Sizilien und Italien zu besuchen. Dort, in den Städten beider Länder, angelangt, bezauberte er aller Ohren und Sinne, wurde er zum erklärten Liebling der Menschen. Im Besitz einer großen Menge Bargeld und vieler Wertsachen entschloß er sich endlich zur Rückkehr nach Korinth, wählte dazu ein Schiff mit korinthischer Besatzung, weil ihm eine solche bekannter und vertrauenswürdiger schien.‹

Und gerade diese Korinther haben geld- und beutegierig, als der Mann sich ihnen anvertraut hatte und sich das Schiff auf hoher See befand, den Entschluß gefaßt, den Arion umzubringen. Seine mißliche Lage erkennend, habe ihnen dieser sein Geld und seine übrige Habe überlassen, nur sein Leben, darum habe er inständig gebeten, sollten sie schonen. Diese seine Bitten hätten die Seeleute insoweit erweichen können, als sie nun davon abkamen, ihn eigenhändig gewaltsam umzubringen, doch hätten sie ihm dafür befohlen, sich vor ihren Augen sogleich kopfüber ins Meer zu stürzen.

›Bestürzt und jeglicher Lebenshoffnung beraubt‹, so erzählt Herodot, ›bat er nun nur noch um das Eine: sie möchten ihm, ehe er in den Tod ginge, gestatten, seinen ganzen Feststaat anzulegen, seine Kithara zur Hand zu nehmen und sich ein Trostlied zu singen auf seinen eigenen Untergang. Hörbegierde steigt nun auf in den wilden, unmenschlichen Seeleuten, seine Bitte wird ihm gewährt. Bald darauf erscheint er – wie gewohnt – angetan mit Kranz, Mantel und Schmuck auf dem höchsten Heckplatz und singt mit hocherhobener Stimme seine sogenannte hocherhabene Weise. Am Schluß seines Gesanges stürzt er sich kopfüber in die Tiefe, mit seiner Kithara und seinem ganzen Staat, so wie er stand und sang. Die Seeleute, die nicht im geringsten an seinem Tod zweifelten, behielten den eingeschlagenen Kurs bei. Jetzt aber ereignet sich etwas Unerwartetes, Wunderbares, ja Ehrfurchtgebietendes.‹

Plötzlich sei da ein Delphin in den Wellen herbeigeschwommen, habe sich unter den in den Wellen treibenden Menschen geschoben, ihn auf seinem, die Wasseroberfläche überragenden Rücken davongetragen und ihn unversehrt und mit vollem Festschmuck nach Taenarus in spartanisches Gebiet gebracht. Von diesem Ort aus habe sich Arion dann unverzüglich nach Korinth begeben, sich so, wie er auf dem Delphin geritten, dem ahnungslosen König Periander vorgestellt und ihm berichtet, wie sich alles zugetragen hatte. Der König glaubte das alles nicht recht, befahl aber, den Arion als vermeintlichen Betrüger in Gewahrsam zu nehmen, gleichzeitig die Seeleute suchen zu lassen, um sie dann – Arion war ja versteckt – mit verstellter Miene auszufragen: ob sie dort, wo sie herkamen, etwas über Arion gehört hätten. Da hätten diese dann ausgesagt, der Mann habe sich, als sie von dort aufbrachen, in Italien aufgehalten, habe große Erfolge geerntet, der Kunstbegeisterung und persönlichen Vorliebe der dortigen Stadtgemeinden verdanke er seinen Wohlstand, sei durch Gunst und viel Geld begütert und beglückt. Noch während sie so sprachen, sei dann Arion mit Kithara und Festkleidung angetan, so wie er sich ins Meer gestürzt, dazwischengetreten. Bestürzt und überführt hätten die Seeleute keine Ausflüchte mehr machen können.

Diese Geschichte erzählen sich die Lesbier und die Korinther. Und durch zwei Bronzestatuen, die in Taenarus zu besichtigen sind, einen schwimmenden Delphin und auf seinem Rücken sitzend ein Mensch, könnte die Wahrheit dieser Erzählung bestätigt werden.

Beim Antiquar oder Wunder und Wilde

Als wir auf unserer Rückreise von Griechenland nach Italien in Brundisium ankamen, verließen wir das Schiff zu einem Landgang und unternahmen sogleich einen Bummel durch das weitberühmte Hafenviertel, das Quintus Ennius mit einem ein wenig ungebräuchlichen, aber doch hinreichend bekannten Wort ›glückverheißend‹, *praepes*, nannte, und erblickten stapelweise zum Verkauf ausgestellte Bücher. Ich nun stürze mich gierig auf die Bücher. Es waren freilich alles griechische Bücher voller Wundergeschichten, Fabelerzählungen, Sensationsberichte, unglaubhaftes Zeug, jedoch alte Schriftsteller, die etwas galten: Aristeas von Prokonnesus und Isigonus aus Nikaea und Ktesias und Onesikritus und Philostephanus und Hegesias. Durch die tägliche Auslage strotzten diese Buchrollen vor Dreck; in ihrem Zustand boten sie einen häßlichen Anblick.

Trotzdem wage ich mich näher heran und erkundige mich nach dem Preis, und, verführt durch die erstaunliche und unerwartete Billigkeit, kaufe ich die meisten Bücher für weniges Geld und lese sie in den folgenden beiden Nächten flüchtig durch. Beim Lesen nun machte ich mir ein paar Auszüge, notierte Wundergeschichten und Dinge, an die sich unsere Schriftsteller kaum einmal heranwagen. Diese habe ich nun in meine Sammlung aufgenommen, damit meine Leserschaft, wenn derlei einmal vorgetragen wird, wenigstens nicht völlig unerfahren und unkundig ist.

In diesen Büchern waren also Dinge folgender Art aufgezeichnet: Es gäbe ganz weit entfernt im höchsten Norden lebende Skythenstämme, die Menschenfleisch essen und sich durch diese Nahrung am Leben erhalten; man nennt sie daher ›Menschenfresser‹; ebenso gäbe es in dieser Himmelsgegend Menschen, die nur ein Auge haben, und das mitten auf der Stirn; diese würden Arimaspen genannt – die Kyklopen hätten genauso ausgesehen, berichten die Dichter; unter demselben Himmelsstrich gäbe es nun Menschen von einzigartiger Schnelligkeit, deren Fußspuren nicht, wie bei den übrigen Menschen, vorwärts, sondern rückwärts weisen. Außerdem wurde folgende Überlieferung fest behauptet: In einem gewissen Lande, das man ›Albania‹, das ›Weiße Land‹, nennt, würden Menschen geboren, die schon im Jugendalter ergrauen und mit ihren Augen nachts schärfer sehen als tagsüber. Weiterhin gibt man vor, glaubhaft erfahren zu haben, daß die Sarmaten, die weit jenseits des Flusses Borysthenes wohnen, immer nur aller drei Tage Nahrung zu sich nehmen, in der Zwischenzeit jedoch völlig enthaltsam leben.

In diesen Büchern fand ich das beschrieben, was ich später auch im siebten Band der ›Naturgeschichte‹ des Plinius las: In Afrika gäbe es Menschengruppen, die mit Anruf und Spruch Verzauberung ausüben. Wenn diese einmal nur so nebenbei etwa wunderschöne Bäume, prangende Saatfelder, liebliche Kinder, vorzügliche Pferde, fettes, gut gepflegtes Weidevieh etwas überschwenglicher gelobt haben, dann geht das alles plötzlich zugrunde, ohne daß irgendeine andere Ursache ersichtlich wäre. Todesverzauberung könne aber auch durch Blicke bewirkt werden, steht in diesen Büchern zu lesen, und in Illyrien soll es danach Menschen geben, die, wenn sie einen längere Zeit zornig angeblickt haben, durch ihre Blicke töten können, und ebendiese Männer wie Frauen mit dem verderblichen Blick hätten in jedem Auge je zwei Pupillen. Ebenso gäbe es in den Bergen Indiens Menschen mit Hundeköpfen, die bellen können und die sich von erjagten Vögeln und wildem Getier ernähren. Und dann auch noch andere Wunder bei den Menschen in den äußersten Ostländern, den sogenannten ›Einbeinern‹, die auf einem Bein einherhüpfen und dabei von beweglichster Schnelligkeit sind; einige von diesen hätten keine Hälse und trügen die Augen auf den Schultern. Aber das überschreitet nun jedes Maß an Glaubwürdigkeit, daß es – nach eben jenen Schriftstellern – im äußersten Indien ein Volk mit struppigen und nach Vogelart befiederten Leibern gäbe, das keine feste Nahrung zu sich nimmt, sondern vom Blütenduft lebt, den es durch die Nasen einzieht; nicht weit davon kämen auch die Pygmäen zur Welt, deren größte nicht höher sind als zweieinviertel Fuß.

Dies und vieles andere dieser Art bekam ich zu lesen,

beim Niederschreiben ekelte mich aber dann dieses unwürdige Geschreibsel an, das überhaupt nichts zur Verschönerung und Bereicherung unseres Lebens beiträgt. Trotzdem schien es mir angebracht, an diesem ›Ort der Wunder‹ auch das festzuhalten, was der Plinius Secundus, ein Mann, der durch seine Begabung und sein Ansehen zu seiner Zeit einen ausgezeichneten Ruf genoß, im siebten Buch seiner ›Naturgeschichte‹ schriftlich versichert, nicht nur gehört oder gelesen, sondern selbst erfahren und gesehen zu haben. Die weiter unten von mir angefügten Sätze sind seine eigenen und stammen aus diesem Buch. Sie beweisen tatsächlich, daß das allbekannte Paradestück der alten Dichter über Caenis und Caeneus weder abgelehnt noch belächelt werden sollte. Die Verwandlung von Frauen in Männer, so meint er, gehöre danach keinesfalls ins Reich der Fabeln. ›In den Jahrbüchern findet sich die Notiz, daß im Konsulatsjahr des Quintus Licinius Crassus und des Gaius Cassius Longinus in Casinum unter den Augen der Eltern aus einem Mädchen ein Knabe geworden sei, der dann auf Weisung der Wahrsager auf eine menschenleere Insel gebracht worden sei. Licinius Mucianus verrät uns, er habe in Argos einen gewissen Arescon gesehen, der vorher Arescusa geheißen, sich sogar verehelicht habe, bei diesem hätten sich gar bald Bartwuchs und Zeichen der Männlichkeit gezeigt, und er hätte sich eine Frau genommen. Einen Knaben dieser Art habe er auch in Smyrna zu Gesicht bekommen.

Ich selbst habe in Afrika den thysdritanischen Bürger Lucius Cossitius gesehen, der am Tag seiner Hochzeit in einen Mann verwandelt worden war und, als ich dies niederschrieb, noch am Leben war.‹ Derselbe Plinius schreibt in demselben Buch folgendes: ›Es gibt von Geburt an doppelgeschlechtliche Menschen, die wir Hermaphroditen nennen; früher nannte man sie Androgyne. Sie galten als wundersame Vorzeichen, heutzutage aber dienen sie zu Liebesspielen.‹

Die List mit der Hirschkuh

Sertorius, ein Draufgänger, auch als Heerführer überaus tüchtig, verstand sich darauf, sein Heer einzusetzen und zu lenken. Versprach er sich in kritischer Lage Vorteil von einer Lüge, belog er einfach seine Soldaten. Auch ließ er, wenn immer es ihm dienlich schien, die Stimmung der Truppe zu heben, täuschend echt gefälschte Briefe verlesen, gab vor, einen Traum gehabt zu haben, oder ließ Ereignisse stattfinden, die gewisse Vorbedeutungen hatten.

Eine seiner Kriegslisten gilt als besonders berühmt: Einst hatte ihm ein Lusitanier eine weiße Hirschkuh geschenkt, die außerordentlich schön, lebhaft und schnellfüßig war. Eindringlich begann er nun allen einzureden, diese Hindin sei ihm als ein Göttergeschenk zuteil geworden; auf Geheiß der Diana unterhielte sie sich mit ihm, ermahne ihn und belehre ihn über günstige Gelegenheiten, etwas zu unternehmen. Und sooft er seinen Soldaten Aufträge geben wollte, die härtere Anforderungen an sie stellten, gab er einfach vor, dies hätte ihm die Hindin aufgetragen. Hatte er das betont, gehorchte man ihm für gewöhnlich willig, wie einer Gottheit.

Eines Tages nun – ein feindlicher Angriff war eben gemeldet worden – reißt sich die Hindin, aufgeschreckt durch die herrschende Hast und Verwirrung, los, flieht davon und verbirgt sich im nächstgelegenen Sumpf. Vergeblich sucht man nach ihr und glaubt schließlich, sie sei umgekommen. Aber nur wenige Tage später erhält Sertorius die Meldung, man habe die Hindin wiedergefunden. Den Überbringer dieser Botschaft heißt er schweigen und verbietet ihm strengstens, in der Öffentlichkeit etwas davon verlauten zu lassen. Dazu weist er ihn an, die Hindin am nächsten Tag ganz unvermutet genau an den Ort zu treiben, wo er sich mit seinen Freunden aufhalten würde. Als sich nun tags darauf sein Gefolge um ihn versammelt hatte, erzählte er von seinem Traum, die tote Hirschkuh sei zu ihm zurückgekehrt und verkünde ihm, was zu tun sei, genau wie sie es früher immer getan. Dann gab er dem Sklaven das vereinbarte Zeichen. Die freigelassene Hindin stürzt sich ins Gemach des Sertorius: stürmischer Zuruf und wachsende Bewunderung!

Eine solche, unter Barbaren freilich zu erwartende Leichtgläubigkeit nutzte dem Sertorius sehr bei seinen gefährlichen Unternehmungen. Man erinnert sich gut, daß von den Stämmen, die sich dem Sertorius angeschlossen hatten, kein einziger je abtrünnig wurde, auch als er schon in vielen Schlachten geschlagen worden war – und das, wo dieser Menschenschlag doch als äußerst unbeständig gilt!

Des Krösus Sohn konnte, als er längst das sprechfähige Alter erreicht hatte, noch nicht sprechen, und auch als er weiter herangewachsen war, brachte er keinen Laut hervor. So galt er lange Zeit als stumm und sprachlos. Als aber sein Vater in einer verheerenden Schlacht besiegt worden war, geschah es, daß in der Stadt, in der er eingeschlossen, ein feindlicher Krieger, der in ihm nicht den König erkannte, mit gezücktem Schwert auf ihn eindrang. Da nun öffnete der junge Mann seinen Mund, versuchte zu schreien, und durch diese Kraftanstrengung überwand er seine Sprachhemmung, löste gewissermaßen seiner Zunge Band und begann deutlich und vernehmbar zu sprechen. Er schrie dem feindlichen Krieger zu, der König Krösus dürfe nicht getötet werden. Da zog der Feind sein Schwert zurück, dem König ist das Leben geschenkt, und von Stund an begann der junge Mann zu sprechen.

In seinen ›Geschichtserzählungen‹ hat Herodot diese Begebenheit aufgezeichnet; seinem Bericht nach waren dies die ersten Worte, die der Krösus-Sohn ausrief: »Mann, töte den Krösus nicht!«

Doch auch ein gewisser Sportler aus Samos, der zuvor nicht sprechen konnte – Echekleus hieß er –, soll aus ähnlichem Anlaß zu sprechen begonnen haben. Als nämlich während eines heiligen Wettkampfs bei der Auslosung der gegnerischen Parteien ein Betrug im Gange war und er bemerkt hatte, wie ein gefälschtes Namenslos untergeschoben wurde, brüllte er plötzlich dem Betrüger zu, er sehe sehr wohl, was er da mache. Auch dieser Mann, dem so der Bann der Zunge gelöst war, konnte von da an sein ganzes Leben lang ungehemmt und fließend sprechen.

Androclus und sein dankbarer Löwe

Apion, genannt ›Herr Immersieg‹, bewandert in vielen Wissenschaften, besaß besonders ausgedehnte und vielseitige Kenntnisse in der griechischen Geschichte. Hochgepriesen ist sein mehrbändiges Werk, in dem fast alles an Wunderdingen zusammengetragen ist, was man in Ägypten sehen und hören kann. Jedoch weiß man bei dem, was er selbst gehört oder gelesen zu haben vorgibt, nie, ob seine Mitteilsamkeit nicht übereifrigem, aber fehlgeleitetem Geltungsbedürfnis entspringt; jedenfalls bringt er beim Anpreisen von Lehrmeinungen sich selbst recht gut an den Mann.

Diese Erzählung nun, die er im fünften Buch seiner ›Ägyptischen Geschichten‹ aufgezeichnet hat, versichert er nicht vom Hörensagen und nicht aus der Lektüre zu kennen, sondern höchstpersönlich in Rom mit eigenen Augen gesehen zu haben.

›Im Circus Maximus‹, erzählt er, ›wurde für die Volksmenge eine prächtige Tierhetze veranstaltet. Als ich zufällig einmal in Rom weilte, wurde ich‹, so berichtet er jedenfalls, ›Augenzeuge dieser Schau. Viele wilde Tiere waren da zu sehen, Bestien von herausragender Größe. Sei es vom Äußeren her, sei es durch ihre Gefährlichkeit, alle boten sie den Anblick des Nochniedagewesenen. Vor allem anderen jedoch‹, berichtet er, ›galt die Bewunderung der ungeheuren Größe der Löwen, unter allen übrigen aber besonders einem einzigen. Dieser eine

Löwe hatte mit seiner Sprungkraft und Körpergröße, seinem furchteinflößenden wie durchdringenden Gebrüll, seinen Muskelpartien und seiner flatternden Nakkenmähne aller Aufmerksamkeit und Augen auf sich gezogen. Zusammen mit den meisten anderen zum Tierkampf Verurteilten hatte man den Sklaven eines ehemaligen Konsuls hereingetrieben. Dieser Sklave hieß Androclus. Als den jener Löwe von weitem erblickt hatte, hielt er unvermittelt inne, als ob er sich wunderte; dann kam er allmählich und gelassen näher an den Menschen heran, so, als ob er ihn kennenlernen wollte. Dann wedelt er sanft und freundlich mit dem Schweif, wie es Hunde zu tun pflegen, die sich einschmeicheln wollen, schmiegt sich eng an den Körper dieses Menschen an und beleckt Beine und Arme des vor Furcht fast Entseelten sanft mit der Zunge. Der Mensch Androclus gewinnt seine Fassung wieder, die er bei den Liebkosungen der so gefährlichen Bestie verloren hatte, ganz allmählich hebt er seine Blicke, um den Löwen zu betrachten. Dann aber, nach dem wechselseitigen Wiedererkennen, konnte man die beiden, den Menschen und den Löwen, sehen, wie sie froh waren und sich beglückt begrüßten.‹

Durch dieses staunenerregende Ereignis, so erzählt uns Apion, sei riesige Unruhe unter der Volksmenge entstanden. Androclus sei vom Kaiser herbeibefohlen und nach dem Grund befragt worden, warum jener wildeste Löwe gerade ihn allein verschont habe. Da nun erzählt der Androclus eine wunderbare und erstaunliche Geschichte:

»Zur Zeit, als mein Herr«, so seine Worte, »die Provinz Afrika mit prokonsularischer Vollmacht verwaltete, sah ich mich durch seine tagtäglichen ungerechten

Prügelstrafen zur Flucht veranlaßt, und um vor meinem Herrn, dem Gebieter dieses Landes, einen sicheren Unterschlupf zu haben, zog ich mich in die Einsamkeit der weiten Wüstentäler zurück. Sollte mir die Nahrung ausgehen, war ich fest entschlossen, auf irgendeine Art den Tod zu suchen. Dann endlich – die Sonne stand hoch, es war sengend und heiß – hatte ich eine entlegene schattige Höhle entdeckt, nahm sie in Besitz und fühlte mich geborgen. Nicht viel später kam jener Löwe da mit einem verletzten, blutenden Bein in diese Höhle, stöhnte und stieß Klagelaute aus, die auf Schmerz und Pein hinwiesen, die ihm seine Wunde verursachte.« Wie er den Löwen zum ersten Mal hereinkommen sah, sei er daher – nach eigener Aussage – freilich erschrocken und eingeschüchtert gewesen. »Doch nachdem der Löwe offenbar in seine Stammbehausung«, so erklärt er, »eingetreten war und sah, wie ich mich weit zurückgezogen hatte, kam er sanft und zahm näher, zeigte seine erhobene Pranke und streckte sie mir gewissermaßen hilfeflehend entgegen, so wenigstens schien es mir. Dann entfernte ich einen riesigen Splitter, der in seinem Fußballen stekkengeblieben war, drückte den Eiter heraus, der sich tief in der Wunde gesammelt hatte, dann tupfte ich, bereits ohne große Furcht, die Wunde sehr sorgfältig und gründlich aus, zuletzt wischte ich das Blut ab. Durch meine Hilfeleistung und Heilmittel fühlte er sich erleichtert, legte seine Pranke auf meine Arme, streckte sich aus und schlief ein. Volle drei Jahre lang, von da an, lebten und aßen wir, ich und der Löwe, zusammen in der gleichen Höhle. Denn von den Tieren, die er erjagte, schleppte er die fetteren Brocken zu mir in die Höhle. Da mir Feuer nicht zur Verfügung stand, mußte ich sie mir in der Mittagssonnenglut rösten und verspeisen. Als ich schließlich«, erzählte er, »dieses tierischen Lebens überdrüssig geworden war, verließ ich die Höhle, als mein Löwe gerade auf Jagd war, marschierte etwa drei Tage, dann sahen mich Soldaten, nahmen mich fest und verfrachteten mich von Afrika nach Rom zu meinem Herrn. Der sorgte unverzüglich dafür, daß ich auf Tod und Leben angeklagt und zum Tod durch die Bestien verurteilt wurde. Jetzt verstehe ich: Nachdem wir uns getrennt hatten, wurde auch dieser Löwe gefangen, und jetzt stattet er mir seinen Dank für Hilfeleistung und medizinische Betreuung ab.«

Dies, so überliefert es uns Apion, habe Androclus damals gesagt, und dies sei alles aufgezeichnet und auf einer Tafel, die man herumreichte, dem Volk erklärt worden. So sei auf aller dringenden Wunsch Androclus freigegeben und ihm seine Strafe erlassen worden, auch der Löwe sei ihm auf Verlangen des Volkes geschenkt worden. ›Später‹, sagt er, ›sahen wir Androclus und seinen Löwen, der ein leichtes Halsband trug, in der ganzen Stadt um die Schaubuden herumstreichen; Androclus erhielt Geldgeschenke, der Löwe wurde mit Blumen bekränzt, und alle, wo immer sie den beiden begegneten, riefen:

Dies ist der Löwe, der einen Menschen bewirtete!
Dies ist der Mensch, der einen Löwen gesundpflegte!‹

Geheime Botschaften

Es gibt da einen Briefwechsel des Gaius Caesar mit dem Gaius Oppius und dem Balbus Cornelius, die während seiner Abwesenheit seine Geschäfte führten. In diesen Briefen finden sich an gewissen Stellen einzelne Buchstaben, die sich nicht zu Silben zusammenfügen und die man für willkürlich hingesetzt halten könnte, weil sich aus ihnen kein Wortzusammenhang bilden läßt. Es gab aber unter diesen Männern eine geheime Absprache über eine veränderte Buchstabenfolge: Im Schriftstück sollte jeder Buchstabe mit anderer Bedeutung an einer anderen Stelle stehen, aber beim Lesen konnte jedem seine ursprüngliche Stelle im Alphabet und sein richtiger Sinn wiedergegeben werden. Welcher Buchstabe nun mit einem anderen seinen Platz tauschte, das wurde vorher, ich sagte es ja schon, unter denen vereinbart, die sich diese Geheimschrift zusammenstellten. Es existiert sogar eine sehr sorgfältig gearbeitete Erklärungsschrift des Grammatikers Probus ›Über die geheime Buchstabenbedeutung in den Briefen des Gaius Caesar‹. Die alten Lakedaimonier aber schickten, wenn sie ihre für die Feldherrn bestimmte Staatspost unlesbar machen und geheimhalten wollten, Briefe ab, die, damit ihre Pläne verborgen blieben, falls Feinde die Post abfingen, folgendermaßen hergestellt wurden: Man nahm zwei lange und gedrechselte Stäbe von gleichem Durchmesser und gleicher Länge, die völlig gleichartig geglättet und ausgestattet waren. Den einen der Stäbe gab man dem ausrückenden Feldherrn mit in den Krieg, den anderen behielten die daheimbleibenden Amtspersonen unter Verschluß und Siegel. Machte sich der Versand geheimer

Nachrichten notwendig, wickelte man um diesen Stab einen schmalen Riemen, so lang wie von Fall zu Fall nötig. Dieser Riemen wurde nun einfach rundherum gewickelt, wobei die Ränder des geschlungenen Riemens sich an allen Stellen nahtlos zusammenfügten. Auf den Riemen schrieben sie dann die Nachricht fortlaufend von oben nach unten quer über die Streifenränder hinweg. Den derart mit Schriftzeichen bemalten Riemen wickelten sie vom Stab ab und schickten ihn dem in diese Verfahrensweise eingeweihten Feldherrn. Das Abwikkeln des Riemens ergab nun verstümmelte und zerteilte Buchstabenformen und in unterschiedlichste Abschnitte zersprengte Satzglieder und Buchstabenzüge. Fiel ein solcher Riemen in Feindeshand, konnte aus dem Geschriebenen kein vernünftiger Sinn ermittelt werden. Erhielt ihn aber der eigentliche Empfänger, so wickelte der ihn von Anfang bis Ende – genau wie er wußte, daß es gemacht werden mußte – um den in seinem Besitz befindlichen Schwesterstab. Und so wuchsen bei gleicher Streifenführung um den Stab herum die Buchstabenformen wieder zusammen und boten den Anblick eines vollständigen, unentstellten und leicht lesbaren Briefes. Diese Art brieflicher Benachrichtigung heißt bei den Lakedaimoniern σκυτάλη, ›der Botschaftsstab‹.

Auch das las ich einmal in einem alten Buch über Punische Geschichte, wie ein ebenfalls hochberühmter Mann – ich habe mir nicht gemerkt, ob es der Hasdrubal war oder irgendein anderer – einen Brief mit geheimen Nachrichten auf folgende Art verborgen hielt: Er habe sich neue, noch nicht mit der Wachsschicht überzogene Schreibtäfelchen vorgenommen, seine Nachricht in die hölzerne Grundfläche eingekerbt, dann die Tafel wie üblich mit Wachs überziehen lassen und sie als unbeschriebene Exemplare an den Mann geschickt, den er über diese Verfahrensweise unterrichtet hatte. Dieser habe dann die Wachsschicht wieder abgeschabt und die auf der Holzfläche eingeritzte Nachricht völlig unentstellt lesen können.

In den Dokumenten griechischer Geschichte gibt es auch noch eine andere so unergründliche wie unvermutete, von Barbarenlist ausgeklügelte Form der Geheimhaltung. Da war ein Mann von hohem Stand mit Namen Histiaeus, ein gebürtiger Kleinasiate. Über Asien regierte damals der König Darius. Dieser Histiaeus wollte nun, als er sich in Persien beim König Darius aufhielt, einem gewissen Aristagoras durch Geheimschreiben Nachrichten zukommen lassen. Er denkt sich folgendes Buchstabengeheimnis aus: Er rasiert seinem augenkranken Sklaven, wie zur Behandlung, alle Kopfhaare ab und tätowiert ihm Buchstabenformen auf die kahle Kopfhaut. Diese Schriftzüge enthielten die gewollte Botschaft. Den Sklaven hielt er dann unter Hausarrest, bis das Haar nachgewachsen war. Als es soweit war, schickt er ihn zum Aristagoras mit der Weisung: »Bist du bei ihm angekommen, sollst du ihm als meinen Auftrag mitteilen: er solle dir den Kopf scheren, so wie ich's neulich selbst getan!« Genau wie ihm befohlen, kommt der Sklave zum Aristagoras und übermittelt dem den Auftrag seines Herrn. Der nun hielt die Sache keinesfalls für Unfug und führte den Auftrag aus. Auf diese Weise wurde die gewünschte Nachricht übermittelt.

Treuer ›Rindskopf‹

Das Leibroß König Alexanders war nach Kopfform und Namen ein ›Rindskopf‹. Dreizehn Talente habe dieses Roß gekostet, berichtet Chares, und es sei dem König Philipp zum Geschenk gemacht worden; nach unserer Währung sind das dreihundertzwölftausend Sesterzien. Bemerkenswert scheint nun an diesem Pferd: War es erst einmal geschmückt und zum Kampf gerüstet, duldete es nie einen anderen Reiter als den König in eigener Person. Auch wird von diesem Roß folgendes berichtet: Alexander ritt es auf seinem Indienfeldzug und vollbrachte wahre Heldentaten. Als er sich jedoch einmal unvorsichtig in den Schlachtkeil der Feinde hineingeworfen hatte, von allen Seiten Geschosse auf ihn geschleudert wurden und tiefe Wunden sein Roß an Nacken und Flanken bedeckten: da trug es in schnellstem Galopp, wenngleich schon sterbend und nahezu ganz entkräftet, seinen König mitten aus der Schar der Feinde zurück. Sobald es ihn jedoch aus der Geschoßweite heil zurückgebracht hatte, brach es auf der Stelle zusammen und hauchte, unbesorgt nun, weil ja sein Herr in Sicherheit war, gleichsam wie von menschlichem Fühlen getröstet, seine Seele aus. Nach siegreich beendetem Feldzug gründete König Alexander eine Stadt in dieser Gegend, der er, seinem Pferd zu Ehren, den Namen ›Bucephalon‹, Rindskopf, gab.

Das Unglücksroß

Die Geschichte vom Seianischen Pferd überliefern uns Gavius Bassus in seinen ›Skizzen‹, ebenso Julius Modestus im zweiten Band seiner ›Vermischten Fragen‹; sie ist es wert, in Erinnerung gehalten und bestaunt zu werden:

War einst ein gewisser Gnaeus Seius, irgend so ein Sekretär, der ein Pferd besaß, das in Argos im Griechenlande zur Welt gekommen. Von diesem Pferd nun hielt sich hartnäckig die Kunde, es entstamme dem Geschlecht der ursprünglich dem Thraker Diomedes gehörenden Rosse, die Hercules nach Tötung des Diomedes aus Thrakien nach Argos gebracht. Dieses Pferd nun beschreiben sie so: Es war von nie geschauter Größe, stolz erhoben sein Nacken, purpurfarben sein Fell, glänzend seine wallende Mähne; auch in allen anderen Eigenschaften, die man an einem Pferd lobt, war es mit Abstand überlegen. Sie berichten uns auch, daß es mit jenem Pferd nach Fügung oder Laune des Geschicks noch folgende Bewandtnis gehabt habe: Wer immer als Besitzer über es verfügte, mußte samt dem ganzen Hauswesen, der Familie und seiner ganzen Habe zugrunde gehen und sterben. Darum auch mußte jener Gnaeus Seius, sein erster Herr, von Marcus Antonius, dem späteren zur Staatserneuerung eingesetzten Triumvirn, zum Tode verurteilt, schimpfliche Hinrichtung leiden. Gerade zu dieser Zeit war Cornelius Dolabella als Konsul nach Syrien unterwegs. Der Ruf dieses Pferdes bestimmte ihn, einen Umweg über Argos zu machen. Die Leidenschaft, dieses Pferd zu besitzen, war in ihm entbrannt, und so erwarb er es für einhunderttausend Sesterzien. Doch auch dieser Dolabella wurde im Verlauf des Bürgerkrieges in Syrien während einer Belagerung umgebracht. Sogleich führte nun Gaius Cassius, der eben den Dolabella eingeschlossen hatte, dieses Pferd, das ja dem Dolabella gehörte, mit sich fort. Von Cassius ist hinreichend bekannt, daß er einen kläglichen Tod gefunden, als seine Partei geschlagen und sein Heer zerstreut war. Wiederum geraume Zeit später – Cassius war zugrunde gegangen, der Sieg errungen – fordert Antonius dieses berühmt-berüchtigte Pferd des Cassius für sich; aber auch er – nunmehr im Besitz des Pferdes – wird später besiegt, im Stich gelassen und findet ein abscheuliches Ende. Hier liegt der Ursprung eines Sprichwortes, das man gewöhnlich auf vom Unglück Verfolgte anwendet: ›Der hat das Seianische Pferd!‹

Auch ein anderes altes Sprichwort hat den gleichen Sinn. Wir hören es in der Fassung: ›Tolosanisches Gold!‹ Als nämlich der Konsul Quintus Caepio die Stadt Tolosa im Gallierland zur Plünderung freigegeben hatte, stellte sich heraus, daß in den Tempeln dieser Stadt eine riesige Menge Gold aufbewahrt wurde. Wer immer dieses aus der Plünderung stammende Gold anrührte, der ging elendiglich und qualvoll zugrunde.

Gavius Bassus gibt an, jenes Pferd von unglaublicher Schönheit, Stärke und ganz außergewöhnlicher Färbung in Argos auch selbst gesehen zu haben: Für diesen Farbton gebrauchen wir, ich sagte es oben schon, den Ausdruck ›purpur‹, die Griechen bezeichnen ihn teils als ›purpurrot‹, andere auch als ›palmbaumfarben‹, nach der Bezeichnung des mit der Frucht vom Stamm gerissenen Palmzweigs.

Keiner kann's besser!

Phrygiens Fabeldichter, der Äsop, hat sich den Ruf eines Weisen ehrlich verdient. Seine beherzigenswerten Mahnworte und Ratschläge trägt er nämlich nicht nach Philosophenart vor, streng und anmaßend, als Vorschrift oder Urteil. Nein, er denkt sich heitere und ergötzliche Erzählungen aus, und so finden seine heilsamen und vorsorglichen Beobachtungen, die sich noch dazu allerliebst anhören, Zugang zu Herzen und Sinnen der Menschen. Hier zum Beispiel seine Erzählung ›Vom Vogelnestchen‹, die uns anmutig und gefällig dazu anhält, bei Dingen, die durch eigene Anstrengungen zu erreichen sind, Hoffnung und Vertrauen niemals auf einen anderen zu setzen, sondern nur auf uns selbst.

›Da ist ein kleines Vögelchen‹, so erzählt er, ›heißt Haubenlerche, das lebt und nistet in Getreidefeldern immer kurz vor Beginn der Erntezeit, wenn die Jungen gerade eben flügge werden. Eine solche Haubenlerche hatte sich nun einmal in einem Feld niedergelassen, das verhältnismäßig schnell der Ernte entgegenreifte. Goldgelb prangten die Ähren, aber noch immer waren die Vogeljungen flugunfähig. Also schärfte sie ihnen ein: Solange sie sich noch selbst um Futter für die Jungen bemühen müsse, sollten sie sich jede verdächtige Veränderung, jedes gesprochene Wort ja gut einprägen, daß sie es ihr nach ihrer Rückkehr auch berichten könnten. Ein wenig später: Der Herr dieses Saatfeldes ruft seinen jungen Sohn heran, spricht zu ihm: ‚Hier steht alles schon in voller Reife, das siehst du doch, nicht wahr? Recht bald muß hier Hand angelegt werden. Geh also schnell zu unseren Freunden, bitte sie, morgen, sobald der Morgen graut, möchten sie kommen, Nachbarschaftshilfe leisten und uns bei dieser Erntearbeit unterstützen.' Sprach's und entfernte sich. Als nun die Lerche heimkommt, umflattern zitternde, verängstigte Junge ihre Mutter, bitten sie inständig, sie möchte sich doch ja beeilen und sie an einen anderen Ort bringen. ,Der Herr' – so berichteten sie – ,hat nämlich einen ausgeschickt, der seine Freunde bitten soll, bei Tagesanbruch zur Erntehilfe zu erscheinen.' Da könnten sie ganz unbesorgt sein, entscheidet die Mutter: ,Überträgt der Herr die Erntearbeit seinen Freunden, dann bleibt das Feld morgen noch ungemäht, und es wäre unnütz, euch heute schon von hier wegzuschaffen.' Am Tag darauf‹ – heißt es in der Erzählung – ›fliegt die Mutter wieder auf Futtersuche. Der Herr dagegen wartet auf die, die er hatte bitten lassen. Die Sonne brennt im Zenit, und es geschieht nichts. Der Tag vergeht und – kein Freund ist erschienen. Spricht jener wiederum zum Sohn: ,Schöne Freunde sind das! Fast alle saumseliges Volk. Warum wenden wir uns nicht besser an unsere Verwandten und Schwäger und bitten sie, sich morgen beizeiten zur Ernte einzustellen?' Auch diese Botschaft melden, völlig verschüchtert, die Vogeljungen ihrer Mutter. Beruhigt sie die Mutter: Auch jetzt könnten sie ganz ohne Angst und Furcht sein. Unter Verwandten und Verschwägerten gäbe es – meint sie – nicht so viel Entgegenkommen, daß man sich unverzüglich zur Arbeit einstellte und einer entsprechenden Bitte sofort nachkäme. ,Ihr müßt nur achtgeben', sagt sie, ,was von jetzt an etwa besprochen wird!' Am anderen Morgen. Die Vogelmutter ist auf Nahrungssuche ausgeflogen, Verwandte und Schwäger aber haben die Hilfeleistung, um die sie gebeten worden waren, nicht für nötig gehalten. Jetzt endlich sagt der Herr zum Sohn: ‚Freunde mitsamt den Verwandten sollen uns gestohlen bleiben. Morgen bei Tagesanbruch bringst du uns zwei Sicheln mit, eine für mich, und du nimmst dir die andere. Dann werden wir unser Korn höchsteigenhändig abmähen!‘ Kaum daß die Mutter von ihren Kleinen diese Worte des Herrn hört, bestimmt sie: ‚Zeit ist's nachzugeben und sich davonzumachen. Denn jetzt wird ganz sicher eintreten, was er angekündigt hat. Jetzt liegt die Sache bei dem, den sie angeht, und nicht bei einem anderen, den man erst lange bitten muß.‘ So zog nun die Haubenlerche mit ihrem Nest um, das Saatfeld wurde von seinem Besitzer abgeerntet.‹

Dies also ist eine Geschichte des Äsop, die zeigt, wie sinnlos und trügerisch es doch meistens ist, sich auf Freunde und Verwandte zu verlassen. Die verehrte philosophische Fachliteratur dagegen lehrt doch wohl auch nichts anderes, als daß wir in eigener Sache uns eben selbst anstrengen, für alles andere aber, das uns ferner liegt und im Grunde unbeteiligt läßt, uns und die Unsrigen nicht zuständig fühlen müssen? Diese Äsop-Erzählung hat Quintus Ennius in seinen ›Satiren‹ recht geschickt und angenehm lesbar in Altväterversen wiedergegeben. Hier die beiden Schlußverse, die – so meine ich – zu beherzigen und im Gedächtnis zu behalten sich wahrlich lohnen würde:

Dies sei dein Wahlspruch, den du stets
bedenkst:
Erwarte nicht vom Freund, was selbst du
machen kannst!

Alternder Sportsmann

Milo aus Kroton, ein berühmter Athlet, erstmals preisgekrönt auf der zweiundsechzigsten Olympiade, schied auf so erbärmliche wie verwunderliche Weise aus dem Leben. Älter geworden, hatte er den Athletenberuf schon aufgegeben, als er so von ungefähr eine Wanderung durch Italiens waldreiche Gegenden unternahm, wobei dann sein Blick auf eine Eiche am Wegrand fiel, die in der Mitte weit auseinanderklaffte. Da wollte er – so möchte ich annehmen – sich noch einmal beweisen, daß er noch voll bei Kräften war. Er zwängte die Hände ins Bauminnere und versuchte den Eichbaum auseinanderzudrücken und aufzubrechen. Nun hatte er ja den Mittelteil auch schon wirklich gewaltsam getrennt und auseinandergerissen; als er sein Ziel jedoch fast erreicht hatte und seine Handgriffe ein wenig lockerte, schnellte, während seine Kräfte nachließen, die in zwei Teile getrennte Eiche in ihre Ausgangslage zurück, hielt seine Hände eingeklemmt, und wieder fest verbunden, bot sie den Mann den wilden Tieren zum Fraß.

WIE SAGE ICH'S RICHTIG
ODER
SPRACHE UND SPRECHENDER

Klassikerempfehlung

Wann immer mir in Rom vor meiner Athenreise neben dem Umgang mit meinen Lehrern und dem Hören von Vorlesungen noch ein wenig Freizeit blieb, ging ich gewöhnlich zu Cornelius Fronto, mich an seinem Anblick und an seinen gepflegten und lehrreichen Gesprächen zu erfreuen. Und jedes Mal, wenn ich, der ich damals noch sehr jung war, diesen Mann sehen und hören konnte, trug ich einen Gewinn an Bildung und Wissen mit nach Haus. So etwa, wie eines Tages bei ihm jenes Gespräch stattfand, über einen zwar nicht eben bedeutenden Gegenstand, aber doch wiederum nicht unerheblich, was das Eindringen in die Feinheiten der lateinischen Sprache betrifft. Denn als einer seiner Anhänger, ein wohlunterrichteter, damals recht bekannter Dichter, so beiläufig erwähnte, jetzt endlich, nach der Anwendung heißer ›Sande‹ sei er von seiner Wassersucht geheilt worden, da neckte ihn Fronto wörtlich so: »Die Krankheit bist du zwar los, aber den Sprachfehler nicht! Vertritt denn nicht Gaius Caesar, Diktator auf Lebenszeit und Schwiegersohn des Gnaeus Pompeius, von dem sich in der Folgezeit die ›Kaiserliche‹ Familie und die ›Kaiser‹-Anrede herleitet, ein Mann von überragender Geisteskraft, der alle seine Zeitgenossen in seinem Streben nach Sprachreinheit übertraf, vertritt dieser Mann denn nicht in seinen dem Marcus Cicero gewidmeten Büchern ›Über die Analogie‹ den Standpunkt, der Ausdruck ›Sande‹ sei unkorrekt, weil ›Sand‹ niemals in der Mehrzahl gebraucht werden dürfe, ebensowenig wie ›Himmel‹ oder ›Weizen‹, andererseits soll man seiner Meinung nach von ›Viergespannen‹ in der Mehrzahl sprechen, auch wenn sich's nur um einen Wagen und vier zusammengeschirrte Pferde handelt; so wie bei ›Waffen‹, ›Mauern‹, ›Volksversammlungen‹ und ›Feindschaften‹. Es sei denn, du rechtfertigst dich durch den Gegenbeweis und legst uns dar, daß ›Sande‹ kein Sprachfehler sei, du herrlichster der Poeten!«

Erwidert dieser: »Was den ›Himmel‹ und den ›Weizen‹ betrifft, so leugne ich gar nicht, daß sie immer nur in der Einzahl gebraucht werden dürfen; ebensowenig, daß ›Waffen‹, ›Mauern‹ und ›Volksversammlungen‹ immer nur in der Mehrzahl richtig sind. Auf die ›Feindschaften‹ und ›Viergespanne‹ dagegen wollen wir uns genauer einlassen! Und wenn ich mich nun im Falle der ›Viergespanne‹ dem Urteil der ›Alten‹ beuge, bei der ›Feindschaft‹ – wie bei der ›Unwissenheit‹, der ›Zügellosigkeit‹, der ›Ungerechtigkeit‹ – frage ich mich, warum Gaius Caesar uns weismachen will, die ›Alten‹ hätten sich nicht auch so (nämlich Feindschaft in der Einzahl) ausgedrückt, darum dürften wir's auch nicht. Wo doch Plautus, diese Leuchte lateinischer Zunge, auch ›Wonne‹ in der Einzahl für ›Wonnen‹ gebrauchte: ›Du meine Lust, meine Wonne!‹

Auch Quintus Ennius in seinem so denkwürdigen Buch:

Sieh, dieses Merkmal kam mit mir zur Welt:
Geschrieben steht, ganz offen und ganz klar,
Freundschaft und Feindschaft auf der Stirne mir!

Wer außer Caesar – ich bitte dich – hat denn auch sonst noch schriftlich oder mündlich die Meinung vertreten, ›Sande‹ sei kein gutes Latein? Dann muß ich dich schon bitten, die entsprechende Abhandlung des Gaius Caesar holen zu lassen, wenn sie erreichbar ist. So könntest du selbständig beurteilen, wie sicher er bei dieser Aussage ist.«

Also wurde das erste Buch ›Über die Analogie‹ herbeigeschafft, und ich prägte mir den folgenden kurzen Wortlaut ein:

Nach der Vorbemerkung, weder ›Himmel‹ oder ›Weizen‹ noch ›Sand‹ dürften in der Mehrzahl gebraucht werden, fährt er fort: ›Du bist doch nicht etwa der Meinung, es hänge mit der natürlichen Beschaffenheit dieser Dinge zusammen, wenn wir von einer Erde und mehreren Welten, von einer Stadt und mehreren Städten, von einem Reich und mehreren Reichen sprechen können, nicht aber ‚Viergespanne' in die Einzahl zurückverwandeln und ‚Sand' in die Mehrzahl setzen können?‹

Nach Verlesung dieser Worte spricht Fronto zu unserem Poeten: »Hast du den Eindruck gewonnen, daß sich Gaius Caesar über diese Wortform klar und deutlich genug im entgegengesetzten Sinn ausgedrückt hat?« Unser Poet nun war durch die Gewichtigkeit dieses Buchzitats überführt: »Könnte ich noch bei Caesar selbst Berufung einlegen, ich würde mich gegen Caesars Buch wenden. Da er aber nun selbst nicht mehr Rechenschaft über seine Meinung geben kann, muß ich mich jetzt schon an dich wenden. Du sollst uns sagen, worin eigentlich der Fehler besteht, wenn wir ›im Viergespann‹ sagen oder ›in den Sanden‹.

Und so lautete nun Frontos Entgegnung: »›Viergespanne‹ enthalten eigentlich immer eine Mehrzahl, auch wenn sich's nicht um Mehrspänner handelt, weil man vier zusammengespannte ein ›Viergespann‹ – eben gleichsam ›vier Zusammengespannte‹ nennt. Und wo mehrere Pferde angesprochen sind, darf man sie eben nicht in die Einzahlform zwängen. Ebenso begründet man ›Sand‹ – nur liegt der Fall umgekehrt: Weil nämlich ›Sand‹ in der Einzahl immer auch eine Menge kleinster Teilchen bezeichnet, aus denen er sich zusammensetzt, wäre es doch unklug und unverständig, ›Sande‹ zu sagen; als ob dieses Wort, das ja doch in seiner Einzahlform bereits eine natürliche Vielheit darstellt, eine Verstärkung durch die Mehrzahl nötig hätte. Dies habe ich aber nicht angeführt, um diese Meinung und Regel zu genehmigen oder ihr beizupflichten, sondern nur, um des gelehrten Caesars Meinung nicht grausam im Stich zu lassen. Warum ›Himmel‹ immer, ›Meer‹ und ›Land‹ – desgleichen ›Staub‹, ›Wind‹ und ›Rauch‹ – dagegen nicht immer in der Einzahl gebraucht werden, warum die bewährten alten Schriftsteller ›Waffenstillstand‹ und ›Festbrauch‹ manchmal in der Einzahl gebraucht haben, niemals aber ›Feiertage‹, ›Markttage‹, ›Totenopfer‹ und ›Leichenfeierlichkeiten‹; warum ›Honig‹, ›Wein‹ und ähnliche Begriffe in die Mehrzahl treten können, ›Milch‹ dagegen nicht: dies alles – meine ich – kann doch in einem so betriebsamen Staatswesen von Männern, die von gesellschaftlichen Verpflichtungen in Anspruch genommen werden, gar nicht ausreichend deutlich und einsichtig gemacht werden. Auch ihr seid ja an Pflichten gebunden, und ich habe euch mit diesen Ausführungen hier offensichtlich schon zu lange aufgehalten. Geht also nun – und wenn ihr wieder einmal ein wenig freie Zeit habt, beschäftigt euch ruhig mit Fragen wie, ob ›Viergespann‹ und ›Sande‹ nachweisbar sind, natürlich bei jener Schar älterer Redner und Dichter, also einem der gewissermaßen wohlhabenden, steuerpflichtigen Schriftsteller, einem ›Klassiker‹, keinem der zahlungsunfähigen Bürger, keinem Proletarier.«

Solchem Wortgut nachzuspüren, empfahl uns Fronto dringlich, aber wohl nicht – glaube ich –, weil er ernsthaft meinte, daß sich in den Schriften der Alten ein Beleg finden ließe, vielmehr nur, um uns eine gewisse Lesefertigkeit im Aufspüren seltener Worte anzuerziehen.

Als einzigen, sehr selten gebrauchten Ausdruck fand ich ›Viergespann‹ in der Einzahl im ›Auswanderer‹ betitelten Satirenbuch des Marcus Varro. – Nach ›Sanden‹ in der Mehrzahl habe ich allerdings weniger eifrig gesucht, weil, soweit mir erinnerlich, kein gelehrter Mann außer dem Gaius Caesar diesen Fall erwähnt hat.

Drei Sprachen – drei Herzen

Quintus Ennius pflegte zu behaupten, dank seiner Fähigkeit, sich griechisch, oskisch und lateinisch auszudrücken, verfüge er über drei Herzen, sei er gleichsam dreimal Mensch!

Nun verstand sich Mithridates, der berühmte, von Gnaeus Pompeius besiegte Herrscher über Pontus und Bithynien, auf die Sprachen der von ihm beherrschten zweiundzwanzig Völkerschaften, so daß er bei Unterredungen mit Angehörigen aller dieser Völker niemals einen Dolmetscher brauchte. Ergab es die Lage, daß er jemanden ansprechen mußte, unterhielt er sich sofort in Sprache und Ausdrucksweise des Anzuredenden ebenso gewandt, als wäre er sein Landsmann.

Alte Sitte – neues Wort

Der Philosoph Favorin zu einem auf altertümliche Redeweise erpichten jungen Mann, der für seine gewöhnlichen Alltagsgespräche eine Menge völlig veralteter, ja nahezu unbekannter Ausdrücke hervorkramte:

»Curius, Fabricius, Coruncianus, diese uralten Rekken, und die noch älteren Horatier-Drillinge unterhielten sich mit den Ihren klar und verständlich, bedienten sich der Sprache ihrer Zeit und nicht der Sprache der Auruncer, Sicaner oder Pelasger, die man ja für die Ureinwohner Italiens hält. Du aber drückst dich heutzutage geradeso aus, als ob du dich mit der Mutter des Euander unterhältst, bedienst dich einer Redeweise, die schon seit vielen Jahren außer Gebrauch ist, nur weil niemand wissen und verstehen soll, was du eigentlich sagen willst. Um das zu erreichen, nicht wahr, brauchst du ja einfach nur den Mund zu halten, du Esel! Aber natürlich widersprichst du mir: Die gute alte Zeit sei es, die dir eben zusage, weil damals alles ehrlich und rechtschaffen, nüchtern und besonnen zuging. Nun gut, richte dein Leben nach den alten Normen, aber sprich die Sprache deiner Gegenwart und halte dir im Innersten stets bewußt, was der überragend geistreiche und kluge Gaius Caesar in seinem ersten Buch ›Über die Analogie‹ so formuliert hat: ›Ein unerhörtes und ungewohntes Wort solltest du wie einen spitzigen Stein meiden.‹«

Auf fremdem Parkett

Zutreffend und dabei recht witzig soll Marcus Cato den Aulus Albinus zurechtgewiesen haben. Albinus, dereinst zusammen mit Lucius Lucullus Konsul, schrieb römische Geschichte in griechischer Sprache. Am Anfang seiner Zeitgeschichte steht sinngemäß etwa folgendes: Niemand dürfe ihm böse sein, wenn in diesen Büchern etwas wenig durchdacht und nicht recht gelungen erscheine, ›denn‹, so argumentiert er, ›ich bin ein Römer, gebürtig aus Latium. Griechische Rede muß uns sehr fernliegen‹, und aus diesem Grund nehme er bei schlechter Beurteilung einzelner Fehler das Recht auf Gnade und Nachsicht für sich in Anspruch. Marcus Cato sagte, als er das gelesen hatte: »Bist doch ein allzu großer Trottel, Aulus, wenn du lieber Schuld abbitten als Schuld vermeiden willst. Gewöhnlich suchen wir doch um Gnade nach, wenn wir töricht in die Irre gegangen oder unter Druck Fehler begangen haben. Wer hat dich denn nun, bitte sehr, verleitet, etwas zu tun, für das du noch vor der Ausführung um Verzeihung bitten mußtest?«

Dies steht im dreizehnten Buch des Cornelius Nepos ›Über berühmte Männer‹.

Gaius Gracchus gilt als tüchtiger, schlagkräftiger Redner. Niemand bezweifelt das. Unerträglich jedoch, daß es Leute gibt, die ihn als Redner für gewichtiger, scharfsinniger und glanzvoller halten als den Marcus Tullius! So lasen wir doch neulich die Rede des Gracchus ›Über die Gesetzesveröffentlichung‹, in der er mit dem schärfsten ihm zur Verfügung stehenden Ingrimm darüber Klage führt, daß der Marcus Marius und einige andere Ehrenmänner aus italischen Provinzstädten von Beamten des Volkes von Rom wider alles Recht mit Ruten ausgepeitscht wurden. Hier seine Ausführungen in dieser Sache:

›Kam kürzlich der Konsul nach Teanum Sidicinum. Seine Frau sagte ihm, sie wolle das Männerbad benutzen. Der Quaestor von Sidicinum Marcus Marius wird beauftragt, das Bad von den Badegästen räumen zu lassen. Beschwert sich die Frau des Konsuls erneut bei ihrem Mann: nicht schnell genug sei das gegangen mit der Räumung des Bades, und sauber sei es dort auch nicht gerade gewesen. Das war der Anlaß, mitten auf dem Marktplatz einen Pfahl einzurammen und den Marcus Marius als den angesehensten Bürger seiner Stadt dorthin zu führen. Die Kleider wurden ihm vom Leib gerissen, mit Ruten wurde er ausgepeitscht. Sobald das verlautete, wurde in Cales die Benutzung der Bäder für die Dauer des Aufenthaltes römischer Beamter untersagt. In Ferentinum befahl unser Praetor aus dem gleichen Grund die Quaestoren zu ergreifen. Einer der beiden stürzte sich von der Mauer, der andere wurde ergriffen und mit Ruten ausgepeitscht.‹

Bei einer so scheußlichen Angelegenheit und der so mitleiderregend-traurigen Feststellung öffentlich begangenen Unrechts, sollte man sich da nicht glanzvoll und hervorstechend oder tränen- und mitleidheischend, mit wortreichem Ingrimm und tief durchdringender Klage ausdrücken? Knappheit, Anmut und Pikanterie der Rede wird aber doch nun gewiß für gewöhnlich bei komödiantisch-festlichem Treiben bevorzugt!

Andernorts äußert sich Gracchus ebenso: »Maßlosigkeit und Unbeherrschtheit junger Menschen will ich euch an einem Beispiel zeigen: Wurde vor einigen Jahren ein junger Mann, der noch kein öffentliches Amt bekleidet hatte, nach Kleinasien geschickt. Er ließ sich in einer Sänfte tragen. Kam ihm nun aus Venusium ein Ochsentreiber entgegen, der sich die scherzhafte Frage erlaubte – er wußte ja nicht, wen man da einhertrug –, ob man denn hier einen Toten brächte. Der junge Mann hört das, läßt die Sänfte absetzen, und schon befiehlt er, mit den Tragegurten der Sänfte so lange auf den Mann einzuschlagen, bis dieser seinen letzten Seufzer tut.« Diese Rede über eine so blutige und grausame Schandtat entfernt sich nun wirklich nicht von alltäglicher Ausdrucksweise.

Nehmen wir aber nun den vergleichbaren Fall, daß unbescholtene römische Bürger wider Recht und Gesetz mit Ruten ausgepeitscht oder sogar hingerichtet werden, in der Darstellung des Marcus Tullius. Wieviel Mitgefühl wird da erregt, welche Wehklage hebt da an? Wie deutlich wird alles vor Augen gestellt? Welch Ozean voll Ingrimm und Bitternis brandet da auf? Wann immer ich diese Worte des Cicero lese, sehe und höre ich – beim Hercules – die Schläge, Rufe und Schreie. Wie zum Beispiel die Auslassungen über den Gaius Verres, die wir, so gut wir's eben konnten, hier aus dem Gedächtnis aufgezeichnet haben:

›Lodernd vor Mordlust und funkelnd vor Wut, so stürzt er auf den Marktplatz. Die Augen blitzen, sein ganzes Gesicht sprühte Grausamkeit. Bang warteten alle, wohin er sich wenden, was er anrichten würde; da tönt schon sein Befehl, sofort einen Mann aufzugreifen, mitten auf dem Marktplatz auszuziehen, anzubinden und die Ruten bereitzuhalten.‹ Schon allein – beim Zeus – diese Worte ›... tönt sein Befehl, ihn auszuziehen, anzubinden und die Ruten bereitzuhalten‹ sind so voll Bewegung und Schrecken, daß man nicht glaubt, einer Erzählung über Geschehenes zu lauschen, sondern das Geschehen selbst vor Augen sieht. Gracchus dagegen, nicht klagend oder beklagend, sondern schlicht berichtend, sagt: ›mitten auf dem Marktplatz wurde ein Pfahl eingerammt, die Kleider wurden ihm vom Leib gerissen, mit Ruten wurde er ausgepeitscht‹. Marcus Cicero drückt das nun so aus, daß der ganze Ablauf einprägsam vorstellbar wird; nicht mit ›er wurde ausgepeitscht‹, vielmehr ›Rutenschläge über Rutenschläge prasselten auf einen Mann ein, der römischer Bürger war, mitten auf dem Markt von Messana, doch wurde unter Schmerzen und Peitschenknallen in all der Zeit kein Seufzen, kein Laut dieses Unglücklichen vernommen, außer diesem einen: ‚Ich bin römischer Bürger!' Mit der Erinnerung an sein Bürgerrecht glaubt er alle Schläge abwehren, die Marter von seinem Körper fernhalten zu können.‹ Bewirkt er doch nun ein allgemeines Wehklagen und bei den römischen Bürgern Haßausbrüche und Verwünschungen gegen Verres, heftig, scharf und zündend mit folgenden Worten: »Süßer Name der Freiheit! Hohes Vorrecht, in unserem Staat Bürger zu sein! Du Gesetz des Porcius und ihr Gesetze der Sempronier! Heiß ersehnte und endlich dem römischen Volke wiedererkämpfte Tribunenmacht! So tief sind nun alle diese Güter in Verfall geraten, daß in einer Provinz des römischen Volkes, in einer Stadt von Verbündeten ein römischer Bürger auf dem Marktplatz angebunden und mit Ruten ausgepeitscht werden durfte – von einem, dem das römische Volk Rutenbündel und Beile großzügig anvertraute! Wie aber nun, als man offenes Feuer, glühende Metallplatten und die übrigen Folterwerkzeuge anwandte, besänftigte dich da nicht sein geller Klageruf, seine mitleiderregende Stimme; ließest du dich da nicht durch Tränen und Seufzer der anwesenden römischen Bürger bewegen?«

So die Klagen des Marcus Tullius, voll herber Würde, dabei zweckentsprechend und sprachlich gewandt.

Wer aber nun, an ländlich-plumpe Klänge gewöhnt, wenig Gefallen findet an der Strahlkraft und der Lieblichkeit dieser Rede und ihrer bedachten Wortwahl, hingegen Älterem den Vorzug gibt, weil es ungeziert, knapp und schlicht und von einer gewissen urtümlichen Süße ist und er dort Andeutung und Aufmachung einer gewissermaßen umdüsterten Altehrwürdigkeit findet, so mag ein solcher Zeitgenosse – wenn er nur einen Funken Urteilskraft besitzt – vergleichsweise eine Rede danebenhalten, die Marcus Cato, ein weit altertümlicherer Mensch, in einem ähnlich gelagerten Rechtsfall hielt, deren Kraft und Fülle Gracchus nicht annähernd erreicht. Er wird, glaube ich, einsehen, daß ein Cato sich keineswegs mit der Beredsamkeit seiner Zeit zufrieden gab, vielmehr schon damals erreichen wollte, was Cicero später zur Vollendung führte.

Denn in der ›Von Fehl-Schlägen‹ betitelten Abhandlung führt er folgendermaßen Beschwerde über den Quintus Thermus: ›Er behauptete, vom Zehn-Männer-Kollegium sei unzureichend für die Verpflegungsrationen der Provinzialbeamten gesorgt worden. Befahl er: ‚Kleider runter und auspeitschen!‘ Die Bruttianer folterten also die Zehn-Männer. Eine Vielzahl von Menschen schaute dem zu. Wer vermag diese Schande, wer diese Amtsausübung, wer diese Knechtschaft zu ertragen? Kein König wagte sich so etwas! Dies also kann rechtschaffenen und wohlberatenen Männern aus gutem Hause widerfahren? Wo bleibt da die Gesellschaft, wo das Vertrauen auf Herkunft? So auffallende Übergriffe, Schläge, Hiebe, Striemen, diese Schmerzen und dies Henkerswerk mit seiner Entehrung und einer übergroßen Schande vor den Augen seiner Landsleute und einer großen Menschenmenge – dies alles wagtest du zu tun? Von welcher Trauer, welchem Gestöhn, welcher Tränenflut, welchem Weinen mußte ich hören. Selbst Sklaven pflegen ungerechte Behandlung sehr, sehr schwer zu ertragen, was können da – unserer Meinung nach – jene vorzüglich begabten Männer aus gutem Hause noch für den Rest des Lebens an Mut behalten und erhalten haben?‹

Cato sagte ›Die Bruttianer folterten‹; damit nun keiner nach ›den Bruttianern‹ fragt, mit ihnen hat es folgende Bewandtnis: Als der Punier Hannibal mit seinem Heer in Italien stand und das Römervolk schon einige Schlachten verloren hatte, da waren es die Bruttier, die als erste in ganz Italien zu Hannibal abfielen. Die Römer trugen schwer daran, und nach Hannibals Abzug aus Italien und der endgültigen Überwindung der Punier zogen sie die Bruttier – dieser unverzeihbaren Schande wegen – nicht mehr zum Militärdienst heran; dagegen befahlen sie ihnen, den Beamten, die in die Provinzen gingen, anstelle von Sklaven zu gehorchen und zu dienen. Aus diesem Grund also folgten sie den Beamten – ganz wie die in den Bühnenspielen als ›die Peitscher‹ Bezeichneten –, und fesselten oder folterten die, die man ihnen übergeben hatte. Dieweil sie aber zu den Bruttiern gehörten, wurden sie ›Bruttiani‹ genannt.

Das Bad des Konsuls

Ich erinnere mich noch gut an die Visite, die ich einmal zusammen mit Julius Celsinus, einem Numidier, dem Cornelius Fronto abstattete, als diesen gerade sein schweres Fußleiden plagte. Man ließ uns vor, und wir trafen ihn auf einem griechischen Ruhebett liegend an, in der Gesellschaft von Wissenschaftlern, Adligen und Hochbegüterten. Mehrere der zum Bau neuer Badeanlagen angestellten Architekten waren anwesend und zeigten Pergamentmappen mit verschiedenen Entwürfen von Badeanlagen herum. Als sich der Bauherr endlich für eine Form und Ausführung entschieden hatte, fragte er nach den zu erwartenden Kosten der gesamten Anlage. Auf die Auskunft des Architekten, daß etwa dreihunderttausend Sesterzien aufgebracht werden müßten, bemerkte einer von Frontos Freunden: »Und so ebenhin noch weitere fünfzigtausend!« Da nun brach Fronto seine gerade begonnenen Erkundigungen nach den Kosten der Badeanlagen ab, musterte den Freund, der eingeworfen hatte, ›und so ebenhin noch weitere fünfzigtausend‹ müßten aufgebracht werden, und fragte ihn, was mit dem Wort ›so ebenhin‹ gemeint sei. Darauf jener Freund: »Ich habe doch dieses Wort nicht erfunden, viele kannst du so reden hören. Und was dieses Wort schließlich eigentlich ausdrückt, danach mußt du doch nicht mich, sondern einen Grammatiker fragen.« Dabei wies er sogleich mit dem Finger auf einen in Rom lehrenden Grammatiker von gar nicht unbedeutendem Ruf. Sagte der Grammatiker, den der dunkle Ursprung dieses Allerweltswortes sichtlich beunruhigte: »Wir bemühen uns hier um etwas, das die Ehre einer wissenschaftlichen Nachfrage überhaupt nicht verdient. Ich jedenfalls kenne kein anderes, so außerordentlich gewöhnliches Wort, das mehr als anderswo in den Unterhaltungen von Handwerkern zu Hause ist.« Jetzt aber Fronto, in dessen Stimme und Miene bereits Anzeichen heftiger Erregung zu erkennen waren: »Für so unanständig und verworfen hältst du also dieses Wort, Meister, das sowohl Marcus Cato als auch Marcus Varro und die Mehrzahl der Altvorderen gebrauchten, weil es ihrer Meinung nach zum Grundbestand der lateinischen Sprache gehörte?«

Hier nun griff Julius Celsinus mit seiner Bemerkung ein, auch in der Tragödie ›Iphigenia‹ des Ennius stehe dieses umstrittene, von den Grammatikern mehr abgewertete als erklärte Wort geschrieben. Die Folge war nun, daß er (Fronto) den Auftrag gibt, sofort ein Exemplar der ›Iphigenia‹ des Quintus Ennius herbeizuholen. In einem der Chorlieder dieser Tragödie lesen wir nun folgende Verse:

… Wer nicht zu nutzen weiß die Mußezeit,
hat mehr zu tun, als wenn die Pflicht ihn ruft.
Wem vorgegeben all sein Tun, dem ist's halt Pflicht;
die füllt er eifrig aus, sie stärkt ihm Geist und Sinn.
Im Müßiggang jedoch, von Pflicht befreit,
weiß man nicht, was man will.
Ein ew'ges Einerlei: ob wir zu Hause hocken,
ob zu Felde ziehn.
Wir kommen an, gehn wieder weg.
Und angekommen, lockt der Aufbruch schon.
Unstet umher irrt immer unser Sinn:
Man lebt sein Leben nur ›so eben hin‹!

Als man diese Stelle vorgetragen hatte, wandte sich Fronto an den Grammatiker, der nahe dran war, klein beizugeben: »Nun, großer Meister, hast du sogar deinen Ennius ›so eben hin‹ sagen hören, und noch dazu in einem Sinnspruch, der den ernsthaftesten der unter den Philosophen üblichen Mahnworte Ehre macht? Hier handelt es sich doch jetzt um eine Enniusvokabel, da dürfen wir dich nun wohl bitten, uns das Geheimnis dieses Verses zu lüften: Unstet umher irrt immer unser Sinn: man lebt sein Leben nur ›so eben hin‹.« Unser Grammatiker aber begann übermäßig stark zu schwitzen und mächtig rot zu werden. Als nun die meisten ganz ungehemmt darüber lachten, erhob er sich und sagte beim Weggehen: »Später einmal, Fronto, will ich es dir ganz allein anvertrauen. Dieses unwissende Volk hier braucht das nicht zu hören und daraus zu lernen.«

Bei diesem Stand der Wortforschung erhoben wir uns dann alle zum Aufbruch.

Die Formel ›rechtmäßig Handanlegen‹ entstammt altem Rechtsbrauch; man spricht sie ja auch heutzutage noch vor dem Praetor, wenn Eigentumsansprüche auf dem Rechtsweg angemeldet werden sollen.

Fragte ich in Rom einen weitberühmten und oft genannten Sprachwissenschaftler. Der mustert mich daraufhin verächtlich, spricht: »Du weißt selbst nicht Bescheid, junger Mann, oder willst mich lächerlich machen. Ich unterweise im Fach Sprachwissenschaft, Rechtsauskünfte sind nicht mein Gebiet. Hast du Fragen zu Vergil, Plautus, Ennius, dann frag mich nur!«

»Meine Frage, Meister, stammt doch aber aus dem Ennius«, sagte ich, »Ennius ist's doch, der diese Worte anführt.« Der nun, aufs höchste verwundert, blieb aber bei seiner Behauptung, das sei kein dichterischer Ausdruck, und in den Gedichten des Ennius sei so etwas nie und nimmer zu finden. Da zitierte ich ihm ohne Vorlage folgende Verse aus dem achten Annalenbuch, die sich meinem Gedächtnis als besonders vorzüglich gelungen eingeprägt hatten:

Ein kluger Rat wird rundweg ausgetrieben,
Gewalt allein entscheidet jeden Streit.
Verachtung erntet, wer mit Worten streitet,
der rauhe Krieger wird geschätzt allein.
Auch kämpfen sie ja nicht mit schönen Worten,
nicht einmal schmähn mit ihren Reden sie.
Nein, streitend miteinander, eng verschlungen,
tragen sie offen ihre Zwiste aus.
Nicht kreuzt nach altem Rechtsbrauch man die Hände,

man hält es da viel lieber mit dem Schwert.
Den Streit erneuernd, nach der Herrschaft gierend,
mit blanker Wehr, so setzen sie sich durch!

»Ich glaub's dir schon«, sagte der Sprachlehrer, als ich diese Enniusverse gesprochen hatte, »aber bitte, glaube auch du mir, daß der Quintus Ennius derlei nicht aus Dichtwerken gelernt hat, sondern von irgendeinem Rechtsgelehrten. Also mußt du dich nun schon aufmachen«, meinte er, »um zu lernen, wo's der Ennius gelernt hat.« Ich befolgte diesen weiterführenden Hinweis auf einen, von dem ich das lernen sollte, was eigentlich er selbst hätte wissen müssen. Und so kam ich auch dazu, in diese meine Aufzeichnungen Gegenstände aufzunehmen, die ich von Rechtskundigen und aus deren Büchern habe lernen können. Bin ich doch der Ansicht, daß Leute, die ihre Tage im Geschäftsgetriebe und immer mitten unter Menschen verbringen, wenigstens die wichtigeren Formeln des bürgerlichen Rechtsverkehrs kennen müssen.

›Hand anlegen‹: Worüber ein Rechtsstreit anhängig ist, sei es Land oder etwas anderes, da heißt's zusammen mit dem Streitpartner die Hand fassen und mit Bezug auf die strittige Sache mit ebendiesen feierlichen Worten Anspruch anmelden; das nämlich versteht man unter Anspruch. Solches Handergreifen im Rechtsfall vor Ort beim Praetor geht vor sich wie im Zwölftafelgesetz. Dort heißt es so: ›wenn irgendwelche Personen im Rechtsstreit die Hände fassen‹.

Da nun die Praetoren nach Ausweitung des italischen Rechtsgebietes mit Rechtssprechungspflichten sehr überbeschäftigt waren, fiel ihnen Wahrnehmung von weit abliegenden Anspruchsanmeldungen lästig, und so wurde es gegen die Zwölftafeln in stillschweigender Übereinkunft üblich, daß die Kontrahenten nicht mehr in konkretem Rechtsstreit vor dem Praetor die Hände faßten, sondern nur ›nach Rechtsbrauch Hände gefaßt‹ riefen, das heißt, daß einer den anderen rechtsmäßig zum Handanlegen an die strittige Sache aufforderte; also dann brach man gemeinsam auf, zum umstrittenen Akkerfeld etwa, griff aus der Erde etwa ein Stück Scholle, trug es als Rechtsklage in die Stadt vor den Praetor und erhob mit diesem Stück Scholle Anspruch auf das ganze Ackerfeld. So nun auch Ennius, als er zum Ausdruck bringen wollte, daß man sich nicht mehr wie üblich in ordnungsgemäßem Rechtsstreit vor den Praetor begibt, auch nicht ›nach Rechtsbrauch Hände gefaßt‹, sondern sich mit Krieg und Schwert sowie mit nackter, harter Gewalt durchsetzen will...

Das hat er anscheinend sagen wollen mit dem Vergleich zwischen ziviler, gleichsam symbolischer Machtanwendung, die sich nur des Wortes bedient und nicht handgreiflich wird, und kriegerischer und blutiger Gewalt.

Menschlichkeit und Menschenliebe

Nach Meinung derer, die der lateinischen Sprache Ausdruckskraft verliehen, und aller jener anderen, die sich regelgemäß ihrer bedienten, sollte Menschlichkeit – humanitas – nicht das bedeuten, was heute allgemein darunter verstanden wird und etwa der ›Menschenfreundlichkeit‹ – φιλανθρωπία – der Griechen entspricht, also eine gewisse Umgänglichkeit und ein allen Menschen gleichermaßen geltendes Wohlwollen. Mit Menschlichkeit – humanitas – bezeichneten sie vielmehr in etwa das, was die Griechen ›gute Erziehung‹ – παιδεία – nennen, während wir von Ausbildung und Unterweisung in Künsten und Wissenschaften sprechen. Alle nun, die sich ehrlich hierum bemühen und anstrengen, sind Menschen im eigentlichen Sinne des Wortes. Denn Pflege und Übung dieser Art Geistestätigkeit ist unter allen Lebewesen allein dem Menschen möglich; daher ja eben die Bezeichnung ›Menschlichkeit‹ – humanitas.

Die ›Alten‹, unter ihnen besonders Marcus Varro und Marcus Tullius, haben jedenfalls das Wort in diesem Sinne verwendet, das beweisen fast alle ihre Bücher. So mag es genügen, daß ich einstweilen ein einziges Beispiel vorführe. Daher wählte ich Worte Varros aus dem ersten Buch der ›Menschlichen Gebräuche‹, die folgendermaßen beginnen:

›Praxiteles, der wegen seiner überragenden künstlerischen Meisterschaft keinem unbekannt ist, der sein Menschsein auch nur einigermaßen verwirklichen kann...‹ Mit ›Verwirklichung des Menschseins‹ meinte er nun nicht, wie der allgemeine Sprachgebrauch will, einen umgänglichen, einfühlsamen und gütigen Mitmenschen, der im übrigen von Wissenschaft keine Ahnung zu haben braucht – diese Bedeutung paßt nämlich überhaupt nicht in den Zusammenhang –, sondern einen in höherem Maß gebildeten, ja gelehrten Mann, der aus seiner Lektüre und seinem Geschichtsstudium weiß, wer Praxiteles eigentlich war und worin seine Leistung bestand.

Als ›wählerischer Mensch‹ bezeichnet zu werden, galt vorzeiten keineswegs als Lob, ja im Zeitalter des Marcus Cato war dies in den meisten Fällen ein tadelnder, kein lobender Ausdruck. Das ließe sich nun an einer ganzen Reihe von Schriftstellern nachweisen, im besonderen freilich an der Spruchsammlung Catos, die ›Buch des Betragens‹ betitelt ist. Diesem Buch ist folgende Stelle entnommen: ›Als Inbegriff aller Laster galt der Geiz. Deswegen wurde einer gelobt, den man für verschwenderisch, geil, gefallsüchtig-wählerisch, lasterhaft, kurz für einen vergeblichen Menschen hielt.‹ Diese Worte machen deutlich, daß in alter Zeit ›wählerisch‹ nicht auf den geistigen Geschmack bezogen wurde, sondern auf Leute, die in Kleider- und Tafelsitten allzu Ausgefallenes und Reizvolles bevorzugten.

In späterer Zeit konnte man mit der Bezeichnung wählerischer Mensch zwar nicht mehr getadelt werden, aber ein Lob war damit nur für den verbunden, dessen ›wählender Geschmack‹ sich maßvoll in Grenzen hielt. So rechnete Marcus Tullius dem Lucius Crassus und dem Quintus Scaevola keinesfalls die bloße Sorgsamkeit der Wortauswahl zum Lobe, sondern den äußerst sparsamen Gebrauch, den sie von dieser Sorgsamkeit machten. ›Crassus‹, so drückt er sich aus, ›war unter den Rednern, die sich apart ausdrückten, der schlichteste, Scaevola unter den schlichten der mit dem apartesten Ausdruck!‹

Da fallen mir aus der gleichen Schrift Catos noch Stellen ein, freilich aus dem Zusammenhang gerissen und nicht ganz vollständig: ›In der Öffentlichkeit‹, sagt er,

›war es üblich, anständig gekleidet zu erscheinen, in häuslicher Umgebung genügte ein bequemer und zweckentsprechender Anzug. Für Pferde zahlte man noch einen höheren Preis als für Köche. Die Dichtkunst stand nicht im Ansehen. Wer sich mit ihr abgab oder sich zu Gelagen einladen ließ, der wurde Gassenschwärmer gerufen.‹ Ebendaher stammt auch jener so einleuchtend wahre Gedanke: ›Das menschliche Leben‹, sagt er, ›ist dem Eisen durchaus vergleichbar. Nimmst du es in Gebrauch, nutzt es sich ab; schonst du es, frißt's trotzdem der Rost. In gleicher Weise sehen wir, wie sich die Menschen bei ihren Tätigkeiten aufreiben. Tust du nun aber gar nichts, dann richten Trägheit und Stumpfsinn noch mehr Schaden an als das Tätigsein.‹

Feine Unterschiede

Dies sind des Publius Nigidius eigene Worte, eines Mannes also, der auf dem Felde der schöngeistigen Wissenschaften überragende Bedeutung hatte, dem ein Marcus Cicero mit Hinweis auf seine außerordentliche wissenschaftliche Begabung höchste Ehrfurcht bezeugte:

›Da besteht ein Unterschied zwischen ‚eine Unwahrheit sagen' und ‚lügen'. Wer lügt, unterliegt für seine Person keiner Täuschung, vielmehr zielt seine Absicht darauf, einen anderen zu täuschen. Wer eine Unwahrheit sagt, täuscht sich selbst.‹ Nun fügt er noch folgendes hinzu: ›Wer lügt, begeht eine Täuschung, soweit es auf ihn selbst ankommt; wer aber eine Unwahrheit ausspricht, täuscht, von sich aus gesehen, überhaupt nicht.‹

Zur selben Sache vermerkt er auch das noch: ›Ein charakterlich vorbildlicher Mann muß Gewähr dafür bieten, daß er nicht lügt, ein weltkluger Mann dagegen, keine Unwahrheit zu sagen. Das eine bezieht sich auf menschliche Werte, das andere nicht.‹

So abwechslungsreich wie witzig stellte Nigidius gleichsam immer anders ausgedrückte Formulierungen ein und desselben Tatbestandes bereit.

Disput über Zwerge

Am Eingang zum Kaiserpalast standen Fronto Cornelius, Festus Postumius und Appolinaris Sulpicius wie von ungefähr einmal beisammen und unterhielten sich. Zusammen mit einigen anderen stand auch ich dabei und lauschte wißbegierig ihren Gesprächen über wissenschaftliche Gegenstände. Sagte da Fronto zum Apollinaris: »Verschaff mir bitte Gewißheit, Meister. Bin ich im Recht, wenn ich den Ausdruck *nani* für sehr kleinwüchsige Menschen ablehne und sie lieber *pumiliones* nenne. So nämlich steht's, wie ich mich erinnere, in den Schriften der Alten zu lesen. Außerdem hielt ich *nani* für ein sehr gewöhnliches und barbarisches Wort.« – »Freilich«, meinte Apollinaris, »hört man dieses Wort häufig in der Umgangssprache der ungebildeten Menge, barbarisch aber ist es wohl nicht. Man hält es sogar für griechischen Ursprungs. Die Griechen nannten nämlich Menschen von gedrungenem und niedrigem Körperbau, wenn sie die Erdoberfläche nur wenig überragten, νάνοι. Dabei verfuhren sie wohl nach sprachlichen Grundsätzen, die Ursprung und Sinn eines Wortes miteinander verbinden, und wenn mich mein Gedächtnis nicht täuscht, steht das auch in einer Komödie des Aristophanes mit dem Titel ›Die Lastschiffe‹. Allein hättest du nur, mein Fronto, dieses Wort deines Gebrauchs gewürdigt, dann wäre ihm gewissermaßen das volle Bürgerrecht, zumindest aber das einer latinischen Tochterstadt, geschenkt worden, und das wäre doch viel mehr wert als die recht unpassenden Zoten, die über den Laberius in die lateinische Umgangssprache eingedrungen sind.«

Da wandte sich Festus Postumius an einen lateinischen Grammatiker, der zu Frontos Freunden zählte, mit der Anfrage: »Eben hat uns Apollinaris belehrt, *nani* sei ein Wort griechischen Ursprungs. Nun verrate du uns, ob es gut lateinisch ist – und wo man's nachlesen kann –, wenn es umgangssprachlich auch zur Bezeichnung kleiner Maulesel oder Zwergpferde verwendet wird.« Darauf der Grammatiker, ein im Durchforschen alter Schriften außerordentlich erfahrener Mann: »Wenn's kein Frevel ist, in Anwesenheit des Apollinaris eine eigene Meinung über ein griechisches oder lateinisches Wort zu haben, so will ich's wagen, dir deine Frage zu beantworten, lieber Festus! Dies ist ein lateinisches Wort. Man kann es in den Gedichten des Helvius Cinna finden, der ja ein recht ansehnlicher und nicht ungelehrter Dichter war.« Er sagte diese Verse auch auf. Ich meinerseits füge sie hier an, da sie mir eben gerade wieder einfielen:

Jetzt durch den Weidenbusch,
vom Ponypaar bewegt
reißt mich die Kutsche fort!

Der hochgelehrte Domitius, der in der Stadt Rom großes Ansehen als Sprachwissenschaftler genoß, war wegen seines unzugänglichen und mürrischen Wesens zum Beinamen ›Der Rasende‹ gekommen. Bei einer zufälligen Begegnung am Carmentis-Tempel, deren Zeuge ich in Begleitung Favorins war, sprach unser Favorin diesen Domitius einmal an: »Bitte schön, Meister, sag mir doch, habe ich einen Fehler gemacht, als ich in der Absicht, griechisch δημηγορίας, ›Volksreden‹, lateinisch wiederzugeben, von *contiones* sprach? Ich bin mir noch im unklaren und suche nach Aufklärung, ob nicht doch einer unter den alten Schriftstellern, für die Gewähltheit des Ausdrucks bezeichnend ist, das Wort *contio* für Rede und Vortrag gebrauchte.«

Darauf erwiderte Domitius in barschem Tone und mit finsterer Miene: »Das heißt doch nun wohl die letzte Hoffnung auf Besserung aufgeben, wenn sogar euch Leuchten unter den Philosophen nichts anderes dringlicher am Herzen liegt als Wörter und Wortbedeutungen. Doch werde ich dir ein Buch schicken, in dem du das Gesuchte finden kannst. – Da befasse ich, der Sprachwissenschaftler, mich nur noch mit Dingen, die Beziehung zum wirklichen Leben und seinen Sitten haben, und ihr Philosophen seid, wie Marcus Cato meint, die reinsten Klagelieder, sammelt Wortkram und legt Wörterlisten an, allsamt widriges, nichtiges, abgeschmacktes Zeug, eben wie Klageweiberjammer. Ach«, klagt er, »wären doch alle Menschen ohne Sprache; die Verworfenheit fände weniger Nahrung!«

»Diesen Menschen haben wir wohl zur Unzeit angesprochen«, bemerkte Favorin, als wir uns entfernt hatten, »es scheint ihn wieder einmal überkommen zu haben. Allerdings solltet ihr bedenken, daß jene griechisch μελαγχολία benannte Mißstimmung eben nicht den kleinen und nichtswürdigen Geistern eignet, vielmehr hat leidenschaftliche Erregung dieser Art nahezu immer etwas Übermenschliches an sich und zeitigt auch freimütig wahre Aussagen. Rücksicht auf Zeitpunkt oder Maß kennt sie freilich nicht. Gerade das, was er da eben über die Philosophen von sich gab – was haltet ihr davon? Nicht wahr, hätte ein Antisthenes oder ein Diogenes diesen Ausspruch getan, er gälte als bedenkenswert?« Nur kurze Zeit darauf schickte er dann auch dem Favorin das versprochene Buch, es war, glaub ich, eines vom Verrius Flaccus, in dem auf Fragestellungen dieser Art Bezügliches aufgezeichnet war: *Senatus* sage man sowohl von einem Ort als von Personen, *civitas* sowohl von einer Örtlichkeit als auch von einer allumfassenden Rechtsgemeinschaft und schließlich von der gesamten Menschenmenge; auch *tribus* und *decuriae* gebrauche man sowohl als Orts- wie als Rechtsbegriff und schließlich zur Bezeichnung einer Menschenmenge; *contio* endlich bezeichne dreierlei: den Ort, die Tribüne, von wo aus man eine Rede hält, wie Marcus Tullius in einer ›Wider den Vortrag des Quintus Metellus‹ betitelten Rede: ›Ich bestieg die Rednertribüne, das Volk strömte zusammen ...‹; sodann bezeichne es die Volksversammlung selbst, wie derselbe Marcus Tullius in seinem ›Redner‹ sagt: ›Oft hörte ich ganze Versammlungen Beifall rufen, wenn der Satzrhythmus passend gewählt war. Denn unser Ohr erwartet, daß der Gedanke sich uns in passender Wortfügung darbietet‹ – ebenso auch noch die Rede selbst, die man an das Volk hält. – Beispiele waren besagtem Buch nicht beigegeben, doch habe ich auf Verlangen Favorins später Belege für alle diese Bezeichnungen ausgeschrieben, die ich sowohl bei Cicero – wie ich's oben schriftlich eingefügt – als auch bei ausgesuchten ›Klassikern‹ ausfindig machte.

Seine Hauptanliegen, ob *contio* für wörtliche Ausführungen und überhaupt für eine Rede gesagt werden könne, habe ich durch Anführung des Ciceronischen Buches beantwortet, das vom Marcus Cicero mit ›Wider den Vortrag des Quintus Metellus‹ betitelt wurde, womit ja nichts anderes bezeichnet wird als der von Metellus gehaltene Vortrag.

SÄNGERKRIEGE

Dichterwettstreit

Ein aus kleinasiatischem Gebiet stammender, gut begabter junger Ritter, ausgestattet auch mit guten Manieren und nicht unbegütert, den Talent und Neigung zur Musik hinzogen, dieser junge Mann gab auf seinem kleinen Grundstück am Rande der Stadt ein Festessen für seine Freunde und Lehrer. Anlaß war die Feier der jährlichen Wiederkehr des Tages, an dem er ins Leben getreten. Zu ebendiesem Festmahl war mit uns zusammen auch der für den öffentlichen Unterricht der Jugend angestellte Rhetor Antonius Julianus gekommen, ein Mann, der mit spanischem Akzent sprach, beredt war bis zum Übermaß und sich in alter Geschichte und Literatur gut auskannte. Nach Abschluß der Mahlzeit, als es ans Trinken und die Unterhaltung gehen sollte, war er es, der den Wunsch vorbrachte, den erstklassigen gemischten Chor, über den der junge Mann, wie er wohl wußte, verfügte, mit Gesangstücken und Zitherspiel auftreten zu lassen. So ließ man denn die Knaben und Mädchen hereinkommen. In ihrer liebenswürdigen Art trugen sie uns zumeist Anakreontisches, aber auch Sappho-Lieder und selbst schmelzende reizvolle Liebesgedichte jüngerer Dichter vor. Das größte Vergnügen aber bereiteten uns neben vielem anderen die anmutigen Verslein des greisen Anakreon. Diese Verse habe ich hier schriftlich festgehalten, um von der Anstrengung und der Unrast, die meine anstrengende ›Nachtarbeit‹ mit sich bringt, bei lieblichen Stimmen und Weisen ein wenig auszuspannen.

Aus Silber schön getrieben,
Hephaistos, schaff mir Werke,
doch keine Waffenrüstung!
Was soll ich denn beim Kämpfen?
Doch einen großen Becher,
den schaff mir, tief und bauchig,
schmück mir ihn nicht von außen
mit Sternenbild und Wagen.
Der Siebenstern, was soll er,
und auch der Stern Bootes.
Ich möchte Weinstockranken
mit Trauben, diese schaff mir,
und goldne Keltermeister
mitsamt dem schönen Bacchus,
dem Eros und Bathyllos.

Waren da einige Griechen bei dem Gastmahl, nette Leute und auch in unserer Literatur recht bewandert, die aber nun anfingen, den Rhetor Julianus zu necken und herauszufordern, als ob der ein völliger Barbar und Bauer sei, geboren im Spanierland, eine Ausrufernatur, der mit seiner ungezügelten, händelsüchtigen Redeweise Übungen in einer Sprache anbot, die völlig reizlos und ohne jeden Schmelz der Liebesgöttin und der Musen wäre. Immer von neuem bestürmten sie ihn mit Fragen, was er vom Anakreon und den übrigen Dichtern dieser Art hielte und ob es unter unseren Dichtern denn überhaupt einen gäbe, der so flüssige, anmutige Lieder verfaßt, ausgenommen einiges wenige von Catull und allenfalls von Calvus. Laevius hätte doch nur umständliches, Hortensius sprödes, Cinna geschmackloses und Memmius anstößiges Zeug geschrieben und alle zusammen nur kunstloses und mißtönendes.

Da nun trat Antonius Julianus, aufs höchste verärgert und gereizt, für seine Muttersprache auf den Plan, als ginge es um der Heimat Altäre und Herde:

»Das muß ich euch freilich zugestehen: Mit eurem maßlosen und nichtswürdigen Gehabe ist es euch gelungen, den Alcinous noch hinter euch zu lassen, ja ihn in genußbetonter Lebens- und Eßkultur wie in weichlichem Singsang sogar noch zu übertreffen. Uns, das heißt alle Lateiner, sollt ihr nun aber jedenfalls nicht als plumpe Einfaltspinsel herabsetzen dürfen, denen jeglicher Liebreiz abgeht. Drum erlaubt mir bitte zunächst, daß ich den Mantel über den Kopf schlage, wie's auch Sokrates beim Vortragen einer ein wenig anrüchigen Rede getan haben soll, und dann hört zu und lernt begreifen, daß es auch schon vor den von euch genannten unter uns liebenswerte Dichter gegeben hat, die zur Liebe bewegen konnten.« Dann trug er, leicht zurückgelehnt und den Kopf verhüllt, mit durch und durch wohllautender Stimme Verse des alten Dichters Valerius Aedituus vor, desgleichen solche des Porcius Licinius und des Quintus Catulus. Meiner Meinung nach findet sich im Bereich der griechischen und lateinischen Literatur nichts, das so gepflegt, lieblich, ausgefeilt und rein erklingt.

Des Aedituus Verse:

Such ich des Herzens Not, mein Sehnen, dir zu benennen,

schnell, All'Liebende, flieht mir von den Lippen
das Wort!
Heiß durchpulst dann der Schweiß mich
Schmachtenden, glaub's mir, und plötzlich
Schauder und Scham sind mein Tod, schweigend
geh ich zugrund!

Und dann schloß er gleich noch weitere Verse desselben Dichters an, wahrhaftig, nicht weniger liebliche:

Trägst deine Fackel mir vor, Phileros, was kann
sie mir nützen?
Finde auch so. In der Brust leuchtet die Flamme
mir hell.
Wilder Winde Gewalt vermag sie mitnichten
zu tilgen,
auch nicht des Regenstroms Hell, das sich vom
Himmel ergießt.
Nein, das Feuer der Liebe vermag nur Liebe zu
löschen.
's gibt keine andere Macht, die es daneben vermag.

Auch folgende Verse des Porcius Licinius sagte er auf:

Hirten, entlief euch ein Lamm aus zarter Aufzucht,
ein Böcklein,
sucht ihr nach Feuer, wohlan! Hier ist das Feuer –
ein Mensch!
Was meine Finger berührt, entbrennt, ich entzünde
die Wälder,
alle ringsum, und das Vieh – Flamme, was immer
ich seh!

Dies waren die Verse des Quintus Catulus:

Flog mir die Seele davon, zum Theotimus, glaub ich, wie üblich
macht sie sich auf, denn dort findet sie Unterschlupf stets.
Lautete nicht mein Geheiß, mitnichten dem Flüchtling zu gönnen
Zutritt ins innre Gelaß, ihn zu verjagen sogar?
Also zur Suche auf! Doch drohen mir selber ja Schlingen.
Rate mir, was soll ich tun, Venus, ich fürchte mich sehr!

Zwei Dichter und ein Berg

Hochsommerzeit war's, und der Philosoph Favorin hatte sich in der Antiatischen Villa seines Gastfreundes einquartiert, als ich aus Rom zu einem Besuch angereist war. Wie ich mich erinnere, ließ er sich damals über die Dichter Pindar und Vergil ungefähr so aus:

›Freunde und Vertraute des Publius Vergilius haben in ihren Berichten über seine künstlerische Begabung und seine Lebensart einen seiner Aussprüche festgehalten: Er bringe seine Verse nach Bärenart zur Welt. Denn wie dieses Tier sein Junges unausgebildet und ungestalt zur Welt bringe und erst nachträglich das so zur Welt Gebrachte durch häufiges Belecken forme und bilde, so seien auch seine geistigen Erzeugnisse zunächst äußerlich roh und unausgebildet; nachträglich erst verleihe er ihnen durch gründliche Bearbeitung den richtigen Gesichtsausdruck. – Dies bestätigt sich in der Tat als das aufrichtige und wahrheitsgemäße Geständnis eines Mannes von durchdringendem Urteilsvermögen. Erntet doch alles, was er abgeschlossen und ausgearbeitet hinterlassen und was von letzter Hand durch seine kritische Wahl geprägt ist, das hohe Lob dichterischer Schönheit. Dagegen verdient keineswegs alles, was er für spätere Überarbeitung zunächst zurückstellte, dann aber durch seinen vorzeitigen Tod nicht vollenden konnte, Namen und Note des geschmackvollsten aller Dichter. Darum auch bat, ja beschwor er inständig, als er schon in den Fängen der Krankheit sein Ende herannahen sah, seine besten Freunde, sie möchten seine noch nicht endgültig überarbeitete ‚Aeneis' vernichten.

Zum offensichtlich Überholungs- und Korrekturbedürftigen gehört besonders die eine Stelle, die den Berg Aetna zum Gegenstand hat. Bestrebt, des alten Pindar Lied von Beschaffenheit und vulkanischer Natur dieses Berges nachzuahmen, bemühte er Gedanken und Worte der Art, daß er zumindest an dieser Stelle noch hochtrabender und schwülstiger wirkt als Pindar selbst, dessen Ausdruck schon als übermäßig geschwollen und überladen gilt.

Um euch nun selbst zu Schiedsrichtern über meine Behauptung zu machen, will ich euch Pindars Lied, das vom Berg Aetna handelt, soweit es mir erinnerlich ist, deklamieren:

der Götter Feind,
Typhos, der hundertköpfige; der einst
in Kilikien die vielberühmte Höhle bewohnte:
Jetzt aber drücken

über Kyme die meerumschränkten Gestade und
Sizilien auf seine zottige Brust. Und ein Pfeiler,
himmelhoch, hält ihn nieder,
der schneeige Aetna, das ganze Jahr über
beißenden Schnees Nährmutter,
daraus gespien werden unnahbaren Feuers hochheilige
Quellen aus den Tiefen. Und die Ströme wälzen
am Tage ein brandfarbenes Dahinziehen von Qualm
heraus,
aber nachts trägt
die rote sich hinwälzende Glut Felsen zum tiefen
Grund des Meeres mit Krachen.
Es ist aber jenes Ungeheuer, das die furchtbaren
Brunnen des Hephaistos
heraufsendet. Ein Mirakel, wunderbar, ist es zu
sehen, ein Wunder aber auch, von den dort Lebenden
zu hören, wie es in des Aetna dunkellaubigem Gipfel
gefesselt liegt.

Und nun hört Vergils Verse, die er, möchte ich sagen, eigentlich mehr so hingeworfen als fertiggestellt hat:

Ist ein Hafen daselbst, gar groß, den nimmer ein
Windhauch
regt. Doch benachbart hallen des Aetna
schreckliche Donner,
wenn er mit Einsturz droht und wirft gen Himmel
den schwarzen,
wirbelnden Aschenrauch, vermengt mit
stiebenden Funken,
schleudert den Flammenknäul empor und leckt
die Gestirne,

bricht auch von Zeit zu Zeit des Bergs zersprengte Geweide,
Felsen, heraus und würgt und wälzt zerschmolzene Steinflut
grollend ans Tageslicht und tobt und wütet im Abgrund.
Sagen sie doch, der Leib des Enceladus liegt in der Tiefe...

Gleich am Anfang ist es Pindar, der sich näher an die Wahrheit hält und Tatsächliches mitteilt, das an Ort und Stelle erfahren und in Augenschein genommen werden konnte, nämlich, daß der Aetna tagsüber Qualm, nachts Feuer speit. Vergil dagegen bemüht sich krampfhaft, effektvolle und klangstarke Worte zu finden, und vermischt dabei unterschiedslos beide Zeiträume. Der Grieche aber schildert nun anschaulich, wie Feuerbäche aus der Tiefe ausgespien werden, wie Rauchströme einherwallen und gleißende, drehende Feuerwirbel sich, Feuerschlangen gleich, ins Meer hinausschleppen. Unser Mann jedoch redet, als er ‚glühenden Dampfstrom' übersetzen will, von einem schwarzen, wirbelnden Aschenrauch, vermengt mit stiebenden Funken. Derb und unangemessen bringt er das zusammen! Auch mit ‚Flammenknäul' übersetzt er so hart wie ungenau, was jener ‚Brunnen' genannt hatte. Desgleichen ist sein ‚leckt die Gestirne' überflüssige, nutzlose Zutat. Doch nun vollends nicht nachzuerzählen und nicht nachzuempfinden ist es, wenn er sich so ausdrückt: ‚die schwarze Wolke dampft einher' – ‚im Pechwirbel und Glutasche'. Denn was gluthell ist, das dampft doch gewöhnlich nicht und ist auch nicht schwarz; es sei denn, er versteht unter ‚Glut' umgangssprachlich und ungebräuchlich ‚heiße Asche', nicht ‚feurig glänzende und leuchtende'. Glut also vom Glanz, nicht von der Wärme! Daß Vergil aber Gesteinsbrocken und Felsstücke herausbrechen und herauswürgen, sie dann grollend zerschmelzen und sich ans Tageslicht wälzen läßt, das hat weder ein Pindar jemals geschrieben, noch hat man überhaupt je dergleichen gehört. Ja, unter allen absonderlichen Vorstellungen ist dies wohl die allerabsonderlichste!‹

Halsbandgeschichten: Menander contra Caecilius

Zu meiner Lieblingslektüre zählten Lustspiele unserer Dichter, die ihren Stoff und ihre Gestalt griechischen Komödiendichtern wie Menander, Poseidipp, Apollodor, Alexis und noch einigen anderen mehr entlehnten. Auch empfinde ich, ehrlich gesagt, keinerlei Mißbehagen beim Lesen; scheinen sie mir doch witzig und anmutig geschrieben, so daß man sich nahezu nichts Besseres vorstellen kann. Wenn du sie nun aber mit ihrem Ursprung, dem griechischen Original, vergleichst und zusammenhältst und Einzelheiten mit Überlegung und literarischem Taktgefühl zusammenhängend liest und nebeneinanderstellst, dann wird das Lateinische anfangen, dir ganz abgestanden und muffig zu erscheinen, vom Witz und Glanz der unerreichbaren griechischen Muster verdunkelt. Gerade neulich begegnete uns solch ein Fall. Wir lasen die ›Halsbandgeschichte‹ des Caecilius, und weder mir noch den Anwesenden mißfiel etwas daran. Da regte sich der Wunsch, auch Menanders gleichnamiges Stück zu lesen, dem Caecilius sein Lustspiel nachbildete. Doch kaum hatten wir den Menander in Händen, gleich am Anfang, gute Götter, wie schien uns der Caecilius so steif und fad und so ganz anders als der Menander! Wirklich, des Diomedes und des Glaukos Waffen konnten in ihrem Wert kaum unterschiedlicher sein! War man beim Lesen auf eine Stelle gestoßen, wo sich ein Ehegreis über sein häßliches reiches Weib beklagt, das ihn zum Verkauf seiner geschickten und hübschen Dienstmagd gezwungen hatte, weil sie als Kebse seiner Frau verdächtig geworden. Nichts über die Unterschiede, nicht von mir! Ich ließ lediglich die entsprechenden Verse beider Dichter herausziehen und den anderen zur Urteilsbildung vorlegen. So des Menander Stelle:

Nun wird ja meine reiche, brave Gattin
in Ruhe schlafen. Eine große Leistung
hat ruhmvoll sie vollbracht: Aus unsrem Hause
verjagte sie die Magd, die ihr nicht paßte,
damit nur alle auf Krobyle schauen
und deutlich wird, daß meine Frau die Herrin
im Hause ist. Und das bei dem Gesicht!
›Ein Esel unter Affen‹, sagt das Sprichwort.
So ist es. – Lieber schweige ich von jener Nacht,
dem Anfang vieler Leiden. Weh, daß ich Krobyle
genommen hab! Hätt sie auch zehn Talente –
die Nase ellenlang! Und dann ihr Hochmut,
wie soll man den ertragen? Nein, beim Zeus,
dem Herren des Olymp, und bei Athene, nie!
Das Mädchen folgt aufs Wort, noch eh man's ruft.
Und doch soll sie hinaus! Was sagt man da?

Bei Caecilius lautet das nun folgendermaßen:

Wohl elend, wer sein Unglück nicht verbergen kann!
So macht mein Weib, ihr Aussehn und ihr Tun,
auch wenn ich schweige, dennoch offenbar.
All ihre Habe, pfui! Vom Brautgeld abgesehn.
Wer weise werden will, der lerne jetzt von mir,
der eingesperrt als Freier Dienste tut,
wenn Stadt und Burg noch frei und unerstürmt.
Was leb ich noch, sie raubt mein Liebstes mir?
Unter Lebendgen tot, erlaur ich ihren Tod.
Bin angeklagt von ihr: Verführer meiner Magd!
Was hat sie heulend mich bedrängt, gescholten, angefleht,
sie zu verkaufen! Und jetzt, glaub ich wohl,
daß sie's vor ihresgleichen breit erzählt:
›Wer von euch Jungen brachte das zuweg,
vom Eh'gemahl sich zu ertrotzen,
was ich, das alte Weib, mir noch erzwang:
Sein Kebsweib nahm ich meinem Ehemann!‹
So spricht man heut von mir, betratscht mein elend Los.

Abgesehen von der in beiden Werken so unterschiedlich zu Tage tretenden Anmut, im Stofflichen wie im Sprachlichen, weise ich meiner Gewohnheit entsprechend allerdings darauf hin, daß Caecilius auch dort, wo es möglich gewesen wäre, nicht einmal versucht hat, richtig wiederzugeben, was bei Menander klar, zweckentsprechend und geistvoll ausgedrückt war. Vielmehr hat er's als für ihn wertlos übergangen und – weiß ich warum – dafür andere Possen eingeschoben,

So hat er die berühmte, so schlicht wie wahre, entzückende, auch mitten aus dem Menschenleben gegriffene Menanderstelle aus unbekanntem Grund einfach ausgelassen. Eben dieser Ehegreis beklagt sich dort nämlich im Gespräch mit seinem alten Nachbarn über den Hochmut seines reichen Weibes mit folgenden Worten:

A: Ne reiche Frau hab ich, ein Scheusal! Sagt ich's nicht?

B: Das zweite nicht.

A: Sie ist der Herr im Haus und auf dem Feld und einfach überhaupt.

B: Apoll, wie widerlich das!

A: Äußerst widerlich. Sie quält uns alle, nicht nur mich allein, den Sohn noch mehr, die Tochter.

B: Aussichtslose Sache!

A: Wohl weiß ich's...

Caecilius dagegen kam es an dieser Stelle mehr auf den Lacheffekt an als auf eine angemessene und passende Behandlung der von ihm dargestellten Person. So lautet nämlich seine Entstellung:

A: Nicht wahr, dein Weib ist zänkisch?

B: Warum fragst du das?

A: Wie denn?

B: Ich mag sie nicht erwähnen, dieses Weib, das, wenn nach Haus ich komme und mich hingesetzt, gleich abküßt, nüchtern wie sie ist.

A: Ganz recht. Sie will erleichtern dich von dem, was außer Haus du trankst!

Auch wie man die folgende, in beiden Lustspielen begegnende Stelle einschätzen muß, ist klar. Sinngemäß geht es da um folgendes: Eines armen Mannes Tochter wurde bei einer nächtlichen Feierei entehrt. Dem Vater bleibt das verborgen, die Tochter galt noch als Jungfrau. Die bei diesem Fehltritt Geschwängerte kommt nach den entsprechenden Monaten nieder. Ein braver Diener, der von dem Zwischenfall überhaupt nichts wußte, stand in Erwartung der Niederkunft der Tochter des Herrn draußen vor dem Haus, hört das Stöhnen und Jammern des mit den Wehen kämpfenden Mädchens. Er empfindet Furcht, Zorn, Argwohn, Mitleid, Schmerz. Alle seine inneren Bewegungen und Erregungen erscheinen mir in der griechischen Komödie in bewundernswerter Treffsicherheit und Deutlichkeit, beim Caecilius dagegen ist alles so schleppend und ohne jede Würde und Anmut. Der Diener, nachdem er sagt, was sich eigentlich ereignet hat, spricht nun bei Menander folgende Worte:

O dreimal elend, wer als Armer Hochzeit macht
und Kinder zeugt! Wie unvernünftig ist ein Mann,
der weder sicher hat, was er zum Leben braucht,
noch, trifft ein Unglück ihn, wie es so geht,
die Folgen durch Besitz zu dämpfen weiß,
vielmehr voll Sorgen, ohne Schutz im Wintersturm
des Lebens steht, von allen Kümmernissen
sein Teil erhält, vom Guten nie ein Teil.
Der eine tut mir leid – für alle gilt mein Rat.

Lohnt sich eine Betrachtung, ob Caecilius an die schlichte ehrliche Wahrheit dieser Worte heranreicht! Dies die Verse des Caecilius, der ein paar verstümmelte Wortfetzen aus dem Menandertext mit tragischem Schwulst vorbringt und zusammenflickt:

Und glücklos endlich nennt man uns den Mann,
der arm zur Armut Kinder auferzieht,
dem gleich man ansieht, was er hat und kann.
Wer reich dagegen, der hat sein Gefolg,
das locker schwätzend seinen Ruf verbirgt.

Freilich, wenn ich – wie eingangs bemerkt – diese Caeciliusverse für sich lese, erscheinen sie mir keinesfalls so schlecht und kraftlos, nur wenn ich das Griechische zum Vergleich heranziehe und dagegenhalte, meine ich, der Caecilius hätte sich nicht auf die Nachahmung eines Vorbildes einlassen sollen, das er nicht annähernd erreichen konnte.

Eines Dichters Leben und Ende

Die Mutter des Dichters Euripides habe sich ihren Lebensunterhalt durch Handel mit Frischgemüse vom Lande verdient, behauptet Theopomp. Sein Vater aber erhielt bei seiner Geburt von den Chaldäern diese Weissagung: Erwachsen wird dieser Knabe in Wettkämpfen siegreich sein – dies sei ihm vorbestimmt. Der Vater deutete das so: Aus dem Sohn müsse ein Sportler werden. Als der Sohn nun körperlich genügend abgehärtet und geübt war, brachte er ihn nach Olympia, wo er sich unter den Nachwuchssportlern im Wettkampf bewähren sollte. Beim ersten Auftreten wurde er zwar noch nicht zum Wettkampf zugelassen, weil er sich noch im Übergangsalter befand, später aber kämpfte und siegte er im Eleusinischen und im Theseischen Wettkampf. Bald jedoch vertauschte er die Leibesübung mit der Ausbildung seiner Geisteskräfte und wurde Hörer beim Naturforscher Anaxagoras und beim Rhetor Prodicus, in der Sittenlehre aber beim Sokrates. Mit achtzehn Jahren begann er, eine Tragödie zu schreiben.

Berichtet Philochorus, auf der Insel Salamis gäbe es eine grauenerregende, verwilderte Grotte – ich habe sie selbst gesehen; dort habe Euripides seine Tragödien geschrieben. Fast die gesamte Frauenwelt soll ihm sehr verhaßt gewesen sein; aber es blieb ungewiß, ob er von Natur aus vor dem Umgang mit Frauen zurückschreckte oder ob ihm seine Doppelehe – nach ausdrücklichem Beschluß der Athener war das gültiges Recht! – das Eheleben gründlich verleidet hatte. An seinen Weiberhaß erinnert auch Aristophanes in der Erstfassung der ›Weibervolksversammlung‹ mit folgenden Versen:

> Nun rat ich allen, sag es laut und klar,
> um vieler Unbill straft mir diesen Mann.
> Mit uns, den Fraun, verfährt er rauh und wild,
> wuchs er doch unter wildem Feldgemüse auf!

Alexander der Aetolier verfaßte über Euripides folgende Verse:

> Anaxagoras' Zögling, des edlen; ich nenn ihn mürrisch; er lacht nie,
> hat nicht gelernt zu scherzen, auch beim Weine nicht;
> doch was er schreibt, ist honigsüß, klingt wie Sirenenklang!

Dieser Mann nun, als er sich in Makedonien beim König Archelaos aufhielt, der freundschaftlich mit ihm verkehrte, wurde bei der nächtlichen Heimkehr von einem Gelage von Hunden zerfleischt, die ein Nebenbuhler auf ihn gehetzt hatte; die Verwundungen waren tödlich.

Sein Grab wie sein Andenken halten die Makedonen in solch hoher Ehre, daß sie als Ruhmeslosung bekannten: ›Nie soll Dein Grabmal uns vergehn, Euripides!‹ eben weil der hervorragende Dichter nach seinem Tode in ihrem Lande begraben lag. Als dann zu ihnen Gesandte der Athener kamen mit der Bitte, die Gebeine nach Athen in die Heimaterde überführen zu dürfen, beharrten sie aus diesem Grunde einstimmig bei der Absage.

Streit und Neid

Alle, die über Leben und Lebensführung des Xenophon und des Plato – meist ja auch ganz ausgezeichnet – geschrieben haben, glaubten feststellen zu können, diese beiden seien von heimlichen und verborgenen Regungen wechselseitiger Mißgunst und Eifersucht nicht ganz frei gewesen. Als Beweis dienten ihnen gewisse ihren Schriften entnommene Mutmaßungen, die etwa auf folgendes hinauslaufen: Nirgendwo erwähnt Plato in seinen doch so zahlreichen Schriften den Xenophon und dieser ebensowenig in seinen Schriften den Plato. Dabei gedenken sie beide der zahlreichen Anhänger des Sokrates, besonders Plato in seinen Gesprächsberichten. Auch hielt man es nicht eben für ein Zeichen von Aufrichtigkeit und freundlichem Willen, daß Xenophon nach der Lektüre etwa der ersten zwei zuerst erschienenen Bücher aus Platos so berühmtem Werk über die beste Staatsverfassung und Stadtverwaltung eine ganz andere Stellung bezog und unter dem Titel ›Die Erziehung des Kyros‹ die Königsherrschaft als die genau entgegengesetzte Staatsform beschrieb. Diese Tatsache als solche und erst recht deren schriftlicher Niederschlag soll Plato so sehr beleidigt haben, daß er sich in einem seiner Bücher bei der bloßen Erwähnung des Königs Kyros zu der Aussage hinreißen ließ, dieser Kyros sei zwar ein recht tüchtiger und fleißiger Mann gewesen, aber – und dies mit Platos eigenen Worten über Kyros –: alles in allem sei er im Grunde von Bildung unberührt geblieben.

Und dann, glaubt man, käme zu dem von mir Erwähnten noch hinzu, daß Xenophon in seinen von ihm verfaßten Berichten über des Sokrates Worte und Werke leugnet, Sokrates habe jemals Fragen der ursächlichen Erklärung des Himmels- und Naturgeschehens erörtert, ja nicht einmal die restlichen Fachzweige, die nicht zu einem vorbildlichen und glücklichen Leben beitragen können, die Griechen nennen sie schlicht ›die Wissenschaften‹, habe er berührt, geschweige denn gebilligt. Darum sei es – nach Xenophon – eine häßliche Lüge, dem Sokrates Erörterungen dieser Art zuzuweisen. Schlußfolgerung: Mit solchen Auslassungen rügt Xenophon doch offensichtlich Plato, in dessen Schriften Sokrates ja physikalische, musikalische und geometrische Probleme erörtert.

Wenn nun aber so vorzüglichen und hochangesehenen Männern solches zugeschrieben oder zugetraut wurde, kann meiner Meinung nach der Grund nicht in dem Bestreben liegen, sie herabzusetzen oder ihnen etwas zu mißgönnen. Auch der Wettstreit um höheren Ruhm kann die Ursache dafür nicht sein. Denn das sei doch wohl unvereinbar mit philosophischer Denkungsart, in der sich diese beiden ja nach allgemeinem Urteil vor anderen auszeichneten. Was also steckt hinter dieser Vermutung? Doch sicherlich folgendes: Meist kann gerade die Ebenbürtigkeit und Gleichheit ganz ähnlicher Eigenschaften nach außen den Anschein eines Rangstreits erwecken, auch wenn eine Auseinandersetzung weder beabsichtigt noch gewollt wird. Gibt es nämlich auf einem Fachgebiet zwei oder mehr hervorragende Begabungen von gleichem oder annähernd gleichem Ruf, dann erhebt sich unter den doch recht unterschiedlichen Anhängern der beiden der Streit, ihre Tätigkeit zu werten, ob ihnen Anerkennung zuzumessen sei. Und so springt der Funken des Ehrgeizes vom fremden Streit endlich auf sie selbst über und es kann geschehen, daß durch Einwirkung der Anhängerschaft, nicht durch eigenes Zutun ihr edler Wettlauf zum gleichen Ziel ›Tugend‹, gleichgültig, ob der Sieg nun schon feststeht oder noch ungewiß ist, zu Eifersüchteleien und niedrigen Verdächtigungen absinkt. Genauso ist es also den beiden Leuchten sokratischer Anmut, Xenophon und Plato, ergangen: Weil andere über sie im Streit lagen, welcher von beiden der bedeutendere sei, hat man sie des wechselseitigen Streits und der Eifersüchtelei verdächtigt, und gewiß auch, weil zwei solche erhabener Ruhmeshöhe zustrebende Größen eben zwangsläufig den Anschein eifersüchtigen Rangstreits erwecken müssen.

Im siebten Buch seiner poetischen ›Jahreschronik‹, wo er von dem aus einem alten Adelsgeschlecht stammenden Geminus Servilius erzählt, beschreibt uns Quintus Ennius genauestens, und dabei recht anschaulich und lebensklug, Eigenschaften und Pflichten eines jeden, der mit einem durch Geburt und Stellung überragenden Manne befreundet ist. Wie also muß ein solcher Freund beschaffen sein? Geistreich, umgänglich, bescheiden muß er sein, zurückhaltend oder wenn nötig auch zupackend im Reden; er muß ausgedehnte Kenntnisse der Altertumskunde, alter und neuer Gebräuche und Umgangsformen haben, muß ein Geheimnis mit unbedingter Zuverlässigkeit bewahren und verteidigen und endlich in des Lebens Mühsal sänftigend, lindernd und tröstend Milderung schaffen können.

Die betreffenden Ennius-Verse sind es meiner Meinung nach wert, häufig und ausdauernd erinnert zu werden, genauso wie die Sätze aus der Pflichtenlehre der Philosophen. Darüber hinaus stellen sich diese Verse mit ihrem Anflug von Altertümlichkeit so ehrfurchtgebietend dar, ihre Lieblichkeit ist so rein und so frei von jedem falschen Schmuck, daß sie – wenigstens meiner Überzeugung nach – als altehrwürdig geheiligte Freundschaftsregeln beachtet, geübt und in Ehren gehalten werden sollten. In diesem Sinn, glaube ich, darf ich sie hier anschließen; es könnte sie sich ja ein Leser sogleich herbeiwünschen:

Sprach's und läßt kommen den Mann, mit dem
gemeinsam zu speisen,

Ansprachen auch und Geschäfte gar oft zu bereden er liebte,
ja mit dem er vertraut in freundlichem Umgang verkehrte,
war vom Regierungsgeschäft, hochwichtigem, müd er am Abend,
vom Disput auf dem Markt, von der steifen Würde des Ratshofs.
Ihm durfte zwanglos er sagen, was nichtig war oder bedeutend,
scherzen auch, im Gespräch sich erleichtern, wann irgend er wollte,
über alles, sei's gut, sei es schlecht – bei ihm war es sicher.
Öffentlich oder zu Haus, sie teilten die Freuden gemeinsam.
Hinreißen ließ er sich nie, leichtsinnig oder verschlagen
Unrecht zu tun, dieser Mann; so ist er: belesen, verläßlich,
ausgeglichen und klug, genehm und bescheiden, im Umgang
freundlich, taktvoll und knapp, doch zur rechten Zeit Richtiges redend,
wissend um uraltes Gut, ein Mann, den die Vorzeit belehrte
über der Bräuche weites Gebiet, so alte wie neue,
über der Götter und Menschen Gesetz, uraltes auch, vielfach bezeugtes.
Klug vermochte er beides: berichten oder verschweigen.
Diesen, wenn Rast ihm gegönnt, läßt unser Servilius sich holen.

Wie uns überliefert, pflegte Lucius Aelius Stilo zu behaupten, dies habe Quintus Ennius über sich selbst geschrieben, und so sei eben ein Bild des Charakters und des Geistes des Quintus Ennius entstanden.

Geistige Reife

Schriftsteller, die sich in ihrer Mußezeit der Mühe unterzogen, Leben und Umwelt gescheiter Männer zu erforschen und die Erinnerung an sie wachzuhalten, zeichneten uns über die beiden tragischen Dichter Marcus Pacuvius und Lucius Accius etwa folgende Geschichte auf:

Pacuvius, hochbetagt schon und von einem hartnäkkigen körperlichen Leiden geplagt, hatte sich aus Rom nach Tarent zurückgezogen. Als nun der erheblich jüngere Accius auf dem Weg nach Kleinasien durch diese Stadt kam, kehrt er bei Pacuvius ein, wird freundlich von ihm aufgenommen und mehrere Tage festgehalten. Auf dringendes Bitten hin liest er ihm seine ›Atreus‹ betitelte Tragödie vor. Da nun soll Pacuvius geäußert haben, was Accius da geschrieben habe, höre sich zwar großartig und durchaus klangvoll an, schiene ihm aber doch ein wenig zu herb und zu hart. Meinte Accius: »Es ist schon so wie du sagst, aber das bekümmert mich keineswegs. Hoffe ich doch, daß mir meine künftigen Werke besser gelingen; geht's doch den Werken des Geistes, wie man sagt, genau wie den Früchten. Was anfangs herb und hart ist, wird endlich reif und süß. Was dagegen im Handumdrehen mürb und weich, ja von Anfang an vollsaftig ist, das wird nie mehr richtig reif, sondern es fault.«

So scheint mir nun auch alles Geistige darauf angewiesen, daß ihm Tag und Zeit zu seiner vollen Reife verhelfen.

Keine Krokodilstränen?

Griechenland besaß einst einen weit- und hochberühmten Schauspieler. Mit seiner schlichten und anmutigen Art, sich zu bewegen und zu sprechen, übertraf er alle übrigen. Sein Name, heißt es, war Polus. Die Tragödienrollen der Dichter von Ruf verstand er geschickt und glaubhaft darzustellen.

Dieser Polus nun verlor seinen einzig geliebten Sohn durch den Tod. Als er sich, so schien es jedenfalls, lange genug seiner Trauer hingegeben hatte, wandte er sich wieder der Bühnenarbeit zu. In dieser Zeit spielte er in Athen die Elektra des Sophokles und hatte die Urne mit den Gebeinen des Orest hereinzutragen. So bestimmt es in diesem Fall der Aufbau des Stückes: Elektra trägt gleichsam die Überreste ihres Bruders und beklagt und bejammert dabei dessen vermeintlichen Untergang. Also trug Polus im Trauergewand der Elektra Gebein und Urne aus seines Sohnes Grab, umschlang sie so, als seien's die des Orest und verrichtete alles nicht mit Requisiten, nicht mit Nachahmungen, vielmehr in eigener Trauer mit Klagen und Seufzen. Schien es nun auch so, als würde nur ein Stück gespielt: Echter Schmerz war es, der da dargestellt wurde.

GUT GESAGT!

Philipp grüßt Aristoteles

Philipp, Sohn des Amyntas, König des makedonischen Landes, dessen erprobter Tüchtigkeit und Umsicht die Makedonen die riesige Ausdehnung ihres Herrschaftsbereiches und den Beginn der Unterwerfung vieler Stämme und Völker verdankten, von dessen Stärke und für ganz Griechenland achtunggebietender wie furchterregender Waffenmacht jene berühmten Reden und Ansprachen des Demosthenes beredtes Zeugnis ablegen, ebendieser Philipp verzichtete trotz seines ständigen Kriegens und Siegens, das ihn fast immerfort in Anspruch nahm und beschäftigte, eigentlich nie auf den Umgang mit Stoffen der künstlerischen und wissenschaftlichen Bildung. Dementsprechend zeugte fast alles, was er sagte und tat, von Witz und Geschmack.

So werden von ihm ja auch Briefsammlungen überliefert, die reich sind an zierlichen, feinsinnigen und klugen Gedanken. Da ist zum Beispiel jener Brief, in dem er Aristoteles, dem Philosophen, mitteilt, daß ihm der Alexander geboren worden sei. Gerade dieser Brief schien mir besonders geeignet, elterliche Gemüter aufzurütteln. Er ermunterte zu Sorgfalt und Fleiß in der Kindererziehung; darum glaubte ich, ihn auch mitteilen zu sollen. Hier also steht er nun und lautet sinngemäß in der lateinischen Übersetzung so:

›Philipp grüßt den Aristoteles

Mir ist ein Sohn geboren worden, das sollst Du wissen.

Dafür bin ich nun den Göttern natürlich dankbar, aber nicht so sehr, weil er überhaupt geboren wurde, als vielmehr dafür, daß er gerade zu Deinen Lebzeiten auf die Welt kommt. Hoffe ich doch stark, daß unter Deiner Anleitung und durch Deine Erziehung aus ihm ein Mann wird, der mir Ehre macht und das Zeug hat, meine Nachfolge und die im Reich anzutreten.‹

Schlagfertige Antwort

Auch das gehört zum Fach Rhetorik: geschickt und listig strafbare Handlungen getrost eingestehen können, ohne dabei etwas aufs Spiel zu setzen. Etwa so: Wirft man dir vor, schimpflich gehandelt zu haben, und du kannst es nicht abstreiten, dann darfst du ruhig eine scherzhaft-spielerische Antwort geben und die Angelegenheit eher ins Lächerliche ziehen als verdächtig machen; so wie es Cicero einmal getan haben soll – es ist ja schriftlich festgehalten worden –, als er mit einem schlagfertigen Witzwort entkräftete, was nicht mehr abgeleugnet werden konnte. Als er nämlich ein Haus auf dem Palatinhügel kaufen wollte und momentan nicht zahlungsfähig war, nahm er von Publius Sulla, der zu diesem Zeitpunkt angeklagt war, ein Darlehen von zwei Millionen Sesterzien auf; in aller Stille zwar, aber nichtsdestoweniger blieb es eben nicht geheim und kam unters Volk, ehe der Verkauf getätigt war. Nun wurde ihm der Vorwurf gemacht, von einem Angeklagten Geld zum Hauskauf angenommen zu haben. Schockiert durch diesen unvermuteten Vorwurf, stritt Cicero ab, Geld angenommen zu haben. Den beabsichtigten Hauskauf leugnete er ebenfalls, ja er sagte: »Erst wenn ich das Haus gekauft habe, darf als erwiesen gelten, daß ich mir Geld geborgt habe.« Als er das Haus dann später doch gekauft hatte und ihm von seinen Feinden im Senat sein Lügenmanöver vorgehalten wurde, schüttete er sich aus vor Lachen und bemerkte, immer noch lachend: »Was seid ihr doch für Menschen, so ganz ohne Verstand! Wißt ihr denn nicht, daß ein kluger und vorsichtiger Familienvater, wenn er etwas kaufen will, der Mitbewerber wegen seine Kaufabsicht geheimhalten muß?«

›So wie ein Palmenbaum über sich steigt...‹

Eine weiß der Himmel wundersame Sache ist das, die uns Aristoteles im siebenten Buch seiner ›Streitfragen‹ und Plutarch im achten Buch seiner ›Tischgespräche‹ erzählen. Beide berichten: ›Belastet man Palmbaumholz mit schweren Gewichten und drückt und beschwert dabei so stark, daß die Last eigentlich gar nicht mehr ausgehalten werden könnte, so weicht die Palme trotzdem nicht nach unten aus, und sie läßt sich auch nicht niederbeugen, vielmehr stemmt sie sich der Last entgegen und drückt nach oben: Sie beugt sich zurück.‹ – ›Darum‹, meint Plutarch, ›entschied man sich bei Wettkämpfen auch für die Palme als Siegeszeichen, eben weil ihr Holz so beschaffen ist, daß es allem Drängenden und Bedrükkenden nicht nachgibt.‹

Entlarvt!

Der Philosoph Arkesilaos, so berichtet Plutarch, gebrauchte zur Charakterisierung eines übermäßig herausgeputzten Reichen einen sehr scharfen Ausdruck. Nichtsdestoweniger genoß dieser Reiche den Ruf eines unverdorbenen Mannes, der sich keine sittlichen Verfehlungen zuschulden kommen ließ. Als Arkesilaos nämlich die hohe Fistelstimme des Mannes, sein kunstvoll frisiertes Haar sowie seine spöttischen, zu wollüstigem Vergnügen auffordernden Blicke wahrgenommen hatte, bemerkte er: »Was macht das schon noch aus, ob einer mit dem Hinter- oder mit dem Vorderteil Unzucht treibt!«

Genügsamkeit ist eine Zier

Von tiefer Wahrheit ist diese Feststellung, die weltkluge Männer bei genauer Beobachtung ihrer Umwelt getroffen haben: Wer vieles besitzt, hat auch große Ansprüche, und großer Bedarf erwächst nicht so sehr aus großem Mangel, denn aus großem Überfluß. Wie viele Wünsche werden erst wach beim Hüten deiner Schätze! Wer also über viel Eigentum verfügt und gern Vorsorge gegen Dürftigkeit und Mangel treffen möchte, der hat eben Einbuße nötig, nicht Neuerwerb. Man muß einfach weniger besitzen, damit einem weniger fehlt!

Erinnere ich mich doch an folgende, trotz ihrer wenigen Worte voll abgerundete, von Favorin unter ungeheurem Beifall der gesamten Zuhörerschaft in griechischer Sprache vorgetragene Maxime: ›Wer fünfzehntausend

Kleider braucht, wird leicht auch noch mehrere brauchen. Rechne ich nun die Zahl der ersehnten Kleider von denen ab, die ich mein eigen nenne, dann genügen mir auf einmal die, die ich wirklich besitze!‹

Wein-Maß

Allerliebst in ihrer betonten Schlichtheit sind Gegenstand und Ausdruck im ersten Band der Jahrbücher des Lucius Piso Frugi gewählt, dort, wo er über Lebensgang und Lebensweise des Königs Romulus schreibt. Die Worte, die er wählte, lauten wie folgt:

›Man erzählt von diesem Romulus, er habe, zur Tafel geladen, nur ganz wenig getrunken, weil er am nächsten Tag zu arbeiten hatte. Sagen sie zu ihm: ‚Romulus, wenn das alle so machen, möchte der Wein ganz wertlos werden', antwortet er ihnen: ‚Ganz im Gegenteil! Wenn jeder trinkt soviel er will, gewinnt der Wein an Wert. Ich jedenfalls habe genau die Menge getrunken, die ich trinken wollte.'‹

Krisenbewältigung

Im Gedächtnis der Menschen sind Beobachtungen und Erfahrungen festgehalten, nach denen für die allermeisten der alternden Menschen das dreiundsechzigste Lebensjahr eine gefährliche Situation, gewissermaßen einen Einbruch bringt, sei es nun eine schwere Krankheit, Tod oder seelischen Kummer. Die sich mit Gegenständen und Bezeichnungen dieser Art eingehend befassen, nennen dieses Jahr ja dann auch κλιμακτηρικόν, ein ›Krisen-Jahr‹.

Als ich nun vorgestern nacht in den Briefen des göttlichen Augustus ›An seinen Enkel Gaius‹ las, packte mich der geschmackvolle Redestil, der so gar nichts Eigenwilliges und Verkrampftes an sich hat, sich vielmehr so recht gefällig und schlicht gibt. In einem der Briefe stieß ich auf eine Stelle über das bewußte Jahr. Und so lautet nun dieser Brief wörtlich:

›Den vierundzwanzigsten September. Laß Dich grüßen, Gaius, mein allerliebstes Eselchen. Du mußt nur entfernt sein, und – beim Zeus – dann packt mich immer die Sehnsucht. Besonders natürlich an Tagen wie heute. Da suchen meine Blicke meinen Gaius, der, wie ich hoffe, froh und munter meinen vierundsechzigsten Geburtstag mitgefeiert hat, wo immer er sich an diesem Tage auch aufgehalten haben mag. Wie Du siehst, habe ich die gefahrvolle ‚Schwelle' aller älteren Herren, das berüchtigte dreiundsechzigste Jahr, hinter mich gebracht. Nun erbitte ich von den Göttern folgendes: Mir möchte vergönnt sein, die noch verbleibende Zeit in einem blühenden Staatswesen bei guter Gesundheit zu verleben. Und Ihr sollt Euch derweilen bewähren können und mich später einmal auf meinem Wachtposten ablösen.‹

Kampf mit der Kunst?

Einst wurde die von alters her berühmte Insel Rhodos samt ihrer prächtigen, schönen Hauptstadt von einem zu seiner Zeit hochangesehenen Feldherrn umkämpft und belagert, einem gewissen Demetrius, dem seine praktische und theoretische Erfahrung bei Belagerungen ebenso wie seine Fähigkeit, mit den für den Einsatz gegen befestigte Städte entwickelten Belagerungsmaschinen umzugehen, den Beinamen ›Der Städtebelagerer‹ eingebracht hatten.

Nun traf damals im Verlauf jener Belagerung dieser Demetrius Vorbereitungen zum Angriff auf einige außerhalb der Stadtmauern gelegene, schwach verteidigte Gemeindehäuser, die er zerstören und niederbrennen wollte. In diesen Gebäuden befand sich auch das weltbekannte Porträtgemälde des Fürsten Jalysus von der Hand des berühmten Protogenes, dessen Schönheit und hohen Wert er in seinem Zorn den Rhodiern nicht gönnte. Da schicken die Rhodier Unterhändler zum Demetrius, die erklären: »Was, zum Henker, denkst du dir eigentlich, wenn du durch Niederbrennen jener Häuser dieses Bildwerk vernichten willst? Hast du uns erst einmal alle überwunden und unsere ganze Stadt eingenommen, dann fällt dir doch mit dem Sieg auch dieses Bild zu, und zwar unversehrt und unbeschädigt. Schaffst du's aber nicht, uns zu erobern, dann überlege bitte ernsthaft, welche Schande dir als einem Manne, der's nicht fertigbrachte, die lebenden Rhodier zu überwinden, der Krieg gegen den toten Protogenes einbringen müßte!« Als er solches aus dem Mund der Unterhändler vernommen, brach er die Belagerung ab und ließ Bildwerk und Stadt unversehrt.

Publilius war ein Mimenschreiber. Man hielt ihn für tüchtig genug, dem Laberius annähernd gleich geachtet zu werden. Nun fühlte sich Gaius Caesar durch die Bissigkeit und Überheblichkeit des Laberius so sehr angegriffen, daß er prompt verlauten ließ, die Mimen des Publilius schienen ihm weit annehmbarer und vortrefflicher.

Die Mehrzahl der Sinnsprüche dieses Publilius gelten als zutreffend und außerordentlich brauchbar für den täglichen Sprachgebrauch. So schien es mir wirklich passend, aus ihrer Zahl die folgenden in Einzelverse gefaßten Sinnsprüche hier mitzuteilen:

Schlecht ist ein Rat, den man nicht ändern kann.
Geben tut wohl, wenn man dem Richtgen gab.
Das Unvermeidliche, ertrag's und klag nicht an!
So gut wie eine Kutsche: nett begleitet sein.
Die Knausrigkeit verdirbt den guten Ruf.
Des Erben Tränen sind verborgnes Lachen nur.
Beleidigte Geduld wächst oft zur Raserei.
Beim zweiten Schiffbruch klag das Meer nicht an!
Halt's mit dem Freunde so: Stell ihn als Feind dir vor!
Wer altes Unrecht trägt, lädt neues ein.
Nie wird gefahrlos die Gefahr gebannt.
Bei zu viel Streit steht's um die Wahrheit schlecht.
Ein Wunsch, nett abgesagt, gleicht einer Wohltat – fast.

Die selbstverfaßten Epigramme dreier berühmter Dichter – des Gnaeus Naevius, des Plautus, des Marcus Pacuvius –, die sie zur Beschriftung des eigenen Grabmals hinterließen, hielt ich wegen ihres hohen Ranges und ihrer Anmut für wert, in diese Sammlung aufgenommen zu werden.

Das Epigramm des Naevius, voll campanischen Übermuts, hätte ein vollgültiges Zeugnis abgeben können – wenn es eben nur nicht von ihm selbst stammte:

Wär's recht, daß Götter Sterbliche beweinen,
so weinten über Naevius, den Dichter,
göttliche Musen.
Da nun dem Orkus dieser Schatz vertraut,
verlernten sie aus solchem Grund in Rom,
– Latein zu sprechen!

Das Epigramm des Plautus – wir hätten wohl zweifeln mögen, ob es auch von Plautus stammt, hätte es nicht der Marcus Varro in sein erstes Buch ›Von den Dichtern‹ aufgenommen:

Nachdem den Tod der Plautus nun erlangt,
trägt Trauer unser Lustspiel.
Verlassen liegt die Bühne und der Scherz,
dazu auch Spiel und Spaß.
Unzählbar viele Lieder all zugleich
zerfließen mit in Tränen.

Das Epigramm des Pacuvius, so aufrichtig bescheiden und lauter, wie es ist, entspricht es ganz seiner gepflegten Würde:

Hast Du's auch eilig, Jüngling, hier, der kleine Stein,
er bittet: Sieh mich an, lies, was geschrieben steht:
Hier liegt Pacuvius, der Marcus, unser Dichter.
Das – wollt ich – sollst Du wissen. Leb nun wohl
und geh!

ANHANG

DIE ›ATTISCHEN NÄCHTE‹ DES AULUS GELLIUS ODER LITERATUR UND BILDUNG ZUR ZEIT MARC AURELS

Der Buchtitel ›Attische Nächte‹ übt einen eigenen Reiz, schon seit den Tagen seiner Entstehung. Sein ›Erfinder‹ empfiehlt, ja rechtfertigt ihn in seinem Vorwort an spätere Leser. Dieser Titel thematisiert – ungewohnt für Leser unserer Zeit – den Zauber durchwachter Nächte in einer mit Büchern und ›Urväterhausrat‹ vollgestopften Studierstube und – ihre Ergebnisse: fleißige Bücher, die man auch noch heute nach den Nächten ihrer Entstehung ›... Nächte‹ nennen kann, denn der Titel hat Schule gemacht. Das Titelkupfer einer Ausgabe dieser ›Noctes Atticae‹, der bedeutsamen Ausgabe beider Gronovii – Vater und Sohn –, die 1706 in Leiden gedruckt wurde, zeigt das Gemeinte im Bild: als Ort der Handlung die Studierstube, einem Bühnenbild zu Goethes ›Faust‹ nicht unähnlich, der Mond leuchtet ins Zimmer und auf das nächtliche Athen; im Vordergrund der Gelehrte, befaßt mit den Zeugnissen einer fernen Vergangenheit; er liest, schreibt ab, kommentiert und ist offensichtlich glücklich bei dieser Tätigkeit.

Nahezu zärtlich spricht auch der Autor dieses Werkes von seinen ›Nächten‹, seinen ›Nachtwachen‹, seinen ›Stücken beim Lampenschein‹. In seiner Vorrede und gelegentlich in den Kapiteln selbst spricht er auch über seine Absichten, seine Möglichkeiten, seine ›Gegner‹, oft genug nur andeutend. Über ihn selbst wissen wir aber nichts außer dem, was seinem Buch zu entnehmen ist. So mag es reizen, eine Szene zu erfinden, die im Gegensatz zur erhaltenen Vorrede, die etwa zehn Jahre später in den Tagen der Endredaktion des Werkes nach Athen zurückblickt, die Stunde des Entschlusses zu einem für die Weltliteratur folgenreichen, wenn auch heute vergessenen Buche schildert:

Nach einem heißen griechischen Sommertag, verbracht mit den Studienfreunden im Haus und in den Gärten unseres so großzügigen attischen Gastgebers: Nacht. Einkehr bei sich selbst. Ruhe und Glück der stillen Stube. Was an Eindrücken dauert, was an Gedanken ins eigene Leben hineingenommen wird und weiter mitwandern soll, all das kann nun gesichtet werden, geordnet und geprüft; nach-geprüft auch in den schmucken Bücherrollen, die die Schränke der Hausbibliothek füllen, in der ich Gast sein darf. Der Strahl der Lampe erhellt den Raum. Die Bildnisbüsten der großen Philosophen und Dichter, unserer geistigen Ahnen, ringsum aufgestellt, werfen lange Schatten. Beklemmend für mich die Empfindung der Verpflichtung, die ein Letzter in dieser ehrwürdigen Reihe haben muß: würdig zu sein, die Fackel des Wissens, des Lebens, weiterzureichen. Dann kommen die Erinnerungen an den vergangenen Tag, auch die peinlichen, wie die an den herablassend-freundlichen Fragesteller am Nachmittag, der deines Nichtwissens so sicher war, leider mit Recht. Immer wieder dieses endlose selbstgefällige Reden – wie oft bei jungen Griechen, die als Philosophen gelten wollen –, das schließlich eben in eine Frage mündete, spitz wie ein Dolch und – an dich gestellt vor deinen Freunden, deinem liebenswürdigen Gastgeber auch. Und du wußtest keine Antwort, hattest nur dunkle Ahnung an ein anderes Gespräch, geführt vor einigen Jahren in der Villa am Rande des Appenin. Du warst noch so jung. Um die Ebenbürtigkeit der Römer ging es damals wie heute, ihrer Helden, ihrer Sitten, ihrer Sprache und Literatur. Du hättest antworten müssen, konntest es aber nicht. Jetzt erst, eingetaucht in die Stille der Rückerinnerung dieser Nacht, unterstützt von den ›stummen Lehrern‹, wie wir die Bücher ja auch nennen, jetzt erst könntest du es. Der Hausherr, heute am Tage, lächelte die Peinlichkeit freilich hinweg, sprach dann zu uns über den Plan eines Buches, das einmal geschrieben werden müßte, eine Art Bücher-Tagebuch für Studenten (und wer ist nicht Student sein Leben lang?), aber auch wieder mehr: ein Rundgang im Schatzhaus unseres Wissens. Ein Versuch, von allem Gelesenen, Gehörten, Gedachten das Wertvolle, im täglichen Umgang Anwendbare, festzuhalten, zu ergänzen, zu erläutern; dann alles Berichtete und Gesammelte nachzuprüfen, aber auch nachzuempfinden, mit Erinnerung persönlichen Erlebens zu verbinden: ein immer griffbereiter Schatz verbindenden Wissens und gemeinsamer oder einsamer Erinnerung. Ein griechischer Freund hat etwas ähnliches wohl schon begonnen. Er las einige Kapitel vor, die uns zeigten, wie man so etwas anpacken könnte, wie man aus den prallgefüllten Stoffspeichern ein handliches Buch schaffen könnte, das in der Mußezeit bei uns ist, in dem man oft lesen mag, hier und dort, vor dem Einschlafen auch. Warum sollte ich, ein Römer, das nicht auch können? Ich will es versuchen. Jetzt steigt der Mond höher, scheint auf dein Pult, wie er noch auf viele nächtliche Schreibpulte scheinen wird als sanftester Mahner, als Freund. Dies hier ist die Nacht des Entschlusses, die schwerste, sagt man, andere Nächte werden sein, viele Nächte, die dieser ersten, attischen, folgen werden, hier und an anderen Orten, wieder daheim. Denn ich bin ja nur Gast hier im Attischen Land, für ein knappes Jahr vielleicht, frei für den Umgang mit den Großen der Vergangenheit, frei aber dann doch auch für etwas Eigenes, das Nachgeborenen einmal hilfreich und erfreulich sein kann, vielleicht deinen Söhnen, später. Nächte wie diese erste in Attika. Und das soll auch der Name meines Buches sein: *Attische Nächte*!

So etwa könnte man die Ursprungssituation dieses merkwürdigen Buches vorstellen. Sein Autor ist aber nun weniger mit dem nächtlich forschenden Doktor Faustus und dessen Denkzielen verglichen worden als mit dem störenden ›trockenen Schleicher‹, dem lern- und fragebeflissenen Famulus Wagner. Zeiten, die Gellius hoch schätzten und fleißig benutzten, nannten ihn ein ›Schaf mit goldenem Fell‹. Die Zeit der Renaissance und des Humanismus mit ihrem Faktenhunger nach aller Kunde aus römischer und griechischer Vergangenheit bezeugt mit dieser Bezeichnung Dankbarkeit und Kritik zugleich. Noch heute vergißt kein Nachschlagewerk im ›Gellius‹-Artikel die Erwähnung, daß dieser – ansonsten mittelmäßige – Autor wichtigste Nachrichten und wertvollste Fragmente verlorener antiker Werke uns als einziger überliefert hat! Also: Mahnung zur Dankbarkeit! Aber er, Gellius selbst, sei nun wirklich kein Genie, bemühtes Mittelmaß. Nun gut, er will ja auch nicht mehr sein: Der Ausdruck *mea mediocritas,* ›meine Mittelmäßigkeit‹, stammt schließlich von ihm selbst. Die Kritik rennt also offene Türen ein. Nie hat jemand das Gegenteil behauptet.

Es bleiben zu prüfen: die Motivation der Auswahl als solcher und die Form, in der das Ausgewählte vermittelt wird. Wir stellen heute andere Fragen an Literatur, verstehen auch anderes unter Literatur und – erhalten andere Antworten. Da nun entsteht eine einmalige Situation: Das stoffliche Interesse ist heute fast ohne Belang; denn die vielgerühmten wertvollen Mitteilungen und Fragmente, sie sind längst in entsprechende Sammlungen eingeordnet, deren Glanzstücke sie oft genug bilden, der große Faktenhunger ist gestillt. Auch der Fachmann sucht sie dort; nur gelegentlich befragt er auch den Kontext, den Übermittler selbst nach seinen Gründen und Meinungen. Wir sind also auf völlig neue Art frei, dieses Werk zu betrachten, vielleicht zu genießen. Allein die Tatsache, daß sich die ›Attischen Nächte‹ sofort durchsetzten gegen härteste Konkurrenz, muß eingesehen werden, wenn man dann später die nicht weniger große Wirkung und Ausstrahlung auf Mittelalter und beginnende Neuzeit verstehen will; verstehen nun nicht als Selbstzweck, sondern als literaturhistorisches Faktum.

Gellius ist nicht der einzige Autor, dessen Leben und Ansichten nur aus seinem Werk deutlich werden. Er zeigt sich hier als ein auffällig um sein eigenes Ansehen in der Gesellschaft bemühter Mann, ein durch und durch Ehrgeiziger – aber ehrlich genug, seine Grenzen wahrzunehmen –, der von sich selbst aber immer nur in Verbindung mit seinen verehrten und geliebten Lehrern und seinen Lernzielen spricht. Er mag um 130 noch unter der Regierung des Kaisers Hadrian geboren sein, nach 160 trat er eine Bildungsreise nach Griechenland an. Nach seiner Ausbildung, der üblichen ›höheren‹ Bildung seiner Zeit, in Rom in das Amt eines Richters gewählt, will er, nunmehr ›mitten im Leben stehend‹, wie er selbst es nennt, das volle Bildungswissen seiner Zeit erreichen und behaupten. Gesellschaftlicher Rang und Wissensstoffe sollen aufeinander abgestimmt werden. So kommt der eifrige Schüler eines Sulpicius Apollinaris im Fach Grammatik, des Spaniers Antonius Julianus und des Titus Castricius, von denen der erste die Dichter, der zweite den römischen Historiker Sallust eindringlich und liebevoll behandeln, im Fach Rhetorik, und vor allem des berühmt-berüchtigten Sophisten seiner Zeit, des Favorinus von Arelate, so kommt Aulus Gellius nach Griechenland. Dort hat er Mühe, sich zu behaupten in der Schülerschar des Calvisius Taurus, der zu dieser Zeit Haupt der Platonischen Akademie in Athen war. Aber es gelingt ihm auch eine beglükkende Freundschaft, die des einflußreichen Herodes Atticus, des größten Kunst-Mäzens seiner Zeit. Ein Jahr oder länger dauert sein Aufenthalt, und in diesen Zeitraum fällt sein Entschluß, mit der Zusammenstellung eines Sammelwerkes zu beginnen, Wichtiges aus der Erinnerung, also fast Versäumtes, auf das er in der neuen Umgebung aufmerksam geworden, nachzuholen und die Fixierung seiner literarischen Alltagserfahrungen fortzusetzen. Das Ergebnis sind die in zwanzig Büchern mit insgesamt knapp vierhundert Einzelkapiteln gegliederten ›Attischen Nächte‹. Nur das achte Buch mit seinen fünfzehn Kapiteln ist – mit Ausnahme der Kapitelüberschriften – verlorengegangen. Selbständige literarische Kleineinheiten sind es also aus den unterschiedlichsten Wissens- und Interessengebieten, die uns hier vorliegen, dennoch kein Sammelsurium, sondern eine

Abbreviatur des Zeitwissens, besser Wissenwollens, ein Bildungsprogramm des zweiten Jahrhunderts.

Dieses zweite Jahrhundert der Römischen Kaiserzeit gilt bis zu den unter Kaiser Marcus Aurelius (161–180 n. Chr.) entbrennenden harten Kämpfen im Donauraum und der von mancherlei Katastrophen begleiteten, unter den sozialökonomischen Bedingungen der Spätantike sich ständig verschlechternden Wirtschaftslage als eine ruhige Zeit, doch an so manchen Stellen der jetzt überwiegend griechischen Literatur schimmert die Wirklichkeit einer an Stärke gewinnenden krisenhaften Entwicklung durch. Das Jahrhundert, an dessen Anfang der römische Historiker Tacitus und der griechische philosophische Schriftsteller Plutarch schreiben, hat große Namen vorzuweisen: den Mediziner Galen, den Geographen und Astronomen Ptolemaios, gegen Ende des Zeitraums die Juristen Gaius und Ulpian, die griechischen Rhetoren der sogenannten Zweiten Sophistik – Fronto und Favorin lernen wir bei Gellius kennen –, aber auch einen Dio von Prusa, einen Maximus von Tyrus und dazu wieder gegen Ende des Jahrhunderts die ›Buntschriftsteller‹ Aelian und Athenaios, die mit Gellius zu vergleichen sich empfiehlt und lohnt, und dann auch bereits die ersten christlichen Schriftsteller, die Bedeutung für die Gesamtkultur der Zeit gewannen: Klemens von Alexandrien und Tertullian. Von bedeutenden Zeitgenossen, die auch für Gellius Orientierungspunkte darstellen mochten, sind der Grieche Lukian von Samosata und der Afrikarömer Apuleius von Madaura zu nennen. Gellius nennt keinen der beiden, zeigt aber in seinem Werk deutliche Berührungsflächen; mit dem letzteren muß er sogar bekannt gewesen sein. Allerdings geht bei Gellius alles biederer, beschaulicher, hausbackener zu.

Seit dem griechischen Aufklärungsjahrhundert, dem fünften v. Chr., sind die Beurteilungsmaßstäbe für alle menschlichen Betätigungen zur Diskussion gestellt, werden geltende Werte mit den Mitteln der Redekunst hinterfragt und verändert. ›Der Mensch‹ wurde von dieser ›Sophistik‹ genannten

Bewegung als ›Maßstab der Dinge‹ empfunden; aber mit dem ›Sophisten‹ Sokrates tritt wahrheitsbezogenes Denken auf den Plan, und seitan sind Redekunst/Rhetorik und Philosophie Dauerstreitpartner, die den Lauf der antiken Kulturentwicklung begleiten. Wechselnde Bewertungen schwanken zwischen Zweckorientierung und Wahrheitsfindung; der sachkundige Redner wird als Gegenideal zum Philosophen entwikkelt. Im zweiten Jahrhundert n. Chr., seit Kaiser Hadrians Zeiten, entsteht, von Kleinasien ausgehend, die sogenannte Zweite Sophistik, die Zeit der ›Konzertredner‹, die über jedes Thema sich verbreiten, aber auch der ernsten mahnenden Wanderprediger und antiken Hydeparkredner. Marcus Cornelius Fronto aus Cirta in Numidien ist der berühmteste Redner der Zeit, Archeget der großen Rückwendung, des Archaismus, Lehrer Kaiser Marc Aurels, der freilich später von der Rhetorik zur Philosophie ›abfiel‹. Neben ihm glänzt Favorin aus Arelate in Südgallien, ein Redner, der der Akademischen Skepsis nahesteht, mit griechischer und lateinischer Literatur gleichermaßen vertraut ist. Sein Schüler Gellius baut ihn in seinem Werk als Prototyp der Zeitbildung auf, aber er stellt ihn immer als ›Philosophen‹ vor. Überhaupt ist es ja ein Anliegen der Rhetorik der Zeit, philosophische Stoffe in volkstümlicher Form bekanntzumachen. Reizvolle Kontroversen zwischen Philosophie und Rhetorik finden sich allenthalben in Gellius' Werk. Neben dem Philosophen Favorin zeigt Gellius aber auch den Redner, wie in den großangelegten Auslassungen ›Zum Lob der Muttermilch‹ oder ›Wider die Chaldäer‹. Seine verlorene ›Vielgestaltige Geschichte‹ ist eines der Werke, mit denen sich Gellius mißt.

Eine typische Gattung der Zeit ist die sogenannte ›Buntschriftstellerei‹, der ja auch unser Autor zugerechnet wird. In absichtslos-bunter Folge stellt sie dem Leser Wissenswertes und Interessantes aus allen Lebensbereichen in handlicher, angenehm lesbarer Form zur Verfügung. Nutzen und Vergnügen zu vereinen, wird immer ihre Devise sein.

An die Buntschriftsteller tritt nun im zweiten Jahrhundert ein zusätzlicher Anspruch heran. Wer diesem am besten gerecht wird, hat die besten Überlebenschancen. Dieser Anspruch zielt auf Bildung und Erziehung. Gellius verbirgt ihn geschickt hinter seinen Hinweisen auf leichte Faßlichkeit, Unterhaltsamkeit, Abwechslung, fröhlich-spielerische Unterrichtsformen. Sein Buch bleibt aber immer ein Erziehungsbuch und gehört eigentlich auch in die Geschichte der Pädagogik, wo wir es freilich – nicht finden. Mit Attika, attisch, lenkt Gellius den Blick auf sein Bildungsprogramm: den Orientierungsplan eines Römers des zweiten Jahrhunderts, zwischen Rück- und Vorwärtsorientierung, Skeptizismus und Irrationalismus, Vergangenheit, Gegenwart und Zukunft, in der vielleicht stärksten Identitätskrise seiner Geschichte. Auf dieses hochgesteckte Ziel hin – Gellius mag sich ihm in seinem mit dem Wertvergleich Griechenland – Rom befaßten Kapitel annähern oder nicht – ist jeder einzelne Werkabschnitt orientiert. Die ›Attischen Nächte‹ sind als Literatur dieses zweiten Jahrhunderts im Kontext dieser Zeit zu sehen; sie sind immer Informationsträger und Ideologievermittler in einem.

Die ›Attischen Nächte‹ des Aulus Gellius sind ein beachtenswertes und aussagekräftiges Zeugnis der literarischen Kultur ihrer Zeit; sie können ihren Ursprung, ihr Verhaftetsein mit den Problemen ihrer Zeit nicht verbergen. Andersgerichtete Interessen späterer Nutzer decken dies zu, das ist wohl gewöhnlich so, aber neben das stoffliche Interesse können ja andere Fragerichtungen treten. Eine Vorrede an den Leser eröffnet das Ganze, ihr schließt sich (nach dem Vorbild des älteren Plinius, seiner ›Naturgeschichte‹) ein Inhaltsverzeichnis an, das in der Reihenfolge der einzelnen Bücher die Kapitelüberschriften zusammenstellt, damit man nach Bedarf suchen, wählen, finden und wiederfinden kann. Am Anfang der Vorrede und am Schluß des zwanzigsten Buches fehlt etwa eine Doppelseite Text. Aber eines wird dennoch deutlich: Der Autor will alles, was er bis zu diesem Zeitpunkt zusammengetragen und aufbereitet hat, an die Öffentlichkeit bringen und ihrem Urteil empfehlen.

Der buntscheckige Inhalt, in scheinbar absichtsloser, absichtsvoller Unordnung angeboten, will – darauf zielen ja Inhaltsverzeichnis und Überschriften – geordnet, sortiert, auch nachgeschlagen werden können. Doch dem Autor begegnet der Leser zuerst und vor allem im Einzelkapitel; und dort – bei der Lektüre jedes einzelnen Stücks der ›Nächte‹ – teilt sich ihm das Flair des Ganzen, die Gesamtintention mit. Auch in der trockensten Mitteilung schwingt die Mahnung mit: ›Aufgepaßt, das ist wichtig! Das kann man brauchen, muß man wissen! Hieran kann man Spaß haben.‹ Gelegentlich auch verbunden mit der Begründung, warum man's braucht, brauchen soll. Das ist in dieser Häufigkeit, fast Aufdringlichkeit, etwas Neues in der antiken Literatur. Gegenstand des so beabsichtigt leicht zerlegbaren Werkes sind – wie betont – die Einzelteile, die Gellius, eben wenn es um Form und Gestaltung geht, meist ›commentarii‹, skizzenhafte Vorformungen der Literatur, zu nennen pflegt. Die moderne Vorstellung von einem Kommentar freilich ist fernzuhalten, auch die anderer antiker Kommentarwerke. Was wir heute so nennen, ist eine Form der Stoffdarbietung, der sich einzelne Stücke der ›Attischen Nächte‹ nur im Extremfall annähern. Der Versuch, Gellius' Kapitel als Feuilleton-Splitter, als Kurzessays zu kennzeichnen, wäre nur der andere, auch nie voll erreichte Extremfall; immerhin sind die Ansätze erkennbar. Über dem Ganzen liegt die eigenartige Spannung zwischen Lehrbuch – Sachbuch – Unterhaltungsbuch; sie löst sich als belehrende Unterhaltung oder unterhaltsame Belehrung, etwa so, wie es Theodor Fontane in der ›sokratischen Methode‹ seines als Lehrer aushelfenden Vaters so schön beschrieben hat: locker assoziierend, aber nicht unsystematisch, von konkreten Bezugspunkten ausgehend, das Mimisch-Agierende mit einbeziehend, immer auf die Gefahr möglicher, in der Konversation peinlicher Verwechslungen hindeutend: kurz, ein Belehrtsein, das Freude macht – und haftet. Vater

Fontanes Lehrmethoden, man lese es in den ›Kinderjahren‹ des Sohnes nach, sind angewandter Gellius. Liegt hier, also im Gesamtverständnis dieser Darstellungs- und Vermittlungsform, ein Schlüssel? Darf man gespannt sein auf das Ergebnis erneuter Einordnungsversuche der ›Attischen Nächte‹? Was sind überhaupt diese ›Nächte‹ als literarische Gattung, womit sind sie in Antike und Neuzeit zu vergleichen? Schon die Fragestellung macht das Dilemma offenbar. Nun, dieses Buch fand Anklang, wurde gebraucht und wie selbstverständlich benutzt. Erlischt aber das mannigfach, auch durch Zeitgeschmack und uns oft genug unbekannte Anreize angefachte Interesse, schwindet die Nachfrage nach dem Stofflichen, dann gähnt eine Leere, in der sich die oben schon erwähnte Sammelbezeichnung ›ein Buntschriftsteller‹ eigentümlich nichtssagend ausnimmt. Immerhin ist aber mit dieser Gruppenzuordnung eine Frage gestellt, die nicht nur die klassischen Philologen und ihr spezifisches Klassifikationsbedürfnis angeht. Literaturformen dieser Art entstehen bzw. können eben nur entstehen, wenn ein überreiches, für den einzelnen kaum noch überschaubares Angebot an Literatur, auch an normativer Literatur, besteht, und wenn ein von der Fülle dieses Angebots irritiertes Publikum Richtungshinweise auf Erzählens- und Wissenswertes braucht. Die soziale Differenzierung des Literaturpublikums kommt dazu. Die literarische Antwort auf eine solche Situation sind Werke mit enzyklopädischem Zuschnitt und Anthologien. Die ›Attischen Nächte‹ haben – zu keinem ganz gehörig – Anteil an beiden. Sie gehören – negativ formuliert – nicht zu den Enzyklopädien, weil sie Zwang zur Vollständigkeit ebenso ablehnen wie zur Schau gestellte Systematik; immerhin sind sie aber an einem enzyklopädischen Wissenskanon ausgerichtet und trotz ihrer antisystematischen Buntheit legen sie Wert darauf, einordnungsfähige und leicht auffindbare Stoffe anzubieten, vermittels eben der Kapitelüberschriften und des Inhaltsverzeichnisses, zweier literarischer Errungenschaften, die eben durch dieses Werk mitgeprägt, propagiert und gewissermaßen eingeübt wurden! Die ›Attischen Nächte‹ gehören aber auch nicht zu den Anthologien, wollen sie doch gerade durch Abwechslung schockieren, nicht durch Vereinigung von Gleichartigem anlocken, und vor allem zeigen sie Drang zur Norm, wollen, wenngleich selbst scheinbar willkürlich auswählend, nicht subjektiv-willkürliches Auswählen propagieren, sie stehen und fühlen sich in der Pflicht, Wertungen, Normen anzubieten, bei aller wohl sozial bedingten Unsicherheit und Vorsichtigkeit des Autors im Urteilen und Verurteilen. Man hat dieses Werk also nicht zu Unrecht eine ›Enzyklopädie der freiesten Art‹ genannt, ›das sich zu einer Einheit zusammenplaudert, ohne daß an eine Einheit gedacht ist‹. In ihrer Eigenart sind die ›Attischen Nächte‹ in der antiken Literaturlandschaft bei aller Ähnlichkeit mit den vielen Werken, die gerade die Zeit des Gellius kannte, mit denen er konkurrierte, etwas Besonderes. Gibt es nun neuere Lösungen aufgrund ähnlicher Voraussetzungen? Als vergleichbare Unternehmen sind in jüngster Zeit Reader's Digest und Johann Peter Hebels ›Schatzkästlein‹ genannt worden; aber auch hier befriedigt kein Vergleich voll. Wir werden also das Werk selbst auf seine Ziele, Darstellungsmittel und Strukturen befragen müssen und auch aus der Geschichte der Rezeption Aufschlüsse erhalten.

Dieses Buch ließ sich mannigfach brauchen, aber ursprünglich ist es eben kein Lehr- oder Lernbuch, kein Sachbuch, kein Sammelwerk und keine Probensammlung, das meint: kein einsträngig systematisierendes Instrumentarium für Belehrungen und Vergnügungen, auch kein bloßes Nachschlagewerk, kein ›Konversationslexikon für Laien‹, wenngleich dort viel nachgeschlagen werden kann und soll, sondern ein Lesebuch als Erziehungshilfe, ein Buch, das gelesen, aber nicht durchgelesen werden will, das den Leseappetit anzureizen viele und unterschiedliche Mittel einsetzt. So wechseln sich Kapitel mit glanzlosen Auflistungen und trockenen Erörterungen ab mit in Erlebnisform ›eingekleideten‹ Kapiteln, während wieder andere beliebte Erzählstoffe anbieten. Gellius will ja – wie er vorgibt – zum freiwilligen Lesen bewegen. Der Vielfalt der Einzelinhalte entspricht die Buntheit in der Anordnung. Wesentliches Merkmal aber ist die bewußte Rückwendung zu einer alten, einer Vorbild-Zeit, zu dem, was Roms Größe in der Zeit der Republik ausmachte. Gellius ist einer der letzten Autoren, die sich auf die Grundwerte altrömischer Gemeinschafts- und Lebensformen hin orientieren – im Gegensatz zum fast gleichaltrigen Apuleius. Diese inhaltlich bestimmte Ausrichtung auf die Alten und das Alte ist weit wesentlicher als die stilistische! Gellius steht auch hier in einer Tradition, die sich gut mit Worten des von ihm bewunderten Cicero beschreiben läßt. In dessen Schrift ›Vom Greisenalter‹ heißt es 11,38: ›Ich habe das siebente Buch der ‚Urgeschichten' unter den Händen und sammle alle Denkwürdigkeiten der Vorzeit..., beschäftige mich eingehend mit den Griechen und durchdenke nach Sitte der Pythagoräer zur Übung des Gedächtnisses jeden Abend, was ich über Tag gesagt, gehört oder getan habe.‹ So übernimmt das Werk des Gellius im Ganzen das einer Verständnishilfe für den Umgang mit den ›Alten Autoren‹ aus der Zeit vor dem großen Redner, philosophischen Schriftsteller und Staatsmann Marcus Tullius Cicero (106–43 v. Chr.) und dem Schöpfer des Nationalgedichts der Römer, der ›Aeneis‹, dem Publius Vergilius Maro (70–19 v. Chr.), die beide für Gellius im Bereich der lateinischen Literatur die verbindliche Markierung, gewissermaßen die Grenze zitierfähiger Literatur bilden.

Diese Rückwendung zwingt nun notwendig zur gewissenhaften Beobachtung sprachlicher Prozesse, zu Fragen des Bedeutungswandels, der Wortwahl, der Stilmuster, auch der Euphonie; zu Fragen der Grammatik und der Etymologie und zum Hantieren mit antiquarischen Kenntnissen. Diese Art Sprachpflege gibt dem Ganzen des Gellianischen Werkes seinen eigenen Reiz. Das Ethos der bewußten Entscheidung, die sich ein rückwärtsgewandter Verehrer und Leser der Alten auferlegt, wird allenthalben spürbar. Die Kernstellen seiner

Sprachbetrachtung – die mit dem ›richte dein Leben nach den alten Normen, aber sprich die Sprache deiner Gegenwart‹ (I 10) verglichen werden wollen – sind freilich nicht frei von Widersprüchen. XIII 30,1 stellt unser Autor fest: ›Man kann beobachten, daß eine beträchtliche Anzahl lateinischer Ausdrücke ihre ursprüngliche Bedeutung verloren und entweder eine ganz andere oder recht benachbarte Bedeutung angenommen haben. Diese Art Bedeutungswandel wird durch Alltagsgewohnheiten und Unverstand von Sprachsündern in Gang gesetzt, die nicht wissen, worüber sie reden...‹. XVI 5,1 heißt es noch grundsätzlicher: ›Mit den meisten Wörtern, die wir im Alltag brauchen, ohne klar zu wissen, was sie eigentlich wirklich bedeuten, verhält es sich so: Wir folgen einer unbekannten und landläufigen Tradition noch unerforschter Begriffsinhalte und bilden uns oft nur ein, wir brächten das zum Ausdruck, was wir sagen wollen.‹ Gellius beschreibt sein Dilemma XI 7,1: ›Sich allzu abgenutzter und abgelegter oder ungewöhnlicher Wörter zu bedienen, die in ihrer Neuheit verletzend geschmacklos wirken, scheint ein gleich großes Vergehen zu sein. Für meinen Teil finde ich es aber belastender und tadelnswerter, Neubildungen, unbekannte und in Vergessenheit geratene Wörter in den Mund zu nehmen, als verbreitetes, abgetragenes Alltagsvokabular. Als Neubildungen möchte ich auch die ungebräuchlich gewordenen und ausrangierten Wörter angesehen wissen, auch wenn sie uralt sind.‹ Hier also die beim Lesen alter Autoren aufgefundene, gewissermaßen re-aktivierte Wortperle, dort das durch vertieftes Verständnis wieder anwendbar gemachte oder erhaltene Alltagswort. Gellius steht eingespannt in die Spannungsbögen vom Lesen der Alten zum Sprechen des Neuen; wesentlich ist wohl, daß er, der es im widerstrebenden Spiel der literarischen Zirkel seiner Zeit mit keinem verderben will, diese Spannung empfindet, auch unter ihr leidet, sie nachempfindbar macht.

Daneben durchzieht der offene oder verdeckt ausgetragene Wettstreit mit der Kultur der Griechen das gesamte Werk des

Gellius, und damit gewinnt auch die Frage der Übersetzung, der Übersetzbarkeit, an Bedeutung; findet doch in den ›Attischen Nächten‹ nichts Geringeres statt als ein Rangstreit sprachlicher Medien. Weiterhin zeigt ihr Autor als Richter bevorzugtes Interesse an Fragen der Rechtsprechung und sicherlich damit verbunden an Fragen der sozialen Schichtung und Entwicklung; auch aktuelle Bezüge – immer wichtig, oft ausschlaggebend für den Ersterfolg eines Werkes – fehlen in dem Werk, das uns zeitlos erscheint, nicht. Jedenfalls entspricht der Buntheit des Inhalts auch eine Vielfalt und Widersprüchlichkeit der Interessen des Autors und seiner Zeit. Die Form der Darbietung des Stoffes läßt Unentschiedenheit in Einzelfragen zu, gewiß, aber sie ist in diesem Fall wohl als echte Unsicherheit Wesensmerkmal eines um Verständnis bemühten Autors.

Man darf betonen: nach einem durchschlagenden Ersterfolg und der Nutzung, Aus-Nutzung des Werkes zu den verschiedensten Zwecken, zu denen es sich in seiner Buntheit und Offenheit eben anbot, ist ein Zustand der Unbedeutendheit eben jetzt, zu einem Zeitpunkt erreicht, wo wir gute Ausgaben seines Textes haben und die aufschließenden Erklärungen eigentlich nur noch einsammeln müssen. Das heißt: Gellius behauptet als Quellen- und als Informationslieferant seine Bedeutung, muß und kann aber als Literatur neu gesehen werden. Sein Werk kann sich unter dem Aspekt der Literatursoziologie neu erschließen, sein Autor kann als Mensch seiner Zeit wieder sichtbar werden. Die ›Attischen Nächte‹ sind wieder lesbar, besonders wenn sie als Vermittler und Anreger von Literatur erkannt werden.

Wenn nun aus einer Sprache – der lateinischen – übersetzt werden soll und weithin über den Ausdruckswert dieser Sprache im Vergleich zu einer anderen – der griechischen – reflektiert wird, so sind für die Darbietung des Materials natürliche Grenzen gesetzt. Eine Auswahl für Leser, die Gellius als Autor und als Mensch seiner Zeit lesen sollen, läßt die Buntheit des Werkes einfarbiger erscheinen. Dies ist aber insofern kein

Nachteil, oder nicht nur Nachteil, da hiervon hauptsächlich die Teile des Werkes betroffen sind, die nur für Fachleute von Interesse sind. Die Zweisprachigkeit der Epoche präsentiert sich also in der vorgelegten Auswahl nicht so deutlich, ja aufdringlich. Andererseits treten die Kapitel mit Erlebnisschilderung in einer Auswahl besonders hervor; ruht doch auf ihnen zu einem Großteil Ruf und Berühmtheit des Autors. Wie aber verhalten sich hier Dichtung und Wahrheit zueinander? Nun wird man bei dem durch Gellius vorgestellten Kreis von Zeitgenossen voraussetzen dürfen, daß charakteristische Details nicht erfunden sind, nicht erfunden werden konnten und brauchten. Freilich wird die Koppelung mit Lesestoff auch austauschbar sein, und daß einige Kapitel stereotype Szenerie aus dem Bildungsalltag schildern, ist offensichtlich; uninteressant sind sie deshalb nicht. In manchen Fällen verbindet sich eine lebendig geschilderte Szenerie mit einem zumindest nicht vordringlich mitteilenswerten Inhalt, gleichgültig, ob hier und anderswo die Zuordnung beider ursprünglich und lebensecht ist. So zum Beispiel in II 21, 1–3: ›Mit dem gleichen Schiff setzten wir von der Insel Ägina nach Piräus über: wir, das war eine Schar junger Griechen und Römer, die gemeinsames Studium miteinander verband. Nacht war hereingebrochen, das Meer lag ruhig, Jahreszeit und Himmel waren heiter und klar. Saßen wir also alle auf dem Hinterdeck beisammen, in die Betrachtung des strahlenden Sternhimmels vertieft. Da begannen diejenigen unter uns, die über Kenntnisse der griechischen Altertümer verfügten, zu erörtern, welches der ‚Wagen' sei, welches der ‚große' und welches der ‚kleine'; warum er so benannt worden und bis wohin er sich mit fortschreitender Nacht bewegen würde, warum Homer allein von diesem Sternbild behauptet, es ginge niemals unter... und dann noch mancherlei anderes, aber alles recht verständig und sachkundig!‹ Oder IV 1, 1: ›Im Eingangshof des Palatinpalastes hatte sich zur Begrüßung des Kaisers eine wartende Menge von Leuten fast aller Stände zusammengefunden. Dort stand nun in einem Kreis von Gelehrten auch der Philosoph Favorin, als ein in der Grammatik Beschlagener allerlei nichtigen Schulkram über Geschlecht und Beugung von Substantiven mit großem Gehabe zum Besten gab, die Brauen hochgezogen, in Stimme und Miene Gewichtigkeit zur Schau tragend, als wäre er Deuter und Richter von Sibyllenorakeln. Dann wandte er sich sogar an Favorin, den er überhaupt noch nicht kannte: ›Auch das Wort ‚penus', der Mundvorrat, braucht man mit verschiedenem Geschlecht und beugt es abweichend...‹ Anschauliche Genrebilder bilden Rahmenerzählungen – eine der schönsten die vom Architektenplausch bei Fronto (XIX 10) –, und manches goldene Wort findet sich neben Banalem und scheinbar Belanglosem. Zusammenstellung von bloßem Memorierstoff begegnet reichlich: Namen von Flüssen (X 7), Winden (II 22), Farbbezeichnungen (II 26), Fuhrwerke und Waffen (X 25), Fußbekleidung (XIII 22), Schlachtordnungen (X 9), militärische Ehrenzeichen (V 6); auch katalogartige Zusammenstellungen von Geschichtsdaten (XVII 21), genealogischen Abrissen (XIII 20), von einzelnen Historikern (XV 23), Dichtern (XV 24), mythischem Personal (XV 21; XX 7) und einer Vielzahl philologischer Einzelfragen. Bezeichnend, daß öfter die Begründung mitgeliefert wird: man brauche derlei Kenntnisse, um die alten Schriftsteller lesen zu können; und daß am Vorbild eingeschärft wird: man memoriert derlei Wissensstoff auf dem Nachhauseweg (XIX 7), ›um nichts Unnützes zu treiben‹ auch im Reisewagen (X 25), unmittelbar nach einer Vorlesung (XIV 1; XVII 2). Ganze Vorlesungs- (XIV 1) und Unterrichtsstunden (XII 13) werden nacherzählt. Aber das Gros bilden kommentierte Schriftstellernotate und Worterklärungen; daneben die im Schulbetrieb notwendigen Definitionen wie Syllogismus (XV 26) oder Solökismus (V 20), Analogie – Anomalie (II 25); kurze Begriffsgeschichten wie von ›Menschlichkeit/Bildung‹ (XIII 17: humanitas), ›Geschmack‹ (XI 2; elegantia), ›Beschäftigungsdrang‹ (XI 16: polypragmosyne); Begriffsabgrenzungen wie die von problemorientierter und chronologisch-statistischer Geschichtsdarstellung (V 18: historia – annales), Eile und Hast (X 11), Mensch und Sterblicher (XIII 29), Tod und Leben (VII 13). Die Darbietung dieses abwechslungsreichen, aus fast allen Fachgebieten gewählten Stoffs geschieht in verschiedenen Formen: vom Erlebnisbericht über Problemdiskussionen, Vorlesungsnachschriften, Lesefrüchten aller Art und Anekdoten, die wiederum in einen fiktiven erzählerischen Rahmen gefaßt sein können. Und sicher hat der Autor der ›Attischen Nächte‹ nicht alles Mitgeteilte selbst einzeln aufgefunden. Geschickt versteckt er seine Mittelquellen, trennt er Zusammengehöriges, mischt er seinen Zettelkasten. Wichtig scheint aber vordringlich, *was* er mit Rücksicht auf seine Leserschaft auswählt und *wie* er es – oft genug recht flüchtig – präsentiert. Die gewollte Unordnung des Autors trennt Zusammengehöriges, um das Finderglück des Lesers zu ermöglichen, läßt überlange Kapitel – wie VI 3 und XIV 1 – mit sehr kurzen abwechseln. So besteht ein mitgeteiltes Stilurteil des Favorin aus nur einem Satz (II 5): ›Über Lysias und Plato pflegte Favorin zu urteilen: entfernst oder änderst du nur ein einziges Wort, dann raubst du, auch wenn du dabei ganz geschickt zu Werke gehst, dem Stil Platos den Charme, dem des Lysias den Sinn!‹ Das kürzeste Kapitel XVI 15 lautet so: ›Der erfahrenste unter den Philosophen, Theophrast, behauptet, daß in Paphlagonien alle Rebhühner zwei Herzen, Theopomp, daß in Bisaltia die Hasen eine Doppelleber haben.‹

Auf sein Bildungsprogramm, wie er es in seiner ›Vorrede‹ entfaltet, weist Gellius wiederholt und eindringlich hin. Das ist wohl auch notwendig angesichts eines so buntscheckigen Durcheinanders von tapferen Kriegern, treuen Frauen, verliebten Tieren, seltsamen Todesarten, schwierigen Rechtsfällen, unterschiedlichem Wortgebrauch, großen Rednern, klugen Kindern, allerhand Tricks und Quizfragen, unerwarteten Karrieren und manchem anderen mehr. Doch sind für Gellius' Werk Ordnungsstrukturen charakteristisch, die durchlaufend das gesamte Werk bestimmen, auch wenn sie nicht das

Hauptthema eines einzelnen Kapitels bilden. Da ist der Bereich der Geschichte, mit dem für Gellius und seine Zeit so wesentlichen Vergleich – eigentlich mehr ein Dauerwettbewerb – griechischer und römischer Kulturleistungen. Da öffnet sich das weite Feld der Gesellschaft seiner Zeit mit den scharf beobachteten Unterschieden von hoch und niedrig, reich und arm, Macht und Ohnmacht. Und nicht zuletzt fasziniert der Versuch, im rückblickenden Dauervergleich des Jetzt mit dem Einst – der Generationen mit ihren Konflikten und der Zeitalter mit ihren Vorzügen und Nachteilen – gültige Maßstäbe zu gewinnen.

Es ist hier aber nun weniger wichtig, darauf hinzuweisen, wer wann im Gellius gelesen, Fakten aus ihm entnommen und weitergereicht hat: immerhin würde man ein buntes Bild von Bezügen entdecken und Gelliuslektüre als bedeutsamen, noch zu wenig beachteten Wirkungsfaktor ansetzen. Gellius' Werk ist ja der Prototyp der ›Mittelquellen‹, die man zitieren kann, aber nicht zitieren muß. Ohne eine intensive Benutzung im Ausbildungsgang – sei es nun als Unterrichtshilfe oder als Privatlektüre – sind die mannigfachen Zeugnisse von Gelliusbenutzung nicht erklärbar; von Ammianus Marcellinus, Macrobius und Augustinus im Altertum über die Skriptorien des Mittelalters – von den großen Autoren des zwölften Jahrhunderts ist auf Johannes von Salisbury hinzuweisen – zu den Renaissanceautoren Laurentius Valla und Angelus Politianus und zum großen Erasmus von Rotterdam. Mit der Hauptbeschäftigung der Humanisten, antike Handschriften ausfindig zu machen, sie zu korrigieren und zu kommentieren, läuft Gellius' Tätigkeit parallel. Gellius' Werk hat seine Funktion, durch Vermittlung von Sach- und Sprachwissen Zugang zu den antiken Quellen zu ermöglichen, ungeschmälert noch bis ins 18. Jahrhundert behalten. Daneben tritt die moralisierende Komponente in der emblematischen Literatur. Die Beliebtheit des Gellius vom 16.–18. Jahrhundert beruht nicht zuletzt auf der Anwendbarkeit des emblematischen Strukturmodells in der moralischen Unterweisung. Das rhetorisch-pädagogische Grundschema: Devise/Motto – bildhafte Erzählung/Beschreibung – abschließend kurz zusammenfassende ›Moral der Geschichte‹ ist bei Gellius vorgeprägt, zum Beispiel in seiner Nacherzählung der Äsop/Ennius-Fabel von der ›Haubenlerche im Kornfeld‹ (II 29).

Doch nach einem Gellius als Wissensvermittler, dem man uneingeschränkt dankbar ist, gerät bald auch das ›Was‹ und das ›Wie‹ des Vermittelten ins Blickfeld und Schußfeld der Kritik. Die Abwertung durch seine ersten modernen Kritiker als ›Schaf mit goldenem Fell‹ ist unterschwellig von der Freude beflügelt, einiges besser zu wissen als der Autor, es so herrlich weit gebracht und alles ›vertieft‹ zu haben. Immerhin wird Gellius fleißig weiter benutzt, ausgenutzt; ihn, den bloßen Vermittler, braucht man ja nicht einmal als Quelle anzugeben. Heute sehen wir Gellius im Bildungshorizont seiner Zeit, und zugleich wird ein kontrastreicheres Sehen möglich, das sich auf den Gellius zwischen Abhängigkeit und Eigenständigkeit, eben auf Gellius als Vermittler richtet. Auch von den Gellianischen ›Errungenschaften‹, seinem Erbe an unsere literarische Kultur, unabhängig vom Inhalt, soll nur andeutend gesprochen werden: von Gellius als entscheidend Mitverantwortlichem für so wesentliche Dinge wie der rezeptionssteuernden Vorrede, die ein Autor-Leser-Verhältnis begründet, dem Inhaltsverzeichnis, der Kapitelüberschrift, der Lesegesellschaft, dem Zettelkasten, der Fußnote, dem Büchertagebuch, der Kalendergeschichte, der emblematischen Strukturform, der Sprachecke und dem Bildungszitat. In allem geht es zudem um die Aufnahme einer Lernhaltung und die ihr zugeordneten literarischen Formen. Eine Einzelheit mag noch Erwähnung finden: in Gellius' Werk ist erstmalig und in der antiken Literatur einmalig von einem ›klassischen Autor‹ die Rede, einem Begriff also, ohne den unsere kritische Literaturbetrachtung nicht auskommen kann. (XIX 8)

Daß in der Gelliusrezeption aber nicht nur an Lesen und

Übernahme von Gelesenem, Nachahmung von Behandlungsarten und Übermittlungsformen von Literatur gedacht ist, sondern ein Kommunikationsstil konkret eingeübt wird, zeigt zur Zeit des Höhepunkts der Gelliuseinwirkung die Gründung eines Collegium Gellianum in Leipzig. Zedlers Universallexikon berichtet von dieser ›Zusammenkunft einiger gelehrter Leute in Leipzig‹, die am ersten Advent 1641 eine nach der in den ›Attischen Nächten‹ (XVIII 2) in Aktion geschilderten Athener Studiengruppe des Gellius Collegium Gellianum benannte Gemeinschaft gründen, ›welche wöchentlich sonntags nach dem Gottesdienst zusammenkamen und von einigen zur Philologie gehörigen Sachen sich unterredeten‹. Eine gewiß große Bevorzugung – und dies mag als abschließendes Beispiel genügen – bezeugt auch Hartmann Schedels Weltchronik aus dem Jahre 1493. Den üblichen Angaben zu Person und Werk des Aulus Gellius schließt sich – und das ist in diesem Werk ganz ungewöhnlich – ein Verszitat an, das sich als das Eröffnungsgedicht einer 1485 in Brescia gedruckten Gellius-Ausgabe herausstellt:

Suchst Du rühmliche Kunde von Hellas' und Latiums Musen,
Wähle des Gellius Werk, das sich bewährt hat, und lies.
Niemals wird ›Attikas Nacht‹ dem hellen Tageslicht weichen,
Weil sie Dir kundig erschließt jegliches Wissensgebiet!

Wenn heute der Versuch gewagt wird, diese halbvergessenen ›Attischen Nächte‹ dem geschärften Leserverstand seiner späten Nachfahren vorzustellen, so wird man freilich – auch wenn man sich als sein Anwalt gern gewöhnt, ihm das Beste abzugewinnen – nicht auf sie als einen neu- oder wiederentdeckten Gipfel im Gebirgszug der Weltliteratur hinweisen, wohl aber auf einen reizvollen, Aussicht gewährenden Panoramahügel.

Heinz Berthold

ERLÄUTERUNGEN

Vorbemerkungen: Die in lehrhafter Absicht verfaßten Texte des Gellius schließen weithin Erläuterungen ein, die hier nicht wiederholt werden sollen. Die angebotenen zusätzlichen Bemerkungen konzentrieren sich auf den Nachweis der Quellenzitate (bei Fragmenten, die G. meist als einziger überliefert, wird nicht auf die modernen Fragmentsammlungen verwiesen), die Komposition des Kapitels im ganzen und die für den modernen Leser notwendigsten Einzelnachweise. Wo es angebracht schien, ist besonders auf die Rezeption des entsprechenden Kapitels hingewiesen. Querverweise übernehmen z. T. die Funktion eines Registers. Angaben zu einer Person erfolgen an der geeignetsten Stelle mit Querverweisen auf Parallelen. Die von Gellius eingeführten Lehrerpersönlichkeiten sind im Nachwort vorgestellt. In Ausnahmefällen wird auch auf Textstellen hingewiesen, die in diese Ausgabe nicht aufgenommen wurden, sie erscheinen kursiv. Die Jahresangaben beziehen sich, wenn nicht durch die Abfolge deutlich oder anders vermerkt, auf Jahre der nachchristlichen Zeit.

Im Anschluß an den vom Herausgeber formulierten modernen Titel findet sich die Angabe des Standortes im Original mit Buch- (römisch) und Kapitelzahl (arabisch). Anschließend folgt, sofern überliefert, die Originalüberschrift des Gellius (kursiv), die vom Autor als Verständnishilfe gedacht ist. Die Anordnung der Texte in dieser Auswahl stellt Verwandtes, also sich wechselseitig Erläuterndes, in Themengruppen zusammen.

9 Des Aulus Gellius Vorrede zu den »Attischen Nächten« (Praefatio): Für die Idee, das eigene Werk den Lesern vorzustellen, zu empfehlen, Hinweise für seine Benutzung zu geben, ist Gellius' Einleitung ein frühes und weit wirkendes Beispiel.

Vor ihm hat der ältere Plinius (23–79 n. Chr.) seine »Naturgeschichte« in ähnlicher Weise handhabbar zu machen versucht. Auch die Zusammenstellung aller einzelnen Kapitelüberschriften in einem Inhaltsverzeichnis am Buchanfang hat gewissermaßen Schule gemacht. Der Hinweis des Gellius auf sein Inhaltsverzeichnis und dessen Zweck, Verstreutes jederzeit auffinden zu können, und das an seine Vorrede unmittelbar anschließende Inhaltsverzeichnis ist weggelassen. Der S. 14 nicht übersetzte Gelliustext lautet: »Die Hauptpunkte, die jedes Kapitel enthält, haben wir alle anschließend hier zusammengestellt. Auf diese Weise soll auf einen Blick einsichtig sein, was der Leser in jedem Buch suchen und finden kann.« – Der Anfang der Vorrede ist verloren, sie beginnt mitten im Satz. Der berühmte Titelkatalog, den sie enthält (vgl. S. 9 f.), nennt einige auch überlieferte Werke; sehr viele Titel sind griechisch; die Mehrzahl der Werke ist nicht erhalten, macht aber die Stärke der literarischen Konkurrenz deutlich. Auffallend ist der hohe Anspruch, mit dem Gellius sein Werk vorstellt, und sein eindringlicher Hinweis auf den erzieherischen Wert und die enzyklopädische Grundhaltung seiner Sammlung, die er – offensichtlich in der Eile der Schlußredaktion nach dem zwanzigsten Buch (dessen Ende ebenso wie der Anfang der Vorrede in der Überlieferung verloren ist) – als fortsetzbar erklärt. Die Aristophanesverse stehen in den »Fröschen«, 354–6; 369–71.

15 Gespräche im Landschloß (I 2). *Wie Herodes Atticus, ein Mann von konsularischem Rang, Worte des Stoikers Epiktet in passender Weise gegen einen prahlerischen, ruhmseligen und nur zum Schein philosophiebeflissenen Jüngling anwandte; Worte, mit denen Epiktet auf neckische Art den wahren Stoiker vom großen Haufen geschwätziger Windbeutel, die sich für Stoiker auszugeben pflegten, sondert:* Nach I 1, dem eine Sonderfunktion zukommt, ist dies das eigentliche Eröffnungskapitel. Es macht mit der Landschaft des Studienaufenthaltes vertraut und stellt die für den Autor entscheidende Kontaktperson, den Kunstmäzen Hero-

des Atticus, vor. Das Gespräch hat einen der Schwerpunkte des Werkes zum Gegenstand: die Unterscheidung echter und falscher Philosophen. Als Beispiel dient ein Abschnitt aus den »Vorträgen« (II 19, 12–17 abbrechend; der eingeschaltete Homervers: Odyssee IX, 39) des Stoikers Epiktet (ca. 50–130). Vgl. noch XIX 1; XVII 19; XV 11 und II 18. Die in Anführungszeichen gesetzten philosophischen Begriffe sind von G. griechisch wiedergegeben, er betont, Herodes habe griechisch gesprochen wie in XIX 12; die Villa Cephisia auch in *XVIII 10*.

18 Fragwürdiger Philosoph (IX 2). *Mit welchen Worten Herodes Atticus einen gewissen Zeitgenossen rügte, der, irreführend herausgeputzt und gekleidet, sich Namen und Ansehen eines Philosophen anmaßte:* Ein weiteres Herodes-Kapitel; darin griechisch nur die Wendung »zum Broteinkauf« und das eingeblendete Musoniuszitat. Zu M. vgl. V 1.

20 Worte und Taten (XVII 19). *Was der Philosoph Epiktet Taugenichtsen und Dreckfinken, die sich geschäftig um philosophische Fachstudien bemüht zeigten, zu antworten pflegte, und welche beiden auf der ganzen Welt allerheilsamsten Worte nach seiner Vorschrift zu beachten waren:* Zwei durch Favorin vermittelte Kernstellen Epiktets (vgl. I 2), die nur G. überliefert, zielen auf widernatürliche und natürliche Verhaltensweisen. Das erste Zitat ist erst griechisch, dann lateinisch angeführt; der längere Epiktetausspruch bei G., der in langer literarischer Tradition steht, griechisch, ebenso die beiden Schlußworte. Die spätere lateinische Entsprechung »sustine et abstine« gibt wie das griechische Vorbild eine Klangfigur wieder; im Deutschen ist die Nachbildung möglich: »Leide und meide« oder »Ertrage und entsage«. Goethe fand die lateinische Fassung als Inschrift an der Villa Rotondo des Palladio: Das »Enthaltsamsein und Dulden« im Wilhelm Meister ist von daher beeinflußt. – Die praktische Entsprechung setzt G. in IX 8 und XIII 24!

22 »Ein Blick ins Buch und zwei ins Leben ...« (XIII 8). *Klug gesagt und treffend formuliert vom Dichter Afranius, daß die Klugheit eine Tochter der Erfahrung und der Erinnerung sei:* Bild-

hafte Rede illustriert philosophische Begrifflichkeit (hier: sophia – sapientia) wie XII 11 und XIV 4. Afranius (2. Jh. v. Chr.) galt als der bedeutendste Vertreter spezifisch römischer Komödien. Der von G. nachgetragene Vers eines seiner Lieblingsdichter, des Pacuvius (vgl. XIII 2), attackiert – wie oft bei ihm – die Scheinphilosophen.

23 Falstaff als Platoschüler (XV 2). *Daß Plato in seinen Büchern »Über Gesetze« der Meinung Ausdruck gegeben habe, bei Gelagen seien Aufmunterungen zu reichlichem und fröhlichem Weingenuß mitunter ganz nützlich:* Der diskutierte Platotext steht in den »Gesetzen« 637A; 647E; 666A und 671B. Entspannung des Geistes zählt zu den Hauptthemen der kynisch-stoischen Unterweisung.

26 Wahre Philosophie (X 22). *Eine Stelle aus Platos »Gorgias« betiteltem Dialog, die von Vorwürfen gegen falsche Philosophie handelt; Vorwürfen, mit denen Leute, die vom Nutzen wahrer Philosophie keine Ahnung haben, leichtfertig gegen Philosophen zu Felde ziehen:* Der Versuch der Sinngebung von Philosophie wurde wohl angeregt durch den Kreis um den Philosophen Taurus. Die Tendenz des G. entspricht dessen (V 15.16) geäußerter Maxime: Philosophie – ja; aber mit Maßen! (Ennius). Im Gegensatz zu XVII 20 verzichtet G. hier auf Übersetzung ins Lateinische; die umfangreiche griechische Passage steht im Gorgias 484C. Das »Wie der Dichter sagt« zielt auf Homer: Ilias IX, 441.

29 Alte Schule (I 9). *Über Art und Regeln des pythagoräischen Schulbetriebs und die Zeit, die für schweigendes Lernen verordnet war und eingehalten wurde:* Die Sympathie für Versuche, pythagoräische Traditionen (Pythagoras lebte im 6. Jh. v. Chr.; Schulgründung im unteritalischen Kroton) neu zu beleben, findet sich ähnlich schon bei Cicero. Exponent dieser Bestrebungen ist Nigidius Figulus (vgl. XI 11 mit Erläuterung und *XIII 26*). Hervorgehoben ist bei G. besonders auch die pythagoräische Schul- und Gütergemeinschaft. Die von G. geschilderte Rangordnung ist spätere Konstruktion.

31 Standfester Philosoph (II 1). *Mit welchen Trainingsmethoden der Philosoph Sokrates seine körperliche Ausdauer gesteigert habe und über seine Selbstbeherrschung:* Gruppiert, wie öfter bei G., um ein Zitat aus Favorins veröffentlichten Werken. Standhaftigkeit des Sokrates auch Gegenstand von I 17. Das Favorinzitat ist griechisch gegeben.

32 Gefährliche Wissenschaft (VII 10). *Erzählung vom Sokratesschüler Euclides. Der Philosoph Taurus pflegte durch dieses Beispiel seine Studenten anzuhalten, ihre philosophischen Studien mit Fleiß zu betreiben:* Am Beispiel des Euclides (um 450–380 v. Chr., zu unterscheiden vom Mathematiker E.!), der später selbst Begründer einer Philosophenschule wurde, demonstriert Taurus (vgl. zu I 26) mit Seitenhieb auf zeitgenössische Mißstände die erwünschte philosophische Grundhaltung (vgl. auch X 17).

33 Nichts mehr sehen ...! (X 17). *Warum und wie sich der Philosoph Demokrit blendete; dazu recht saubere und liebliche Verse des Laberius über diesen Gegenstand:* Die Selbstblendung D.s ist ein auch von Cicero und Plutarch (Favorin?) positiv auf den Wissensdrang abzielender Nebenzug der Biographie des Hauptvertreters der antiken Atomistik Demokrit (um 460–um 375 v. Chr.). Die Umsetzung des Themas durch Laberius offensichtlich von G. gebilligt; vgl. zu XVII 14.

35 »Schau nicht in die Sterne ...« (XIV 1). *Erörterung des Philosophen Favorin gegen die sogenannten Chaldäer, die sich anheischig machen, aus der Konstellation und den Bewegungen der Sternbilder und Gestirne Menschenschicksale vorherzusagen:* Neben XII 1 das schönste Beispiel einer großen Favorinrede. G. bietet sie gekürzt und ins Lateinische übersetzt, indirekte Rede wechselt mit direkt formulierten Absätzen. Die Pacuvius- und Acciuszitate hat G. wohl aus eigenem nachgetragen. Die Argumente gegen die Astrologie seiner Zeit passen gut zum Skeptiker Favorin. Über den Grad der Ernsthaftigkeit dieser Sophistenrede ist sich G. nicht im klaren; *XVII 12* spricht die »berüchtigten Stoffe« im Zusammenhang mit Favorin direkt an: das Lob des

Schwätzers Thersites und die Vorteile des Quartanfiebers; beides im Für und Wider und witzig behandelt. Die ursprüngliche Bezeichnung der Volkszugehörigkeit (Babylonier) später eingeengt zu Chaldäer – Magier, Wahrsager, Sterndeuter im negativen Sinn. – Innerhalb der direkten Rede sind Einschnitte (bei G.: inquit; 18mal!) durch – markiert.

45 Streit am Meeresstrand (XVIII 1). *Gelehrtes Streitgespräch zwischen einem stoischen und einem peripatetischen Philosophen mit Favorin als Schiedsrichter; von ihnen wurde die Frage abgehandelt, was die Tugend und was die sogenannten »Äußerlichkeiten« zum vollendeten Lebensglück beitragen:* Die Erinnerung dieser Dialogszene (Topos: Streitgespräch am Meeresstrand) erinnert an den ersten christlichen Dialog des Minucius Felix (Anf. 3. Jh.; nach Tertullian), der auch in sprachlichen Details Gelliuskenntnis vermuten läßt. Zur Freude an Fang-, Trugschlüssen vgl. die Themengruppe »Überzeugende Beweise« der vorliegenden Auswahl.

48 Vorsehung und Schuld (VII 1). *Was Chrysipp denen entgegenhielt, die das Vorhandensein einer Vorsehung leugneten:* Das in Formulierungen des Chrysipp (277–204 v. Chr.), des dritten Schulhaupts der Stoiker gebotene Lehrstück vom Wesen und Wirken der Gegensätze – ebenso wie das vom Schicksal im folgenden Kapitel –, darf als charakteristische philosophische Artikulation der Zeitstimmung gelten. So ist der Anfang des Kapitels (bis »in dieser ... Welt«) nur durch den Kirchenschriftsteller Laktanz (4. Jh.) überliefert. Zu Chrysipp vgl. auch XIV 4.

50 Schicksal und Tat (VII 2). *Wie Chrysipp sich auch für Macht und Unausweichlichkeit des Schicksals aussprach, dabei aber trotzdem klarstellte, daß unsere Entscheidungs- und Urteilsfähigkeit auf unserer eigenen freien Wahl beruht:* Die Definition schicksalsbedingter Zusammenhänge, wie sie im antiken Weltbild vorgegeben sind, hat großen Wert und im Bild vom rollenden Zylinder lebendige Anschaulichkeit. Die umfangreichen Chrysippzitate (Chr. ist ausschließlich in Fragmenten überliefert) gibt

G. griechisch; die Homerverse stehen in der Odyssee 1, 32–34. Ciceros Schrift »Über das Schicksal« ist nur in Fragmenten überliefert.

53 Redner und Denker (X 19). *Daß ein Fehlschritt nicht mit dem entschuldigenden Hinweis auf ähnliche Entgleisungen anderer rückgängig gemacht und entschuldigt werden kann; dort auch Worte aus einer Rede des Demosthenes über diesen Gegenstand:* Die Frontstellung des Philosophen Taurus gegenüber der Rhetorik geht so weit, daß er übereilte, nicht tiefer motivierte Übertritte zur Philosophie – mit Berufung auf den Redner Demosthenes (die angeführte Stelle: Gegen Androtimus 7) zurückweist; vgl. auch zu XVII 20.

55 Bei Plato zu Gast (XVII 20). *Eine mit ihren rhythmischen Wortfügungen geschickt und taktvoll angepaßte Partie aus dem »Gastmahl« Platos, übungshalber in lateinische Rede übertragen:* Die Vorbehalte des Mittelplatonikers Taurus (vgl. X 19) gegenüber der Rhetorik werden in diesem Kapitel besonders deutlich. Zu beachten ist die Attacke auf Gellius selbst, die dieser unschuldig wiedergibt, obwohl er doch stolz war, in die Kreise um Taurus (vgl. XII 5 u. a.) aufgenommen zu sein. Im Gegensatz zu X 22 wagt G. hier eine Übersetzung. Sprachliche Formulierung und inhaltliche Füllung erscheinen in voller Harmonie; beziehungsvoll zum bei G. voranstehenden Kapitel XVII 19.

56 Gespräche beim Wein (VII 13). *Über während des Gastmahls beim Philosophen Taurus erörterte sogenannte »Umtrunks-Anfragen«:* Der Tauruskreis verbindet Entspannung und Erörterung ernsthafter Probleme, wie hier die Frage nach dem Zeitproblem. Eine Dublette findet sich *VI 21*, über Zeitbegriffe handelt G. in *II 8*; *X 11*. Über Gastmahlsfragespiele anderer Art vgl. XVIII 2 und XVIII 13; aber auch XIII 11.

58 Ums Wissensprivileg (XX 5). *Aus dem Briefwechsel zwischen König Alexander und dem Philosophen Aristoteles, so wie er herausgegeben wurde, auf griechisch; doch auch eine Wiedergabe in lateinischer Sprache:* Aristoteles (384–322 v. Chr.), größter Systematiker der antiken Philosophie, war vor Gründung seiner

gegenüber seinem Lehrer Plato selbständigen Schule im Lykeion (Athen 335) für kurze Zeit Lehrer Alexanders des Großen. Im Vergleich zu anderen Erwähnungen des Aristoteles (vgl. II 12; XX 4; XVIII 1; *XIX 5.6* u. a. m.) dominiert hier das Interesse an Persönlichem (*III 17*; XIII 5); besonders am apokryphen Briefwechsel (IX 3 und XIII 4): der erwähnte Andronicus war Schulhaupt der Aristotelesschule im ersten Jh. v. Chr. Die »Schauvorlesungen«, exoterische Schriften, sind nur in Fragmenten erhalten. Die freiere lateinische Wiedergabe der Briefe hat G. vorangestellt, erst dann folgen die griechischen Originale. Die abschließende lexikographische Bemerkung betrifft das Wort »cognibilis«.

61 Umstrittener Moralist (XII 2). *Daß Annaeus Seneca über Quintus Ennius und über Marcus Tullius Cicero leichtfertig und unzuverlässig urteilte:* G. zeigt sich empört über Stellen, die er als Angriffe auf seine Leitbilder Ennius, Vergil und Cicero empfindet, entscheidet sich aber zunächst nicht zwischen den zwei geschilderten Positionen. Die Position des Literaturtheoretikers Quintilian, der Seneca als Moralisten anerkennt, hält er, seinem Lehrer Fronto folgend, nicht durch. Der angeführte Senecatext fehlt in der erhaltenen Senecaüberlieferung! Die Cicero-Zitate stehen im Buch »Vom Staat« 5,9,11.

63 Die Wahrheit eine Tochter der Zeit (XII 11). *Diejenigen befinden sich im Irrtum, die in der Hoffnung, unentdeckt zu bleiben, Straftaten begehen. Ein Verbergen auf Dauer gibt es bei einer Straftat nämlich nicht. Darüber nun ein Lehrvortrag des Philosophen Peregrinus und ein Sinnspruch des Dichters Sophokles:* Das Bild des kynischen Philosophen Peregrinus, der sich 167 während der Festversammlung in Olympia öffentlich verbrannte, zeichnete G. positiv, während sein Zeitgenosse Lukian diese rätselhafte Persönlichkeit in seiner Monographie »Vom Tod des Peregrinus« als Gaukler und Scharlatan schildert. In *VIII 8* (nicht überliefert) hatte G. ihm ein weiteres philosophiekritisches Kapitel gewidmet. – Der auch aus anderer Quelle bekannte Sophoklesvers entstammt einer verlorenen Tragödie des Dichters.

Die griffige Formel: Veritas Temporis filia eines unbekannten Lateiners überliefert allein G. Leonardo da Vinci und Niccolo Machiavelli greifen sie auf, Francis Bacon begründet (Novum Organum I 84) mit dieser Stelle (ohne G. zu nennen) die Unverbindlichkeit menschlicher Autoritäten; sie wurde also ein wesentlicher Denkanstoß. Das Zitat begegnet auch als beliebtes Bildmotiv (Bernini), als Druckersignet, Wahlspruch und Inschrift auf Sonnenuhren. Die Zeit als philosophisches Problem wurde von G. noch öfter behandelt, z. B. VII 13.

65 Unnütze Wissenschaft (XIV 6). *Was sich als Wissenschaft ausgibt, in Wirklichkeit aber unerfreulich und unnütz ist; weiterhin über Änderung einzelner Städte- und Ländernamen:* Seine Äußerungen über unsinnige Themen verbindet G. hier mit programmatischen Aussagen über den Sinn seiner Schriftstellerei, ähnlich wie in seiner Vorrede: Die Anwendbarkeit im täglichen Leben und der ethische Wert sollen entscheiden.

67 Vertreibung der Philosophen (XV 11). *Wörtliche Anführung eines Senatsbeschlusses über die Austreibung der Philosophen aus Rom; ebenso einer zensorischen Verordnung, die Mißbilligung und Verweise gegen Leute ausspricht, die damit begonnen hatten, in Rom eine Rednerschule einzurichten und in Betrieb zu nehmen:* Im Jahre 92 v. Chr. machten die Zensoren Front gegen den Versuch, die Rhetorik gewissermaßen zu nationalisieren, d. h. auch das Bildungswesen zu demokratisieren; dieser Versuch scheiterte und konnte sich auch später nicht durchsetzen. G. vergleicht hier (nach Sueton) mit »Philosophenaustreibungen«, die in früherer Zeit (Erster Senatsbeschluß aus dem Jahr 161 v. Chr.) eine Reaktion gegen forcierte Überfremdung darstellten, in der Kaiserzeit (Zweiter von G. erwähnter Senatsbeschluß) die Machtverhältnisse absichern helfen sollten. Die politischen und sozialen Hintergründe hat G. nicht im Blick, auch nicht bei Erwähnung der sog. Philosophengesandtschaft von 155 v. Chr. (*VI 14* und *XVII 21*). Die Epikteterwähnung dagegen zeigt G.'s spezifisches Interesse an diesem Philosophen, vgl. I 2 und XVII 19.

69 Matt oder patt? (V 10). *Über die Arten von Schlußfolgerungen, welche griechisch »die gegenläufigen« genannt werden, von uns als »die rückwirkenden« – reciproca – bezeichnet werden können:* Der Sophist Protagoras (vgl. zu V 3) wird hier in einer pikanten Szene als vom eigenen Schüler besiegbar gezeigt. Die Vorführung von Beweisverfahren ist G. wichtig, wie alle Kapitel der Themengruppe »Überzeugende Beweise« zeigen; vgl. dazu auch *IX 16* und prinzipiell zum Syllogismus *II 8*. Motiv des unauflösbaren Rechtsfalles auch XII 7 und *IX 15*.

71 »Die Anmut macht unwiderstehlich« (V 11). *Die Schlußfolgerung des Bias in einer Eheangelegenheit darf man wohl nicht »gegenläufig« verwenden:* Als unmittelbare Fortsetzung des vorangegangenen Kapitels »Matt oder patt« wird versucht, die Problematik der »Umkehrschlüsse« aufzuhellen. Im Deutschen ist wie in den eingestreuten griechischen Sprachbeispielen ein Reimpaar möglich: »gemein« – »zur Pein«. – Der legendenumrankte Bias aus Priene (Kleinasien) war einer der Sieben Weisen (6. Jh. v. Chr.). Titelzeile aus Goethe, Faust II.

73 Vom betrogenen Betrüger (XVIII 2). *Mit welcherart Streitfragen wir in Athen Saturnalien-Kurzweil zu treiben pflegten; dazu auch einige entzückende kleine Trugschlüsse und Rätsel:* Das Saturnalienfest, im Mittwinter gefeiert, war wohl das bedeutendste Volksfest der Spätantike, mit Karnevalscharakter. Das etwas prüde Schülertreiben, das G. hier schildert, mag typisch für die Schülerkreise sein. Glanzstück ist das Wortspiel des Ennius mit frustrari (täuschen) und frustra (vergeblich); die Überschrift »Vom betrogenen Betrüger« steht nicht im Text. Die klassischen Trugschlüsse »Der Lügner« und »Der Gehörnte« wurden in der Antike oft und ausführlich erörtert. G. trägt von den antiken Autoren mit das meiste zu dieser Thematik bei. XV 26 bietet er die Definition des Syllogismus: »Aristoteles (Top. 1,1) erklärt folgendermaßen, was ein Syllogismus sei: ... Als Schluß gilt eine Aussage, in der neben gewissen Übereinstimmungen und Zugeständnissen noch anderes als das Zugestandene mit Notwendigkeit ableitbar ist.«

76 Saturnalien-Quiz (XVIII 13). *Wie der Philosoph Diogenes Vergeltung übte, als ihn ein gewisser Dialektiker mit einem unverschämten Trugschluß hereinlegen wollte:* Das Trugschluß-Thema von XVIII 2 wird hier in ähnlichem Rahmen fortgeführt und in einer Diogenesanekdote vertieft. Diogenes von Sinope (um 412–um 323 v. Chr., kynischer Philosoph, radikalster Konventions- und Kulturkritiker der Hellenistischen Zeit, ist Held zahlreicher ähnlicher, oft drastischer Aussprüche.

77 Wenn zwei dasselbe tun ... (XVIII 3). *Wie sich nach einer Feststellung des Redners Aischines in seiner Rede, mit der er den Timarchus wegen Schamlosigkeit anklagt, die Lakedaimonier im Fall eines sehr begrüßenswerten Vorschlags entschieden haben sollen, den jedoch ein keinesfalls ehrenwerter Bürger eingebracht hatte:* Der von Aischines (um 390–um 315 v. Chr.), einem der großen attischen Redner (Gegner des Demosthenes), angeführte Entscheidungsfall gehört zum Standardthema »Worte und Werke« der ethischen Unterweisung. Dieser spezielle Fall gehört z. B. zu den Lieblingsthemen des Plutarch.

79 Weinprobe der Geister (XIII 5). *Über die Philosophen Aristoteles, Theophrast und Eudemos; ferner über das feine Taktgefühl des Aristoteles bei der Wahl seines Nachfolgers in der Schulleitung:* Theophrast aus Eresos auf der Insel Lesbos (372–288 v. Chr.) führte als erster Nachfolger des A. als ausgezeichneter Wissenschaftsorganisator und auf vielen Gebieten selbständiger Forscher dessen Forschungen zielgerichtet weiter. Seine »Charaktere« zählen zu den Perlen der Weltliteratur. Eudemos ist nicht überliefert, muß aber für das von der G.-Überlieferung verschriebene Menedemus eingesetzt werden.

80 Ein Philosoph wird entdeckt (V 3). *Vermeintliche Ursache und vermeintlicher Anlaß für den Protagoras, sich wissenschaftlich mit der Philosophie zu beschäftigen:* Protagoras aus Abdera (um 480–410 v. Chr.), früher Vertreter der sogenannten Sophistik, für die der am Kapitelschluß mitgeteilte Kernsatz ebenso charakteristisch ist wie die erkenntnistheoretische Maxime »Der Mensch – Maßstab aller Dinge«. Zur Verbindung mit Demo-

krit aus Abdera (460–371 v. Chr.) vgl. X 17, in der hier geschilderten Szene nach Epikur; tradiert durch Favorin (G.'s Quelle), Athenaios und Diogenes Laertios. Vgl. die Darstellung in V 10.

82 Maß-stäblich (I 1). *Welcher Vergleich und welche Rechenoperationen, nach Plutarch, dem Philosophen Pythagoras Schlüsse auf die Körperlänge des Hercules während seines Menschenlebens erlaubten:* Dem Pythagoras- und Herculesvergleich dieses Kapitels, das G. sicherlich mit Absicht als Eröffnung gewählt hat, mag tiefere Bedeutung zukommen; jedenfalls haben Spätere so empfunden. Baldassare Castiglione, einer der meistgelesenen Renaissanceautoren, eröffnet den dritten Hauptabschnitt seines »Buchs vom Hofmann« (1528) mit der fast wörtlichen Übernahme von Gellius I 1 und verrät mit seiner Deutung, wie er den Gelliustext verstand: Der Hof von Urbino überragt alle anderen ähnlichen Höfe wie Hercules alle anderen Menschen . . . Könnte nicht auch Gellius in seinem Eingangskapitel auf diese metaphorische Weise sein Werk als allen anderen überlegen angepriesen haben?

84 Des Übels Wurzeln (XIX 12). Über das Thema »Leidenschaftslosigkeit« (Apathie) läßt G. hier den Herodes Atticus (vgl. I 2 und IX 2) zu Wort kommen wie den Taurus in I 26. Der übermäßige Schmerz beim Tod eines eigenen Sohnes wird auch von Philostrat in seinen Sophistenbiographien erwähnt.

86 Wider die Schwätzer (I 15). *Welch lästiger und verabscheuungswürdiger Fehler die eitle, nichtige Schwatzhaftigkeit doch sei und wie sie von den führenden Männern beider Sprachen vielerorts und mit vollem Recht verworfen und mißbilligt worden:* Quodlibet über ein beliebtes Thema der Popularphilosophie seiner Zeit; vgl. in dieser Themengruppe: I 23 und V 1. Die Zitate stehen bei Homer, Ilias 3,221 und 4,350; Marcus Tullius Cicero, Vom Redner 3,142 und 1,51; die auf Thersites abzielenden Homerzitate: Ilias 2,212.246 und 213. Die Cato-, Sallust- und Epicharmzitate sind nur hier als Fragmente überliefert; Hesiod, Werke und Tage 719; Euripides, Bakchen 386. Das interpre-

tierte Sallustzitat steht im Catilina 5,4; das Aristophaneszitat in den Fröschen 837. Ein Preis der Stummheit auch XVIII 7.

90 Reden und Schweigen (V 1) *Daß es der Philosoph Musonius zurückweist, ja tadelt, wenn einem Philosophen bei seinem Vortrag von lärmendem und durch Beifallsgebärden aufdringlichem Publikum Lob zuteil wird:* Gaius Musonius Rufus (um 30–100 n. Chr.), römischer Ritter, Lehrer Epiktets, vgl. I 2, XV 11, XVII 19; nur in Fragmenten erhalten, das vorliegende zeigt neben IX 2 das Naturell dieses Stoikers. Einen weiteren Grundsatz bietet – als Parallele zu einer Catostelle – G. in *XVI 1*: »Du tust Gutes, mußt dich dabei anstrengen: aber die Anstrengung geht vorüber, das Gute hat Bestand. Du verübst Schändliches, empfindest dabei Vergnügen: aber das Vergnügen vergeht, die Schande bleibt haften.« – Die Homerverse stehen in der Odyssee 13, 1 f.

92 Lohn fürs Schweigen (I 23). *Wer war Papirius? Wie kam er zu seinem Beinamen? Ausführliche Erzählung von jenem Papirius, die man mit Schmunzeln zur Kenntnis nehmen kann:* Eine der an das Leben des Gaius Papirius Cursor (4. Jh. v. Chr.) anschließenden Anekdoten fragwürdiger Zuweisung, die zum beliebten, jeweils unterschiedlich akzentuierten Erzählgut wurde. Vgl. Gesta Romanorum (nach Macrobius) und die Novelle antiche. G., der sich an Cato hielt, zielt wie jener auf die Bloßstellung einer weiblichen Untugend.

94 Der Zorn des Weisen (I 26). *Wie mir der Philosoph Taurus auf meine Anfrage antwortete, ob ein Weiser zürnen dürfe:* Lucius Kalbenos (römisch: Calvisius) Tauros, Leiter der Platonischen Akademie um die Mitte des 2. Jh. G. zeigt sich gern in Szenen aus dessen Vertrautenkreis, z. B. II 2; XII 5; X 19 u. a. m. und vermittelt ein sehr anschauliches Bild von dessen Lehrmethoden; zum Thema vgl. XII 5 und XIX 12.

96 Schweigen ist Gold (XI 9). *Erzählung von den milesischen Gesandten und dem Redner Demosthenes, gefunden in den Schriften des Critolaus:* Über den redegewaltigen Demosthenes (384–322 v. Chr.) kursierten viele Anekdoten, vgl. z. B. I 8. Das bei G.

anschließende Kapitel *XI 10* berichtet die gleiche Anekdote, aber über eine Rede des Gaius Gracchuus vom Rivalen des D. Demades (380–319 v. Chr.). Critolaus war Schulhaupt der Aristotelesschule im 2. Jh. v. Chr. XII 12 zeigt das römische Pendant Cicero in einer ähnlichen peinlichen Situation.

97 Tapferer Patient (XII 5). *Auslassung des Philosophen Taurus über die Art und Weise, nach Stoiker-Grundsätzen Schmerz zu ertragen:* Bericht des G. über ein Erlebnis (Ausflug nach Delphi wohl 163) im Kreise des Taurus, dem zuzugehören er sehr stolz war. Das abgehandelte Problem der stoischen »Fühllosigkeit« (in kritischer Beleuchtung des Platonikers T.) ist des öfteren Gegenstand, vgl. zu 126. Das »weitverbreitete griechische Wort« ist ein Zitat aus des Aristophanes »Fröschen« 1445.

103 Der Weise im Seesturm (XIX 1). Das von G. oft behandelte Thema von der Leidenschaftslosigkeit des Weisen (vgl. XIX 12) wird hier philosophisch begründet. Gewährsmann ist Epiktet wie in 12. Diese Epiktetstelle gehört nicht zu den bei Arrian erhaltenen. Augustin befaßt sich ausführlich mit diesem Kapitel (Vom Gottesstaat IX 4).

108 »Nur dienend ehrt der Diener seinen Herrn« (I 13). *Eine philosophische Frage: Was ist bei Übernahme eines Auftrags richtiger, genauester Vollzug des Aufgetragenen oder gelegentlich auch eine Abweichung, wenn dadurch ein günstigerer Ausgang für den Auftraggeber zu erhoffen ist. Darlegung unterschiedlicher Meinungen in dieser Frage:* Auf einen typischen Pflichtenkonflikt abzielende Diskussion mit Beispielerzählung. Charakteristisch der Hinweis auf die grausamen »Manlianischen Befehle« (vgl. zu IX 13). Das historische Beipiel aus dem Historiker Sempronius Asellio (um 160–um 90 v. Chr.), den G. auch sonst heranzieht, besonders im Methodenkapitel *V 18*, wo begründende und erfahrungsbezogene Geschichtsschreibung gegen innerliche unverbundene Tatsachenreihung (res gestae – annales) abgesetzt wird.

111 Väter und Söhne (II 2) *Was bei pflichtgemäßem Umgang eingehalten und beachtet werden muß, wenn Väter und Söhne zusam-*

men tafeln und beieinandersitzen, sowie von öffentlichen und privaten Fällen der Art, daß nämlich Söhne ein Staatsamt bekleiden, während die Väter ohne Amt sind. Darüber nun eine gründliche Erörterung des Philosophen Taurus und ein Beispiel aus der römischen Geschichte: Angesprochen ist hier mit der Rangfrage – die bei G. immer aktuell ist, vgl. I 13; *IV 13*; *VII 9* – auch möglicher Generationenkonflikt wie *II 7* und *II 15*. Gegenübergestellt ist dem vom Griechen Taurus erörterten zeitgenössischen »Fall« die Beispielerzählung seines Lieblingsannalisten Claudius Quadrigarius (1. Jh. v. Chr.). Über Freundespflichten handelt G. in I 3.

113 Bereit sein ist alles (XIII 28). *Über eine in seinem zweiten Buch »Von den Pflichten« festgehaltene Stellungnahme des Philosophen Panaetius, mit der er die Mahnung verbindet, der Mensch müsse in jeder Situation damit rechnen, sich vor Widerwärtigkeiten hüten zu müssen, und dementsprechend gerüstet sein:* Schönes Beispiel des nur in Fragmenten erhaltenen Begründers (180–100) der »Mittleren Stoa«, in der die Verbindung des Lehrsystems mit sozialethischen Vorstellungen der römischen Aristokratie hergestellt wird; vgl. auch XII 5.

114 Proletarierpflichten (XVI 10). *Was unter »proletarii«, was unter »capite censi« zu verstehen sei, desgleichen was im Zwölftafelgesetz »adsiduus« bedeute und wie dieser Ausdruck zustande gekommen sei:* In G.'s Zeit sind funktionslos gewordene Sozialbegriffe wie plebeius, proletarius frei für Anwendung in anderen Bereichen, z. B. der Stilkritik. Zu dem im »Klassiker«kapitel XIX 8 in diesem Sinn angeführten proletarius folgt hier der Erklärungsversuch im Rahmen einer mit dem üblichen Zuständigkeitsstreit verbundenen Erlebniserzählung. Das im XIX 8 neben classicus gestellte adsiduus (Ansässiger, Begüterter) markiert die Gegenposition zu den bis zur Heeresreform des Marius, die im Sallustzitat (Jugurthinischer Krieg 86,2) vorausgesetzt wird, nur im Katastrophenfall zu militärischen Dienstleistungen herangezogenen proletarii und capite censi (Kopfsteuerbürger). Zu den »Zwölftafeln« und zur »Untersuchung mit Schale und Binde« vgl. XI 18.

117 Unerwarteter Aufstieg (XV 4). *Bericht vom Ventidius Bassus, einem Manne von niederer Herkunft, der – wie erinnerlich – als erster einen Sieg über die Parther errungen:* Das Schwergewicht der Erzählung liegt in der Schilderung eines typischen Emporkömmlings. Fälle des sozialen Aufstiegs (Philosophen, Künstler) werden von G. häufig geschildert, bzw. Möglichkeiten, solche zu erwähnen, selten ausgelassen. Der Sieg des militärisch befähigten Ventidius über die Parther in den kritischen Zeiten nach Caesars Ermordung (39/8) hat historische Dimensionen.

119 Ruhm der Kleinen (XI 4). *Wie Quintus Ennius Versen des Euripides nacheifert:* An der Gegenüberstellung der Euripidesverse (Hecuba 293 ff.) mit der Ennius»nachahmung« ist von G. die soziale Differenzierung beobachtet und hervorgehoben. Was G. jedoch als Übersetzungsmangel moniert, beruht auf seinem Unverständnis für homerische Verhältnisse; er projiziert (ähnlich wie beim Thersites 115) einfach ins soziale Geschehen seiner Zeit.

120 Teure Weisheit (I 19). *Bericht von den Sibyllinischen Büchern und vom König Tarquinius dem Hochmütigen:* Orakelwesen und -literatur sind ein wesentlicher Gegenstand des Zeitinteresses; unsere Anekdote ist entsprechend oft berichtet. Die Überbringerin ist bei G. nicht speziell als weissagende Sibylle geschildert. Tarquinius ist der letzte der römischen Könige. Die »Sibyllinischen Bücher« (zu unterscheiden von den »Sibyllinischen Orakeln«), 87 v. Chr. verbrannt, ersetzt und noch in der römischen Kaiserzeit angewandt, enthalten ursprünglich keine Weissagungen, sondern in kritischen Fällen nach offizieller Befragung anzuwendende Kultvorschriften.

121 Gefährliche Künstler? (XX 4). *Ehrenrührig und schimpflich sei der vertraute Umgang mit Bühnenkünstlern; darüber diesbezügliche Ausführungen des Philosophen Aristoteles:* Die Empfehlung des Philosophen Taurus spielt mit dem Kontrast der polemisch zugespitzten, für die moralische Bewertung und gesellschaftliche Stellung der Künstler verhängnisvolle Bemerkung

des Aristoteles zu den Verhältnissen des zweiten Jh. n. Chr., in denen religiös motivierte Künstlervereinigungen durchaus anerkannt waren.

123 Frau Justitia, grausam und mild (XIV 4). *Wie angemessen und anschaulich Chrysipp mit den Kunstmitteln der Sprache ein Bild der Gerechtigkeit zeichnete:* G., der selbst als Richter tätig war, zeigt sichtlich Interesse für das Berufsethos der Diener der Gerechtigkeit. Im ersten Abschnitt umschreibt er nacherzählend die Schilderung Ch.s (vgl. VII 1; 2; auch I 2). Ch.s »eigene Worte« im dritten Abschnitt bietet er im griechischen Original.

124 Macht und Recht: Um Rhodos' Rettung (VI 3). *Was Tiro Tullius, der Freigelassene Ciceros, an des Marcus Cato Rede tadelnswert fand, die dieser zugunsten der Rhodier im Senat hielt, und was ich diesen Einwänden entgegenzuhalten habe:* Rhodos, der größten der der Südwestküste Kleinasiens vorgelagerten Inseln, kam in der Antike eine ausgesprochene Ausnahmestellung zu. Eine Insel der Bildung (Panaetius stammte von hier, Poseidonios siedelte nach Rh. über) und der künstlerischen Kultur (Koloß von Rhodos, Laokoongruppe, vgl. auch G. XV 31), nahm sie auch wirtschaftlich (Handelsaustausch) und politisch mit der Behauptung ihrer Selbständigkeit eine entsprechende Stellung ein. Dieses längste G.-Kapitel interpretiert eine Catorede, die zu G.' Zeit noch gelesen wurde, in größerem Umfang, analysiert die rhetorischen Mittel, interessiert sich aber auch für den Gehalt der Rede, die man auch als das römische Gegenstück zum berühmten Melierdialog des Thukydides (V) auffassen kann. In beiden Fällen ist die Selbstbehauptung eines kleinen Inselstaates gegen eine Großmacht der Gegenstand, der subtile, auch in G.' Zeit aktuelle, Rechtsfragen aufwirft. Der Vermittlungsversuch der Rhodier fällt in das Jahr 169 v. Chr., die vernichtende Niederlage des letzten Makedonenkönigs Perseus (Schlacht bei Pydna) in das Jahr 168 v. Chr.

136 »Partei! Partei! Wer sollte sie nicht nehmen ...« (II 12). *Ein wohldurchdachtes und ausgewogenes Gesetz des Solon, das ober-*

flächlich betrachtet den Eindruck hinterläßt, unbillig, ja ungerecht zu sein, sich jedoch als außerordentlich nützlich und der öffentlichen Wohlfahrt förderlich erweist: Der um 640 v. Chr. geborene athenische Staatsmann Solon, Weltreisender, Dichter und Gesetzgeber, einer der Sieben Weisen, ist im Gedächtnis der Griechen und Römer lange lebendig geblieben. Der von G. aus Zwischenquellen, nach Aristoteles' »Staatsverfassung der Athener« Kapitel 8, berichtete, auch von A. schon mißverstandene Konfliktfall war ein Lieblingsthema der Zeit (Cicero, Plutarch). Bezeichnend und wichtig sind das Interesse am Öffentlichkeitscharakter des Gesetzwesens und die Übertragung in die Privatsphäre.

138 Drei Grundsätze der Strafjustiz (VII 14). *Daß die Philosophen bei der Bestrafung von Vergehen drei Verfahrensweisen vorsehen; und aus welchem Grund Plato nur auf zwei davon hinweist, nicht auf drei:* Von drei Strafgründen spricht auch Seneca in seiner Schrift »Von der Milde« 1,22. Die Passage aus Platos, von G. im Zusammenhang mit dem Philosophen Taurus öfter erwähnten, Dialog Gorgias (525 B) und die Rechtsbegriffe erscheinen bei G. in griechischer Sprache.

140 Mein und dein (XI 18). *Wie der Athener Drakon in seinen für das Volk von Athen verfaßten Gesetzen Diebe bestraft wissen wollte, wie in späterer Zeit Solon und wie ebenso unsere »Zehnmänner«, die Verfasser der »Zwölftafeln«; dann noch angefügt, daß bei den Ägyptern Diebstahl erlaubt und gestattet war, bei den Lakedaimoniern sogar ausdrücklich eingeführt und als nützliche Übung abgehalten wurde. Schließlich noch eine denkwürdige Bemerkung des Marcus Cato über die Bestrafung von Dieben:* Dem athenischen Gesetzgeber Drakon (um 624 v. Chr.) kommt das Verdienst der ersten schriftlichen, also Rechtssicherheit gewährleistenden griechischen Rechtsfixierung zu; er unterscheidet zwischen vorsätzlichen und unvorsätzlichen Vergehen. Das römische Gegenstück sind die sogenannten »Zwölftafeln« (bei G. vor allem noch in XVI 10 und *XX 1*) als älteste Kodifikation des römischen Rechts. 451/50 v. Chr. wurden die »Zehnmänner«

für ihre Ausarbeitung eingesetzt. Das Ergebnis war Grundlage fortlaufender Weiterentwicklung des Römischen Rechts. Die »ordnungsgemäße Haussuchung« (eigentlich »mit Schale und Binde«) war ein altertümlicher Brauch, der offenbaren Diebstahl aufdecken helfen sollte. Sabinus Masurius, ein bedeutender römischer Jurist aus der ersten Hälfte des 1. Jh., ist des G. Hauptgewährsmann; doch sind die Auswahl als solche und die Einfügungen (Ariston, ein römischer Jurist des 2. Jh., und die Catomaxime) typisch für G. Zu Solon vgl. II 12; die Etymologie des Wortes »Dieb«, lateinisch »fur«, in *I 18*.

144 Späte Entscheidung (XII 7). *Warum der Prokonsul Gnaeus Dolabella den Fall einer geständigen Giftmörderin an die Areopagiten verwies:* Der Gerichtshof am Areshügel in Athen, der altehrwürdige Areopag, besaß noch in der Kaiserzeit eine ausgedehnte Gerichtsbarkeit. Der genannte Dolabella, zu unterscheiden von dem D. in III 9, war wohl der Praetor des Jahres 69 v. Chr., später Prokonsul der Provinz Asien. Berichte über unentscheidbare Rechtsfälle waren beliebt, vgl. V 10. G.' Gewährsmann, Valerius Maximus, stellte Anfang des 1. Jh. eine Art Handbuch historischer Beispiele zusammen.

145 Wie rettet man einen Freund? (I 3). *Welchen zwielichtigen Entschluß der Lakedaimonier Chilo faßte, um einen Freund zu retten; und was dabei umsichtig und sorgfältig zu bedenken ist: ob man sich Freunden zuliebe auch einmal eine Ungesetzlichkeit erlauben dürfe, und schließlich schriftlich niedergelegte Notizen und Berichte des Theophrast und des Marcus Cicero in dieser Sache:* Die geschickt zusammengestellte Abhandlung über Freundespflichten beginnt und endet mit dem Lakedaimonier Chilo (6. Jh. v. Chr.), einem der Sieben Weisen. Die Cicerostellen stehen in dessen »Von der Freundschaft« 61 und 36; die Vorlage dazu, Theophrasts (vgl. zu XIII 5) »Über die Freundschaft«, ist nicht erhalten. Gaius Lucilius, lateinischer Satiriker des 2. Jh. v. Chr.; Perikles, bedeutender athenischer Staatsmann, um 490–429.

153 Ehequalen (I 6). *Auszüge aus der Rede des Metellus Numi-*

dicus während seiner Zensur vor dem Volk, als er zu Eheschließungen ermuntern wollte. Warum diese Rede getadelt und wie sie wiederum in Schutz genommen wurde: Der ebenfalls als Redner berühmte, von G. öfter angeführte Quintus Caecilius Metellus erhielt nach seinem militärischen Einsatz in Nordafrika (Ende 1. Jh. v. Chr.) den Beinamen Numidicus; ist aber hier von G. verwechselt mit Quintus Caecilius M. Macedonicus, dessen berühmte Rede gegen die Ehelosigkeit (Zensor 131 v. Chr.) noch Augustus verlesen ließ (Sueton, Augustus 89).

155 Geh nicht nach Korinth! (I 8). *Geschichte von der Kurtisane Laïs und dem Redner Demosthenes, wie sie sich in den Schriften des Philosophen Sotion findet:* Eine Demosthenesanekdote wie XI 9. In *I 5* weiteres Anrüchige über D.; G. berichtet auch über abnorme Sinnlichkeit des Sallust *XVII 18* und des Scipio VII 8. Der Peripatetiker Sotion (1. Jh.) stellte das auch in G.' Vorrede erwähnte »Füllhorn der Amaltheia« zusammen. Berühmt, auch wegen ihrer Preise, war die ältere Laïs (»die allgemein Bekannte«); hier ist aber die jüngere L. gemeint; die Bekanntschaft mit Demosthenes ist ungewiß.

156 Sokrates und seine Xanthippe (I 17). *Mit welchem Gleichmut Sokrates die ungebärdige Art seines Eheweibes ertrug, dazu gleich noch, was Marcus Varro in seiner Satire »Von der Pflicht eines Ehemannes« schrieb:* Als Hintergrund und Auslöser von Aussprüchen des Sokrates (auch *VIII 11*, verloren) erscheint Xanthippe bei G. ausschließlich in der negativen Traditionslinie, die auf Antisthenes zurückgeht, im Gegensatz etwa zu Xenophons »Erinnerungen an Sokrates«. – Das römische Gegenstück stammt aus den »Menippeischen Satiren« des Varro (vgl. XIII 11), einer moralisierenden Schriftstellerei, die im Anschluß an Menipp von Gadara (3. Jh. v. Chr.) in einer griechisch-lateinischen Vers-Prosa-Mischung mit wohlwollend-kritischer Grundhaltung aktuelle Thematik abhandelte. Das Wortspiel »beseitigen – ertragen« lautet lateinisch: tollere – ferre. – Zu Sokrates vgl. auch II 1.

157 Ehrbare Dirne (IV 14). *Erzählung vom Aedilen Hostilius*

Mancinus und der Dirne Manilia und Wortlaut des Gutachtens der Tribunen, an die sich Manilia mit einem Einspruch wandte: Römisches Gegenstück zu 18. Gaius Ateius Capito war einer der berühmtesten Rechtsgelehrten des 1. Jh., speziell mit dem Sakralrecht befaßt, beliebt bei späteren Philologen und Antiquaren. Die Schilderung altertümlicher Strenge, wie IV 20, reizte G. zur Nacherzählung.

158 Adel im Untergang (X 6). *Daß die Tochter des Appius Claudius, eine Frau von hohem Ansehen, von den Volksbeamten bestraft worden, weil sie sich anmaßend geäußert:* Kritik an Haltungen, die die altrömische Wertwelt erschüttern, wird mit einer gewissen Genüßlichkeit an einem Frauenbeispiel demonstriert; aber auch die Niederlage des Bruders im Jahre 249 v. Chr. galt als durch einen Religionsfrevel veranlaßt. Der Ton liegt auf der Ahndung des Vergehens (vgl. IV 20). Der erwähnte (vorbildliche) Vater Appius »Der Blinde« (Zensor 312 v. Chr.) initiierte den Bau der berühmten Via Appia.

159 Zeugnis treuer Gattenliebe: ein Weltwunder (X 18). *Erzählung von der Artemisia und von dem Wettbewerb, den hochberühmte Schriftsteller am Grabe des Mausolus austrugen:* Der von der Schwestergattin Artemisia des persischen Satrapen Mausolus (377/376–353 v. Chr.) errichtete Grabbau (erst im Mittelalter durch Erdbeben zerstört) zählte zu den Sieben Weltwundern. Berühmt vor allem durch den Skulpturenschmuck, der sich im Britischen Museum befindet. Seiner Quelle folgend interessiert sich G. mehr für den Lobreden-Wettkampf der erwähnten zeitgenössischen Meisterredner.

160 Jupiter-Konkurrenz (XIII 4). *Abschrift eines Briefes Alexanders an seine Mutter Olympias* (Überschrift nur teilweise erhalten): Beliebter Alexanderstoff – in Briefform – wie IX 3 und XX 5. Zu Marcus Terentius Varro vgl. I 17 und XIII 11.

161 Lob der Muttermilch (XII 1). *Abhandlung des Philosophen Favorin, in der er einer vornehmen Dame den Rat erteilte, selbstgeborene Kinder auch mit eigener Milch, nicht mit der gemieteter Ammen zu nähren:* Eine der großen von G. übersetzten Favorinreden

(vgl. XIV 1), von denen man nie genau weiß, wie ernst sie gemeint sind. Den Homer (Ilias XVI, 33 ff.) – Vergilvergleich (Aeneis IV, 367) wird G. selbst eingefügt haben.

167 Roms Leonidas (III 7). *Erzählung vom Militärtribunen Quintus Caedicius aus den »Jahrbüchern«; daneben auch Worte aus den »Ursprüngen« des Marcus Cato, mit denen er die Tapferkeit des Caedicius der des Spartaners Leonidas gleichgestellt hatte:* Eines der schönsten Beispiele der Darstellungskunst des Zensors Cato (234–149 v. Chr.) aus seinem siebenbändigen Alterswerk »Ursprünge« (Origines). Das Kapitel enthält Eingangs- und Schlußbemerkungen des G., Nacherzählung und Originaltext des Cato. Der Stoff ist wiederholt Gegenstand von Reflexionen geworden. G. hebt ihn auf das Niveau eines prinzipiellen Vergleichs römischer und griechischer Lebenshaltung. Charakteristisch, daß Cato bewußt keine Namen nennt, um das »Römische« der Römer rein zur Geltung zu bringen.

169 Preis des Ruhms (II 27). *Kritische Äußerungen des Titus Castricius zur literarischen Porträtmanier des Sallust, der den Sertorius, und des Demosthenes, der den Philipp beschrieben hat:* Kritik mißlungener Nachahmung des römischen Historikers Sallust (86-35; Fragment aus den Historien) gegenüber dem griechischen Redner Demosthenes (384–322; Kranzrede 67), wie G. sie aus dem Schulbetrieb seiner Zeit kannte. Zu Sertorius auch XV 22. Hintergrund und Auslöser des Kapitels: Plutarch, Leben des Sertorius 4.

171 Nicht durch Verrat! (III 8). *Bedeutsames Schreiben der Konsuln Gaius Fabricius und Quintus Aemilius an den König Pyrrhus, wie es uns der Geschichtsschreiber Quintus Claudius Quadrigarius aufbewahrt hat:* Pyrrhus, König von Epirus (319–272 v. Chr.), neben Hannibal gefährlichster Gegner Roms im 3. Jh., besiegte die Römer auf italischem Boden in mehreren Schlachten (»Pyrrhussiege«). Die Szene spielte zur Zeit der nach der Schlacht bei Ausculum (279) geführten Verhandlungen. Die Bescheidenheit des Fabricius ist I 14 geschildert. Der neben dem oft zitierten Quadrigarius genannte Valerius Antias

gehört ebenfalls zu den sogenannten Jüngeren Annalisten; er schrieb über die Geschichte von der Gründung Roms bis 78 v. Chr.

173 Die Großmut des Scipio (VII 8). *Festgehaltene Einzelbemerkungen über König Alexander und Publius Scipio, höchst wissenswert:* Dem beliebten Alexanderthema (hier nach Apion, vgl. zu VI 8) stellt G. – einem vorgeprägten Schema folgend – als Gegenbild den Römer Scipio entgegen, vgl. zu IV 18. Das Thema »Großmut des Scipio« war als barockes Bildmotiv beliebt; z. B. als Auftrag Friedrichs II. für Potsdamer Schloßbauten wird mit dieser Bildwahl die Haltung eines »aufgeklärten Absolutismus« demonstriert, der sich gegenüber Unterlegenen »großmütig« zeigt. Malitiöse Unterstellungen zu berichten, kann sich G. im folgenden nicht versagen. Valerius Antias vgl. III 8.

174 Zensorische Strenge (IV 20). *Rügen der Zensoren, erteilt an Bürger, die sich gewisse unangebrachte Späße erlaubt hatten; und wie über die Rüge gegen einen Bürger beratschlagt wurde, der vor den Zensoren gegähnt hatte:* Der Zensor, aus dem Kreis ehemaliger Konsuln gewählter Staatsbeamter zur Vermögensschätzung und Musterung (aller fünf Jahre) und zur Überprüfung standesgemäßen Verhaltens. Berühmtester Zensor war Cato Censorius, vgl. zu VI 3 und III 7. Die Zensur ist ein Doppelamt; es stirbt praktisch mit der römischen Republik aus. Diese Art Überprüfungssystem fand des G. lebhaftes Interesse, vgl. *IV 12* und VI 18; strenge Beschlüsse und strafwürdiges Verhalten auch in IV 14, X 6, XV 11 und *VI 19*. Publius Cornelius Scipio Nasica war Zensor im Jahre 159 v. Chr.; vgl. zu IV 18. – Zu Caecilius Statius vgl. II 23.

176 Entbehren, nicht begehren! (XIII 24). Cato ist als Kronzeuge altrömischer Bescheidenheit vorgestellt. Dazu vergleiche man die Favorin-Maxime IX 8 und die Erörterung über Enthaltsamkeit in XVII 9.

177 Römische Eidestreue (VI 18). *Wie bei den Römern die Heiligkeit der Eide beachtet und bewahrt wurde; ferner daselbst über die*

nach geleistetem Eid von Hannibal nach Rom entsandten zehn Gefangenen: Nach der für die Römer emfindlichsten Niederlage im Zweiten Punischen Krieg, beim unteritalischen Cannae im Jahre 216 v. Chr. zeigten sich die Römer keinesfalls verhandlungs- oder gar unterwerfungsbereit. Die gleiche konzessionslose Haltung in Fragen eines Gefangenenaustauschs im Ersten Punischen Krieg wird am gleichermaßen bekannten Beispiel Marcus Atilius Regulus demonstriert, das G. *VII 14* anführt.

179 Übertriebenes Selbstwertgefühl (IV 18). *Einige sehr bemerkenswerte Stellen aus den »Jahrbüchern«, die von Publius Scipio dem Älteren handeln:* Die Gestalt des »Älteren« Scipio, des Hannibalbezwingers, begegnet VII 8 als Gegenbild zu Alexander dem Großen; dazu noch *VI 1, VI 19* und *XII 8*; sie steht für die Problematik der überragenden Einzelpersönlichkeit in der altrömischen Republik. Im Unterschied zum Zerstörer Karthagos im Dritten Punischen Krieg, dem Scipio Africanus dem »Jüngeren« (vgl. dazu IV 20), der oft für die Problematik griechischen Bildungseinflusses steht und vor allem in den Kapiteln *III 4* und *XVII 5* begegnet. Zu unterscheiden auch von Scipio Nasica in IV 20.

181 Leben in der Provinz (XV 12). *Eine Stelle aus einer Rede des Gracchus, die man sich merken sollte; sie handelt von dessen Genügsamkeit und Selbstzucht:* Gaius Sempronius Gracchus (153–121 v. Chr.) – zusammen mit seinem älteren Bruder Tiberius Gr. um soziale Reformen bemüht – war 125/124 als Proquästor auf Sardinien eingesetzt. Eigenmächtig zu den Wahlen nach Rom zurückgereist, hatte er sich dafür zu verantworten. Die zitierten Redepassagen sollen Selbstlosigkeit und Unbestechlichkeit als Forderungen altrömischer Amtsführung belegen. Gr. war berühmt als Redner, wofür G. neben vielen anderen Stellen (besonders *I 11* über die Redetechnik) ein instruktives Beispiel in X 3 bietet; dort allerdings mit überzogener Kritik, die den Gr. gegenüber Cicero und Cato abwertet.

182 Erfahrungen mit den Römern (V 5). *Höhnisches Witzwort des Puniers Hannibal gegen den König Antiochus:* Der von den

Römern besiegte Hannibal floh zunächst 195 v. Chr. zu Roms mächtigstem Gegner, dem Seleukidenherrscher Antiochus III., gab ihm den Rat zum Direktangriff auf Rom, den dieser nicht befolgte. Antiochus, auch »Der Große« genannt, wurde 190 v. Chr. beim lydischen Magnesia von den Römern vernichtend geschlagen.

183 Verschmähte Beihilfe (I 14). *Was Gaius Fabricius, ein hochangesehener, tatenreicher, jedoch armer und mittelloser Held, sagte und wie er sich verhielt, als ihm die Samniten wie einem Bedürftigen ein bedeutendes Geldgeschenk machen wollten:* Fabricius galt als Beispiel altrömischer Strenge, Rechtschaffenheit und Bescheidenheit, war 275 v. Chr. Zensor, triumphierte 282 über Roms gefährlichste italische Gegner, die Samniten. In III 8 ist sein ehrenhaftes Verhalten gegenüber einem anderen Feind Roms, dem König Pyrrhus, geschildert.

184 Abgeblitzt (IV 5). *Geschichte von der Hinterhältigkeit etruskischer Zeichendeuter; und daß aus diesem Anlaß folgender Vers von den Knaben Roms in der ganzen Stadt gesungen wurde: »Am schlechtsten ist ein schlechter Rat dem, der ihn gibt!«:* Horatius Cocles verteidigte in der legendär verbrämten Anfangszeit der römischen Republik eine Tiberbrücke gegen die Etrusker unter König Porsenna, wurde zu einer Art Antietruskersymbol. G.' Quelle Verrius Flaccus war ein angesehener lateinischer Grammatiker unter Augustus und Tiberius; der Hesiodvers steht in dessen »Werken und Tagen« 266.

185 Tafelfreuden (XV 8). *Stelle aus einer Rede des alten Redners Favonius über Tafel- und sonstigen Aufwand, von der er bei der Befürwortung des Licinischen Gesetzes über Aufwandsbeschränkung bei Mahlzeiten und sonstigem Pomp Gebrauch macht:* Publius Licinius Crassus, 100 v. Chr. Urheber eines der zahlreichen Gesetze gegen Luxus, meist Tafelluxus. Die Handschriften überliefern als Namen des alten Redners einen Favorinus, doch ist die Stelle verderbt. Ein eigenes Kapitel *(II 24)* widmet sich diesem Zwang zur offensichtlich als notwendig empfundenen Schlichtheit.

186 Wenn Gäste kommen... (XIII 11). *Welche Zahl von Tischgästen Marcus Varro für angemessen und berechtigt hielt; auch über Nachtisch und Näschereien:* Varros Menipeïsche Satiren – vgl. dazu I 17 – sind geeignet, im Plauderton antiquarisches Wissen zu vermitteln und gepflegte Lebensformen zu propagieren. Aus der gleichen Varrosatire zitiert G. auch *I 22*.

187 Zweikampf (IX 13). *Auszug aus dem Geschichtswerk des Claudius Quadrigarius, in dem er den Kampf des adligen Jünglings Manlius Torquatus gegen einen gallischen Herausforderer schildert:* Wie Kapitel IX 11 (vgl. dort) aus dem von G. hochgeschätzten und besonders in Nachträgen vielbenutzten Jüngeren Annalisten Claudius Quadrigarius (1. Jh. v. Chr.), der römische Geschichte von den Gallierkämpfen des 4. Jh. bis auf seine eigene Zeit schrieb. Für dessen schlichten Stil ist diese Erzählung (sie spielt 360 v. Chr.) ein schönes Beispiel. Der abschließende Verweis auf übertrieben harte Befehle (imperia Manliana) bei G. auch I 13. Zum Ganzen vergleiche man die Darstellung dieses Stoffes bei Livius VI 42, 5–8 und VI 9, 8–10, 14.

191 Liebestod eines Delphins (VI 8). *Eine fast unglaubliche Geschichte von einem Delphin als Liebhaber und einem von ihm innig geliebten Knaben:* Moralisierende Tiererzählungen gehören zum Lieblingsrepertoire der Zeit; G. hält sich hier weniger zurück als bei der reinen Wundergeschichte (vgl. XIV 6). Delphine sind bevorzugtes Demonstrationsobjekt sentimentalisierten Mensch-Tier-Verhältnisses (vgl. auch XVI 19). – Die abstruse Gelehrsamkeit des Grammatikers Apion aus dem 1. Jh. – Kaiser Tiberius nannte ihn »die Allerweltsposaune« (cymbalum mundi) – fand bei den Zeitgenossen weithin Beifall; Apion neben V 14 und VII 8 auch in *X 10*.

192 Rabenschlacht (IX 11). *Vom Valerius Corvinus und woher der Beiname Corvinus, Rabenmann, stammt:* Vgl. mit IX 13, aus gleicher Quelle (Claudius Quadrigarius) stammend. Marcus (!) Valerius Corvinus zählt zu Roms Nationalhelden, denen Augustus auf seinem repräsentativen Forum eine Statue mit Ehreninschrift errichten ließ. Charakteristischerweise betont

G., der Kämpfer habe vorher die Kampferlaubnis eingeholt. Der Erzählstil ist mit Livius VII zu vergleichen.

194 »Arion war der Töne Meister ...« (XVI 19). *Eine Erzählung aus dem Herodot über Arion, den Kitharaspieler:* »Arion war der Töne Meister ...« beginnt ein bekanntes Gedicht A.W. von Schlegels. Der aus Herodot (I 23) bekannte, aber auch sonst beliebte Stoff von der Lebensrettung durch dankbare Tiere ist sicherlich oft in der Fassung des G. gelesen worden, z. B. in den »Gesta Romanorum«. Typisch für G.' Erzählstil der Wechsel direkter und indirekter Darstellung.

196 Beim Antiquar oder Wunder und Wilde (IX 4). *Von ganz unnatürlichen Wunderdingen bei wilden Völkerschaften, von grausam-verderblichen Verzauberungen; weiterhin auch von Frauen, die sich urplötzlich in Männer verwandelten:* Als Buchhändlerszene geschickt verkleidete Zusammenstellung aus der »Naturgeschichte« des älteren Plinius (23–79). G. begründet zaghaft das von ihm abgelehnte, aber offenbar von der Leserschaft erwartete Erzählgut. Deutlicher spricht er sich zu diesem Thema in XIV 6 aus.

200 Die List mit der Hirschkuh (XV 22). *Erzählung vom hervorragenden Feldherrn Sertorius, seiner Schlauheit und den Täuschungsmanövern, die er sich ausdachte, um seine barbarischen Soldaten zusammenzuhalten und günstig zu stimmen:* Beliebter Erzählstoff war die »Kriegslist«. Das Interesse an Orakelgläubigkeit, barbarischem Milieu und der kondotierehaften Gestalt des Sertorius (123–72 v. Chr.) tritt dazu; letzterer auch in XV 22.

202 Stummer Lebensretter (V 9). *Erzählung vom Sohn des Königs Krösus, den Büchern des Herodot entnommen:* Zusammenstellung zweier ähnlicher »Fälle«, deren erster dem »Vater der Geschichte« Herodot aus Halikarnaß (um 484–425 v. Chr.) I 85 entnommen ist; wie oben XVI 19 und unten XVII 9. Zum Lieblingsmotiv »Reden und Schweigen« vgl. Themengruppe »Um Gefühle«.

203 Androclus und sein dankbarer Löwe (V 14). *Von Apion, einem grundgelehrten Manne, den man auch »Plistonices« nannte,*

aufgezeichneter Augenzeugenbericht, wie sich zwei alte Bekannte, ein Mensch und ein Löwe, gegenseitig wiedererkannten: G. wählt hier die Form einer bearbeiteten Übersetzung, während er VI 8 ein Originalzitat ausschreibt; umgestaltet findet sich die Erzählung in den »Gesta Romanorum«; G. B. Shaw behandelte den Stoff in einem Drama. Vgl. zu VI 8.

207 Geheime Botschaften (XVII 9). *Über Buchstabenzeichen, die in den Gaius Caesar Briefen vorkommen, und dann noch über andere Geheimsigel, wie sie sich im alten Erzählgut finden lassen, und was unter dem lakonischen »Stock« zu verstehen sei:* Auch hier schlichte Reihung unter dem Stichwort »Geheimpost«; alle Stücke mehrfach berichtet; die Histiaeusanekdote z. B. bei Herodot V 35; doch würde auch hier der Vergleich die Eigenart gellianischen Erzählens deutlich machen.

210 Treuer »Rindskopf« (V 2). *Über das Leibroß König Alexanders mit dem Namen »Rindskopf«:* Die oft berichtete und mit jeweils unterschiedlichen Zügen ausgeschmückte Geschichte spielt am Fluß Hydaspes (Vorderindien), dem Ort der Stadtgründung Bucephalia. Chares von Mytilene, der als Begleiter Alexanders ein (nicht erhaltenes) mehrbändiges Werk über den König schrieb, wurde von G. wohl nur mittelbar benutzt.

211 Das Unglücksroß (III 9). *Was es mit dem sprichwörtlichen Ausdruck »Seianisches Pferd« auf sich hatte und von welchem Farbton die sogenannten »dattelfarbenen« Rosse waren und über den Sinn dieses Wortes:* Die menschenfressenden Rosse des Thrakerkönigs Diomedes nach Argos zu führen war eine der 12 Taten des Hercules. – Das Interesse des Erzählers verweilt bei dem Konsul Publius Cornelius Dolabella (69–43 v. Chr.), dem politisch zwielichtigen Schwiegersohn Ciceros; vgl. den Dolabella in XII 7. Die Szene in Tolosa im Narbonensischen Gallien spielt im Jahr 106 v. Chr. Über den Farbton auch im Farbenkapitel *II 26.*

213 Keiner kann's besser! (II 29). *Eine Fabelerzählung des Phrygers Äsop, die man sich merken sollte:* G. erzählt eine von Ennius (vgl. XII 4) nachgebildete Äsop-Fabel, wobei seine

Prosa den alten Versstil durchschimmern läßt. Die Überschrift »Keiner kann's besser« (Nemo quidem melius) ist ein aus G. entwickelter Emblemspruch.

216 Alternder Sportsmann (XV 16). *Eine unerhört neue Art des Sterbens, die des Milo aus Kroton:* Milo aus dem unteritalischen Kroton (6. Jh. v. Chr.) war eine Art Musterathlet des Altertums. G. hat dessen (neben vielen anderen Anekdoten) häufig berichtete Todesart als einziger umstilisiert zur letzten einsamen Mutprobe eines resigniert alternden Kraftmenschen.

217 Klassikerempfehlung (XIX 8). Marcus Cornelius Fronto (Konsul 143), gebürtiger Afrikaner, Erzieher Kaiser Marc Aurels, bedeutender Rhetor seiner Zeit, dessen Kreis die rückwärtsgewandten Stilideale des Archaismus pflegt. Bei G., der sich als sein Schüler vorstellte, erscheint F. nahezu als Literaturorakel; doch ist G.' Stellung nicht eindeutig. F. erscheint bei G. *II 26* in einem Wettstreit mit Favorin; dann *XIII 29* und XIX 10; XIX 13. Die Bezeichnung eines literarischen Vorbilds als classicus ist hier erstmalig belegt, freilich ironisch! G. selbst verwendet dieses Attribut nie. Classicus in seiner ursprünglichen Bedeutung (Steuerklasse) erörtert er ebenso *VI 13* wie proletarius XVI 10. Zur Bezeichnung sozialer Verhältnisse nicht mehr geeigneter Wortschatz wird zur übertragenen Verwendung freigesetzt; so konnte dieses Kapitel zur Geburtsurkunde unserer Klassiker/Klassik werden.

221 Drei Sprachen – drei Herzen (XVII 17). *Mitridates, König von Pontus, habe zweiundzwanzig Sprachen beherrscht. Quintus Ennius habe des öfteren behauptet, weil er sich auf drei Sprachen verstünde, das Griechische, das Oskische und das Lateinische, besäße er gleichsam drei Herzen:* In diesem mit dem großen Römerfeind Mitridates (132–65 v. Chr.) befaßten Abschnitt hat G. eine wichtige Enniusnotiz als Vorspann eingebaut. Da er allein diesen Ausspruch überliefert, kann der berühmte Ausspruch Kaiser Karls V. (er spreche mit Pferden Deutsch, mit Freunden Französisch, mit Damen Italienisch, mit Gott Spanisch, sei also so viele Male ein anderer Mensch, wie er andere Sprachen

spreche) durchaus auf G. zurückgehen. Im 19. Jh. hat Karl Julius Weber in seinem »Demokritos« (dessen Gelliuskenntnis in seinem Werk dokumentiert ist) beide Aussprüche zusammengestellt.

222 Alte Sitte – neues Wort (I 10). *Mit welchen Worten der Philosoph Favorin einen jungen Mann zurechtwies, der sich allzu vorväterlich, ja urweltlich ausdrückte:* An typisch altrömischen Beispielgestalten und altitalischen Stämmen (die altrömische Göttin Carmenta ist die Mutter Euanders, einer sagenhaften Gestalt, die mit der Gründerzeit Roms in Verbindung gesetzt wurde, so von Vergil) wird der Wechselbezug zwischen Sprache und Sitten (verba und mores) gezeigt (wie öfter bei G., z. B. *XX 1,6)*, hier mit Bezug auf Caesars verlorene Schrift »Über die Analogie« (auch oben XIX 8) und gegen seinen Lehrer Fronto. Der Analogie-Anomalie-Diskussion (über Regelmäßigkeit und Unregelmäßigkeit) in der antiken Sprachwissenschaft ist mit *II 25* ein eigenes kleines Kapitel gewidmet.

223 Auf fremdem Parkett (XI 8). *Was der Marcus Cato über den Albinus dachte und auch aussprach, der als Römer Römische Geschichte in griechischer Sprache schrieb, vorher aber um Nachsicht für seine mangelnde Sprachkenntnis bat:* Aulus Postumius Albinus (Mitte 2. Jh. v. Chr.) erregte mit seiner Griechentümelei den Unwillen des bewußten Altrömers Cato. Cornelius Nepos (gest. nach 27 v. Chr.), bekannt als biographischer Schriftsteller, der besonders auch den Vergleich Römer – Griechen liebte. Der von G. ausgewählte Abschnitt ist sonst nicht erhalten.

224 Bewegende Reden (X 3). *Einige berühmte Passagen aus Reden des Gaius Gracchus, Marcus Cicero und Marcus Cato miteinander verglichen und gegeneinander abgewogen:* Neben dem anreizenden Gegenstand (Grausamkeitsschilderungen) ist der wertende Vergleich archaischer (Cato, Gracchus) und klassischer (Cicero) Redekunst angesprochen, der auf einen vorsichtigen Tadel der ersteren hinausläuft (vgl. XV 12 und VI 3). Die Cicerostelle ist aus den Reden gegen Verres V 161.

229 Das Bad des Konsuls (XIX 10). Der Krankenbesuch bei Fronto (vgl. dazu XIX 8) gilt als Musterbeispiel der »Einkleidung« gellianischer Kapitel; er zeigt das Herauswachsen sprachlicher Beobachtungen aus einer Alltagsszene. Auslöser ist das auch heute noch geläufige praeterpropter = so eben hin, etwa, ungefähr. Nebenergebnis sind die schönen Enniusverse über die Mußezeit. Die Gleichstellung von Dichtern und Rednern mit Philosophen betont G., der Rhetorenschüler mit dem Hang zur Philosophie, oft.

232 Schlag nach bei Ennius... (XX 10). Die Erklärung der Rechtsformel »rechtmäßiges Handanlegen«, »nach altem Rechtsbrauch die Hände kreuzen« führt über den Umweg der üblichen Zuständigkeitsdebatte zur Mitteilung herrlicher Enniusverse, zu denen das zu XII 4 Gesagte zu vergleichen ist.

234 Menschlichkeit und Menschenliebe (XIII 17). *Humanitas bezeichnet nicht das, was man gemeinhin darunter zu verstehen glaubt; vielmehr bedienten sich die um Sprachreinheit Bemühten dieses Ausdrucks in seiner eigentlichen Bedeutung:* Dieses Kapitel ist für die Beurteilung römischer Wertbegriffe ebenso bedeutsam wie für die Art Gellianischer Begriffserklärungen. Die humanitas eines Marcus Tullius Cicero ist freilich weiter zu fassen, bezieht auch gesellschaftliche Verhaltensweisen ein. Die Aspekte der Philanthropie, offizöser wie privater Wohltätigkeit sind nicht berührt. Bemerkenswert, daß als »Bildungs«-Beispiel der Künstler Praxiteles gewählt ist.

236 Die Qual der Wahl (XI 2). *Daß »Gewähltheit« – elegantia – bei älteren Schriftstellern nicht auf gepflegten Geschmack, sondern auf prunkvolle Bekleidung und aufwendige Lebensweise bezogen wurde, die man unter die Laster rechnete:* Die Spannung zwischen den alten Lieblingstexten und der Gegenwartssprache stimuliert abgekürzte Begriffsgeschichte wie die vorliegende. Vgl. XIII 17 (humanitas), wo ebenso das Schwanken der Bedeutung durch Anwendung auf den moralischen Bereich und den Stil- und Bildungsbereich bedingt ist. In den von G. gewählten Bei-

spielen kommt der Charakter der Vorbild-Zeit gut zur Darstellung. »Elegans« ist ein Lieblingswort der Epoche.

237 Feine Unterschiede (XI 11). *Ausführungen des Publius Nigidius, in denen er die Unterscheidung zwischen »lügen« und »eine Unwahrheit sagen« erklärt:* Publius Nigidius, mit dem Beinamen Figulus (Töpfer), um 100–45: Grammatiker, Antiquar, Philosoph, von G. rühmend neben Varro genannt (*IV 9* und *XIX 14*), ein Freund Ciceros, mit Hang zu Obskuritäten, dem Neupythagoreismus nahestehend; wird hier als Meister sprachlicher Unterscheidungskunst vorgeführt. Vgl. auch *X 4*. N. als Grammatiker behandelt die Frage, ob die Wörter »von Natur« oder »durch Konvention« ihre Bedeutung haben.

238 Disput über Zwerge (XIX 13). Dieses Kapitel zeigt Fronto (vgl. XIX 8 und XIX 10) in einer anschaulichen Schulszene mit hier nicht sehr bedeutendem Inhalt. Absonderlichkeiten wie Übergrößen und Zwergbildungen fanden in dieser Zeit reges Interesse. Apollinaris Sulpicius, ein Lehrer des G., wird in Aktion vorgeführt; die Autorität Frontos ist stark hervorgehoben. Die erwähnte Aristophaneskomödie ist nicht erhalten. Gaius Helvius Cinna (1. Jh. v. Chr.) war Freund Catulls, ein oberitalischer neoterischer Dichter.

240 Unerwünschte Anfrage (XVIII 7). *Wie Favorin einen ungebärdigen, mit dem Doppelsinn von Wörtern beschäftigten Forscher behandelte; und ferner wie viele Bedeutungen das Wort »Contio« hat:* Schönes Beispiel für eine Bedeutungsverengung. Die Rahmenszene, die auf den Gegensatz Grammatik/Rhetorik – Philosophie abhebt, konzentriert sich auf den melancholischen Grammatiker D., der sonst nicht näher bekannt ist. Verrius Flaccus war ein angesehener, von G. öfter herangezogener Philologe unter Augustus. Apud elegantissimos veterum (bei den apartesten älteren Schriftstellern), eine Attributierung wie G. sie bevorzugt verwendet, habe ich mit »Klassiker« wiedergegeben (vgl. XIX 8).

243 Dichterwettstreit (XIX 9). Dem griechischen Lyriker Anakreon (6. Jh. v. Chr.) bildeten spätere Zeiten wein- und

liebesselige Gelegenheitspoesie nach (die Anakreonteen), von der die vorliegende Beschreibung eines getriebenen Silberbechers mit Goldeinlagen ein schönes Beispiel ist. Die lateinischen Gedichte (aus der zweiten Hälfte des 2. Jh. v. Chr.) zeigen erotische Epigramme nach alexandrinischen Vorbildern. Quintus Lutatius Catulus (Konsul 102 v. Chr.), der vielseitigste der drei Lyriker, bildet ein berühmtes Kallimachosgedicht (Anthologia Palatina 12,73) nach; Porcius Licinius das Gedicht Anthologia Palatina 9,15.

247 Zwei Dichter und ein Berg (XVII 10). *Meinung Favorins über Verse Vergils, in denen er, dem Dichter Pindar folgend, die vulkanische Tätigkeit des Aetnaberges beschrieb; in dieser Sache sein Vergleich der beiden Gedichte und sein Urteil:* Eine (wohl gekürzte) Favorinrede, die im ersten Teil interessantes biographisches Material zu Vergil verarbeitet. Verglichen werden Pindars Erstes Pythisches Gedicht (15–27; Übersetzung Friedrich Klingner) und Vergils Aeneis Buch 3, 570–582 (Übersetzung R. A. Schröder); beide Ausschnitte hier etwas umfangreicher als bei Gellius! Vergil wird von G. hochgeschätzt und gut beurteilt; besonders die Einschübe einzelner Vergilverse weisen auf Kenntnis und Anteilnahme des G. hin.

251 Halsbandgeschichten: Menander contra Caecilius (II 23). *Erwägungen und Urteile über Stellen aus der »Das Halsband« betitelten Komödie des Menander und des Caecilius:* Menander (342–um 290 v. Chr.), berühmtester Dichter der Neuen attischen Komödie, wird von G. mit dem von ihm hochgeschätzten Caecilius (gest. 168 v. Chr.; vgl. IV 20 und *XV 24*, wo Caecilius in der mitgeteilten Komikerrangliste an erster Stelle steht) verglichen. Der Tadel G.' gegenüber Caecilius wird von ihm selbst wieder eingeschränkt. Mit Menander befaßt sich G. noch in *XVII 4*; er gehört zu den Autoren des 2. Jh., die Menander neben Aristophanes (der G.' erklärter Liebling ist) gelten lassen.

256 Eines Dichters Leben und Ende (XV 20). *Einige Bemerkungen über Abstammung, Lebenslauf und Lebensgewohnheiten des*

Dichters Euripides und über das Ende seines Lebens: Kurzgefaßter Lebenslauf des beliebten griechischen Tragikers Euripides (485?–406 v. Chr.), der Absonderlichkeiten heraushebt. Besonderes Interesse findet die Todesart.

258 Streit und Neid (XIV 3). *Ob Xenophon und Plato sich wechselseitig den Rang streitig machten und verfeindet waren:* Die Erzählung vom Rangstreit zwischen Xenophon (430–354 v. Chr.) und Plato (427–347 v. Chr.) hat die Einordnung literarischer Größen durch spätere Generationen zum Gegenstand; die Ausdeutungsmöglichkeiten der Rivalität sollen nicht moralischer Abwertung, sondern gerechter Einschätzung literarischer Leistung dienstbar gemacht werden. Die Platostelle steht in den »Gesetzen« 3,12 (694 C), die Xenophonstelle in den »Denkwürdigkeiten« 1,1,11. Die erwähnte stark weiterwirkende »Erziehung des Kyros« (Kyrupädie) des X. stellt die Lebensgeschichte des älteren Kyros als Erziehungsroman dar.

261 Freundschaft mit Mächtigen (XII 4). *Verse aus dem siebten »Annalen«buch des Quintus Ennius, in denen Begabung und Anpassungsfähigkeit eines Mannes von niederem Stand gegenüber einem höhergestellten Freund geschildert und erläutert werden:* Quintus Ennius ist der erklärte Liebling des G., wofür die Wiedergabe dieses Selbstbildnisses (das zugleich eines der wertvollsten Enniusfragmente überhaupt ist) ein schönes Beispiel ist. E. (239–169) ist mit seinem Epos »Annales« (die bedeutendste epische Leistung vor Vergil: 18 Bücher über die Geschichte von Roms Ursprüngen bis auf seine Gegenwart), seinen Tragödien und Satiren in G.' Werk zahlreich vertreten. Weitere bedeutende Stücke unserer Auswahl: XIX 10, XX 10 und II 29. Wichtige Mitteilung XVII 17!

263 Geistige Reife (XIII 2). *Über ein vertrautes Gespräch unter den Dichtern Pacuvius und Accius, das in Tarent stattfand:* Eine der reizvollsten Vergleichsanekdoten des G. (vgl. etwa XIII 5). Der Tragiker Pacuvius (220–130 v. Chr.), Neffe des Ennius, wird XIV 6 als Beispiel des »üppigen« Stils angeführt; XIII 8,4 mit ei-

nem Kernspruch. *XVII 21* werden beide ebenso zusammen erwähnt wie am Schluß der Favorinrede XIV 1,34; beides Nachtragsnotizen des G., die dessen Interesse an diesem Dichterpaar bezeugen. L. Accius (170–um 85 v. Chr.), ebenfalls hauptsächlich Tragödiendichter, im Kapitel *XIII 3* zitiert.

264 Keine Krokodilstränen? (VI 5). *Beherzigenswerte Erzählung vom Schauspieler Polus:* Die Anekdote vom Schauspieler Polus (4. Jh. v. Chr.) stellt weniger dem G., der die Brisanz des zugrunde liegenden Problems nicht anrührt, als seinen späteren Lesern die Frage nach dem Verhältnis von Spiel und Wirklichkeit, hinterfragt also die Existenz des Schaupielers überhaupt. Diderot (»Paradox über den Schauspieler«), Gottsched und Brecht (»Gespräch über die Nötigung zur Einfühlung«) haben mit Bezug auf dieses Kapitel den gedanklichen Gehalt entfaltet. Shakespeares Hamlet (II 2) stellt in vergleichbarem Zusammenhang eine verblüffend ähnliche Frage: Wie kann man als ferner Nachfahre »Weinen um Hekuba«?

265 Philipp grüßt Aristoteles (IX 3). *Brief König Philipps an den Philosophen Aristoteles anläßlich der Geburt des Alexander:* Erzählstoff um den Philosophen Aristoteles und den Makedonenkönig Alexander den Großen ist hier in der leicht eingängigen Form eines Briefwechsels angeboten (vgl. auch XIII 4 und XX 5), der gleichzeitig zu einer Art Übersetzungswettstreit anreizt. Die griechische Fassung, die auf die lateinische Übersetzung des G. folgte, ist weggelassen.

266 Schlagfertige Antwort (XII 12). *Witzige Antwort des Marcus Cicero, mit der er den Vorwurf einer offenbaren Lüge von sich abwendet:* Marcus Tullius Cicero (106–43 v. Chr.) wird von G. vielerorts herangezogen, vgl. nur XIII 17; neben Caesar als Hauptvertreter eines Zeitalters genannt in *XIX 14* und XII 2, in *XVII 1* erbittert verteidigt. Parallelisierung mit dem Griechen Demosthenes ist offenkundig; hier mit einem Beispiel zur Geschäftstüchtigkeit – und Schlagfertigkeit. Im Schlußsatz ist für die Lesart »Feinde« (anstatt »Freunde«) als die sinnvollere entschieden.

267 »So wie ein Palmenbaum über sich steigt...« (III 6). *Über die Stärke, die dem Palmbaum innewohnt; daß sein Stamm mit Gewichten belastet sich entgegenstemmt:* Dieses Palmensymbol, verbunden mit emblematischen Sprüchen wie »onerata renitor« (Belastet biete ich Widerpart) oder »curvata resurgo« (Niedergebeugt richte ich mich wieder auf!), war in der Barockzeit beliebt (auch in Liedform wie »Ännchen von Tharau...«, dem unsere Überschrift entnommen ist); vielleicht unter Einfluß dieses G.-Kapitels. – Palme als Siegeszeichen war erst in der Spätantike Allgemeingut.

268 Entlarvt (III 5). *Das Laster »Geziertheit« und der »Zärtliche Schmelz« der Augen und des Körpers werden vom Philosophen Arkesilaos in scharfem, doch zugleich heiterem Ton einem gewissen Zeitgenossen vorgeworfen:* Arkesilaos gilt als Begründer der sogenannten mittleren Akademie (Platoschule), er starb um 240 v. Chr. Wie im vorangegangenen Kapitel (III 6) ist Plutarch mit seinen beliebten »Symposiumsfragen« G.' Gewährsmann.

268 Genügsamkeit ist eine Zier (IX 8). *Zwangsläufig hat, wer viel besitzt, auch großen Bedarf! Hierüber eine knappe und treffende Maxime des Philosophen Favorin:* Die in einer griechischen Paradeformulierung Favorins wiedergegebene Verzichtsethik wird entfaltet im Catobeispiel XIII 24 und in der Epiktetsentenz XVII 19.

269 Wein-Maß (XI 14). *Verständige und überaus treffsichere Antwort des Königs Romulus, den Weingenuß betreffend:* Vom sagenhaften Gründer und ersten König Roms (753 v. Chr.) berichtete Vorbild-Anekdote in der jederzeit strittigen Frage des Alkoholgenusses.

269 Krisenbewältigung (XV 7). *Man hat bei älteren Herren beobachtet, daß sich etwa um das dreiundsechzigste Lebensjahr Beschwerden, Tod oder irgend sonst ein Unheil einstellen! Und auf diese Beobachtung bezogen noch ein Beispiel in Gestalt eines Briefes des vergöttlichten Kaisers Augustus an seinen Enkel Gaius:* Ein wertvolles Stück aus dem zu seiner Zeit beliebten, aber verlorengegangenen Briefnachlaß des Augustus. Sein Enkel Gaius Caesar

war als Nachfolger in Aussicht genommen, starb aber im Jahre 4. Die staatsrechtliche Stellung des Augustus wird souverän scherzend umschrieben mit »auf meinem Wachtposten ablösen« (griech./lateinisch).

270 Kampf mit der Kunst? (XV 31). *Was die Rhodier, als es um das berühmte Bild des Jalysus ging, Demetrius, dem Feldherrn der Feinde, bestellen ließen:* Bildende Kunst als solche wird von G. durchaus als Wissensgegenstand anerkannt (XIII 17: Praxiteles), aber nicht eigens behandelt! Thematisiert ist hier das Verhalten des Feldherrn und die Argumentationskunst der Rhodier. Protogenes zählte zu den bedeutendsten Malern des 4. Jh. v. Chr.

272 Sinnsprüche (XVII 14). *Aus den »Mimen« des Publilius ausgewählte neckische Sinnsprüche:* Publilius, auch mit dem Beinamen »Der Syrer«, ein freigelassener Sklave, war neben Laberius (beide 1. Jh. v. Chr.) der erfolgreichste römische Verfasser sogenannter »Mimen«. Diese szenischen, durch derbe Mimik unterstützten Handlungsabfolgen übertrafen in der Kaiserzeit an Beliebtheit die Komödienstücke. Sie artikulierten die Volksmeinung, vertraten sozialkritische und oppositionelle Standpunkte. Erhalten ist uns von P. eine auch im Unterricht verwendete Sammlung von Kernstellen dieser Mimen. Die Entwicklung zum politisch entschärften, popularphilosophisch verwendeten Spruchgut ist in der Auswahl des G. gut ablesbar. G. widmete dem ansonsten negativ beurteilten (*XVI 7* und *XIX 19,3*; vgl. aber positiv X 17) römischen Ritter L., seinem Gegenspieler, das verlorene, aber bei Macrobius (Saturnalien II 7) erhaltene Kapitel *VIII 15*, das einen von L. selbst vorgetragenen Mimenprolog enthielt. Caesar hatte den unbequemen Kritiker gezwungen, selbst als Schauspieler aufzutreten, und ihn dadurch deklassiert.

273 Nachrufe in eigener Sache (I 24). *Drei Epigramme dreier alter Dichter – des Naevius, des Plautus, des Pacuvius –, die, von ihnen selbst verfaßt, ihren eigenen Grabsteinen eingemeißelt sind:* Die Varro entnommenen, unter dem pikanten Gesichtspunkt

»selbst verfaßt« (in allen Fällen anzuzweifeln) ausgewählten Epigramme thematisieren G.'s Interesse für die altlateinische Dichtung. Für Plautus hat er *(III 3)* wesentliche Nachrichten erhalten; Naevius (um 265–um 200: Epos »Punischer Krieg« und Komödien) gelegentlich pointiert erwähnt z. B. VII 8!; zu Pacuvius vgl. zu XIII 2.

EDITORISCHE NOTIZ

Die ›Attischen Nächte‹ des Aulus Gellius entstammen der zweisprachigen Literatur des zweiten Jahrhunderts n. Chr. Aber nicht nur griechisch Formuliertes und Zitiertes bestimmt weithin das Bild, sondern das Erörtern sprachlicher Probleme in beiden Sprachen – dem Lateinischen und dem Griechischen –, besonders aber die Frage nach der Übersetzbarkeit als solcher. Eine deutsche Übersetzung muß also vom Ansatz her problematisch sein. Ohne Einblendung der fremdsprachigen Begriffe ist eine deutsche Wiedergabe für den größten Teil des Werkes nicht denkbar, zumal für ein Lesepublikum, das auf den Urtext weder zurückgreifen kann noch will. Trotzdem ist es versucht worden: Die letzte und zu ihrer Zeit die erste deutsche Gesamtübertragung der ›Attischen Nächte‹ erschien 1875/76 in Leipzig. Ihr Verfasser Georg Fritz Weiß hatte nach seiner Jugendzeit als Thomasschüler in Leipzig am gleichen Ort Philologie und Jurisprudenz studiert und auch nach seiner ›Entdeckung‹ und Anstellung als Königlicher Hofopernsänger in Dresden (ab 1857) seine geliebten philologischen Studien nie aufgegeben. Für die Übersetzung des Gellius ernannte ihn die Philosophische Fakultät der Universität Leipzig zum Doktor der Philosophie.

Daneben gibt es bis heute nur Übersetzungen einzelner Kapitel und Auswahlübersetzungen, für die ich ein altes Beispiel nenne: Fragmente der alten Geschichte und Philosophie aus den Attischen Nächten des Aulus Gellius von A. H. W. von Waltherstern, Lemgo 1785.

Die Weiß'sche Übersetzung erschien noch vor der großen kritischen Ausgabe von Martin Hertz, Berlin 1883–1885, und hat ihre Mittlerfunktion für Wissenschaftler und interessierte Laien vorbildlich erfüllt; Nachdrucke erfolgten noch 1975 und 1981. Nun macht aber gerade diese Übersetzung deutlich, daß im Falle Gellius eigentlich eine zweisprachige Ausgabe die ideale Lösung darstellen muß. Weiß half sich durch häufiges Einblenden aus den Originalsprachen, Anbieten von Doppelfassungen und Diskussion im Text und in den Anmerkungen; auch konnte er auf ein Publikum rechnen, das an den trockenen Mitteilungen und Erörterungen interessiert war. Demgegenüber haben die narrativen Partien, die zum Erzählgut der Weltliteratur gehören, immer eine besondere Bedeutung gehabt. Doch scheint heute darüber hinaus für Freunde und Beobachter von Literatur das spezifisch Gellianische wichtig zu werden. Es sollte also versucht werden, von den knapp 400 Kapiteln des Gellius zu bieten, was eine ›Leseübersetzung‹ vermitteln kann.

Die vorliegende Auswahl von 127 Kapiteln (eingeschlossen die Beispiele in ›Erläuterungen‹ und ›Nachwort‹) geht nun einerseits bis an die Grenzen des in einer Leseübersetzung Möglichen – eben um den Charakter des Gellianischen Werkes deutlich zu machen –, andererseits verzichtet sie auf katalogartige Zusammenstellungen, Wiederholungen und antiquarische Quisquilien, die für den Nichtfachmann weniger Wert haben. Die Gesamtzahl der in eine solche Leseübersetzung aufnehmbaren Kapitel würde ich mit etwa 200 angeben; der ›Rest‹ ist heute eigentlich nur in Verbindung mit dem Originaltext, beziehungsweise mit ständigen Verweisen auf den lateinischen und griechischen Text für den Fachmann sinnvoll.

Wie aber soll man diese Auswahl ordnen, die gewissermaßen eine Auswahl aus einer Auswahl darstellt? Eine thematisch gliedernde Sammlung (etwa wie Athenaios oder Macrobius) kann und sollte der vorgegebenen Anordnung folgen, eine Sammlung wie die ›Attischen Nächte‹ dagegen, die Unordnung zum Anordnungsprinzip erklärt – wie problematisch immer dieses auch sein mag –, kann frei sein für eine Zusammenstellung nach Themengruppen. Die vorliegende Auswahl folgt diesem Prinzip, das den Vorteil verspricht, Zusammengehöriges, sich wechselseitig Erläuterndes, schon nebeneinander zu stellen. Freilich wird wohl jede Anordnung dieser Art zu einer Art Vexierspiel.

Die Überschriften im Textteil stammen vom Herausgeber und sollen provozierend knapp sein, im Gegensatz zu den in den Erläuterungen gegebenen Originalüberschriften des Gellius. Die Übersetzung möchte die Eigenheit des Gellianischen Erzähl- und Berichtsstils, dessen schwerfällig-gespreizte Anmut, bewahren und zugleich lesbar sein. Die Schwierigkeiten – und das betrifft wohl alle Übersetzungsversuche an diesem Stoff – sind nicht unbeträchtlich. Der Übersetzer hat unterschiedliche Sprachstufen wiederzugeben:

- das lateinische oder griechische Originalzitat, gewissermaßen die eingefaßten Perlen, aus den verschiedensten Einzugsgebieten,
- die als solche erklärte Direktübersetzung des Gellius, aus dem Griechischen,
- die freie Nacherzählung einer einzelnen, lateinischen oder griechischen, Quelle,
- die referierenden Wiedergaben einer Vorlage, wieder teils lateinisch, teils griechisch; aber was hier mehr ins Gewicht fällt teils in indirektem Berichtsstil, teils in mehr oder weniger konstruierter direkter Rede, und schließlich
- die Rahmenerzählung des Autors Gellius, seine Anstückungen und Einfügungen, seine Urteile und Hinweise.

Die Stilmanier seines, des zweiten Jahrhunderts, nachempfindbar zu machen, ist zudem nicht ohne Probleme und Tükken.

Die zitierten Versnachdichtungen stammen bis auf folgende Ausnahmen vom Herausgeber: Aristophanes wird nach L. Seeger, Menander in II 23 nach K. Treu, Pindar in XVII 10 nach F. Klingner, Homer zum Teil nach Th. von Scheffer, Vergil in XVII 10 nach R. A. Schröder wiedergegeben.

Hexameter und Distichen sind im Originalmaß nachgebildet, alle anderen Verse sind in einfachen iambischen oder trochäischen Maßen übersetzt.

Die übersetzten Kapitel sind vollständig wiedergegeben mit folgenden Ausnahmen: IX 3,6: das griechische Original zur vorher gegebenen lateinischen Übersetzung des Briefes an Aristoteles; XVII 20,9: die lateinische Übersetzung des Plato-Textes.

In das Nachwort sind zusätzlich ganze Kapitel und Teile von Kapiteln aufgenommen. Eine Auslassung am Ende der Vorrede ist in den Erläuterungen vermerkt.

Lücken der Überlieferung liegen am Anfang der Vorrede, in den Kapiteln XV 8,1; XIX 1,10; XIX 10,3 und XX 5,10 und XX 10,10 vor, sie sind im Text durch ... oder in den Erläuterungen vermerkt. Im Kapitel I 2 bricht der griechische Epiktettext gegen Ende ab. Die Gliederung der Kapitel erfolgt nach Sinnabschnitten. Die Untergliederung der lateinischen Ausgabe nach Paragraphen ist nicht übernommen.

Die Wiedergabe der Eigen- und Ortsnamen folgt im allgemeinen der lateinischen Schreibweise des Originals, falls nicht eine ›deutsche‹ Fassung oder die Transkription direkt aus dem Griechischen geläufiger sind. Abgekürzte lateinische Vornamen sind immer aufgelöst. Zum besseren Verständnis sind Gentil- oder Kognomen ergänzt, ohne daß dies besonders vermerkt würde, z. B. Marcus Tullius (Cicero). Odysseus steht immer für Ulixes, Lakedaimonier für Spartaner. Griechische Wörter sind nur in wenigen Fällen original und mit zusätzlicher deutscher Übersetzung wiedergegeben, und zwar dann, wenn das Verständnis des Zusammenhangs es erforderte und der Kontext die Auflösung anbietet; meist handelt es sich dabei um die Gegenüberstellung griechischer und lateinischer Begriffe. Der Text des Gellius bietet bedeutend mehr griechische Wörter und Begriffe, auch umfangreiche zusammenhängende Zitate. Hier ist, wenn es nicht aus dem Kontext hervorgeht (z. B. Homer, Plato, Demosthenes sagt: ...), in die Übersetzung ein ›mit griechischen Worten‹, ›in griechischer Rede‹, ›auf griechisch‹ eingefügt; gelegentlich weisen auch die Erläuterungen darauf hin. Umgekehrt gibt Gellius selbst immer ausdrücklich an, wenn *er* aus dem Griechischen ins Lateinische übersetzt; bei seinen Zeitgenossen Favorin, Herodes und Taurus betont er öfters, daß er selbst ihre Rede aus dem Griechischen übersetzt.

Die Erläuterungen (S. 297ff.) sind möglichst knapp gehalten; auf Angabe von Fragmentsammlungen und Diskussion möglicher Mittelquellen des Gellius wird prinzipiell verzichtet. Die Erläuterungen übernehmen durch zahlreiche Querverweise die Funktion eines Registers mit. Eine Zusammenstellung aller im Hauptteil, den Erläuterungen und im Nachwort übersetzten Kapitel in der Reihenfolge des Originals (S. 340f.) erleichtert die Auffindung der angeführten Stellen.

Die vorliegende Übersetzung basiert auf dem lateinischen Text der Ausgabe von

– Karl Hosius, A. Gellii Noctium Atticarum libri XX, I.II. Leipzig 1903,

die den Text gegenüber der oben erwähnten grundlegenden Ausgabe von Martin Hertz nur wenig ändert; ferner der zweibändigen Ausgabe von

– P. K. Marshall, A. Gellii Noctes Atticae, Oxford 1968, die im Falle von Abweichungen herangezogen wurde.

Ebenfalls gelegentlich herangezogen wurde die Ausgabe von

– René Marache, Aulu-Gelle, Les Nuits Attiques I.II. Paris 1967. 1978 für die Bücher I–X (Lateinisch–Französisch).

H. B.

VERZEICHNIS DER ÜBERSETZTEN GELLIUSKAPITEL IN DER REIHENFOLGE DES ORIGINALS

Übersetzungen im Anhang sind aufgenommen, nicht dagegen bloße Erwähnungen

INHALT

Überzeugende Beweise

Um Gefühle

Pflichtenkonflikte

Rechtsfälle

Frauenfragen

Römer und Griechen

Wunderbare Geschichten

Wie sage ich's richtig oder Sprache und Sprechender

Sängerkriege

Gut gesagt!

Anhang

Zu dieser Ausgabe:

insel taschenbuch 1079
Aulus Gellius
Attische Nächte

Originaltitel: Noctes Atticae. Der Text folgt der Ausgabe: Aulus Gellius, Attische Nächte. Aus einem Lesebuch der Zeit des Kaisers Marc Aurel. Herausgegeben, ausgewählt und aus dem Lateinischen übertragen, mit Nachwort und Erläuterungen von Heinz Berthold. Umschlagabbildung: Giorgio de Chirico, »Archeologhi« (1927), Collectione de Chirico, Rom

151/1/4.87